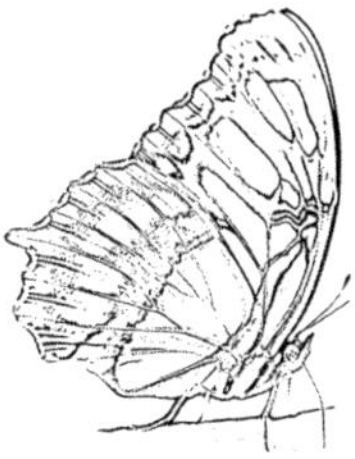

请不要怀疑自己愚笨和落后，

不断学习去改变，

为了爱你的人，

和你爱的人

破茧成蝶

——W · H

钱雪慧　著

平凡之路

PING FAN ZHI LU

律师办案纪实与心法

法律出版社
LAW PRESS·CHINA
北京

图书在版编目（CIP）数据

平凡之路：律师办案纪实与心法 / 钱雪慧著. --
北京：法律出版社, 2024
ISBN 978-7-5197-8825-4

Ⅰ. ①平… Ⅱ. ①钱… Ⅲ. ①律师—工作—中国
Ⅳ. ①D926.5

中国国家版本馆CIP数据核字（2024）第033818号

平凡之路
——律师办案纪实与心法
PINGFAN ZHI LU
—LÜSHI BANAN JISHI YU XINFA

钱雪慧 著

责任编辑 李 群 陈 熙
装帧设计 贾丹丹

出版发行 法律出版社
编辑统筹 法规出版分社
责任校对 张翼羽
责任印制 耿润瑜
经　　销 新华书店

开本 710毫米×1000毫米 1/16
印张 24.25 **字数** 239千
版本 2024年3月第1版
印次 2024年3月第1次印刷
印刷 三河市兴达印务有限公司

地址：北京市丰台区莲花池西里7号（100073）
网址：www.lawpress.com.cn
投稿邮箱：info@lawpress.com.cn
举报盗版邮箱：jbwq@lawpress.com.cn

销售电话：010-83938349
客服电话：010-83938350
咨询电话：010-63939796

书号：ISBN 978-7-5197-8825-4
定价：79.00元
凡购买本社图书，如有印装错误，我社负责退换。电话：010-83938349

献给我挚爱的儿子

自　序

写这本书始于2019年年末，一场突如其来的新冠疫情，使整个国家陷入了停摆，也使我有时间静下来回望从事律师职业的这二十多年。利用停摆的假期我完成了书稿70%的内容，但是剩下的30%却一直因为复工复产后重新投入到工作中迟迟未能完稿，直到2022年年末，疫情防控政策放开，我感染了新冠病毒在家休息，得以又有时间将书稿完成。

写书进度如此之慢，一方面是因为律师这份职业常常让我有如履薄冰之感，唯恐工作不细致出错，所以在工作的时候几乎是全力以赴而无暇顾及其他，难以静下心来写作；另一方面是对自己的能力不够自信，每一个案件办理完在获得满足感和成就感的同时又看到了很多自己的不足，使我在犹豫不决中辍步不前。

“知耻而后勇”一直是我的人生信条。于是我再一次地为自己打气。不论这本书的反响如何，我都要去努力实现自己的初衷。

从大学校园里走出来开始成为律师，走到今天，如果说取得什么成绩的话，是因为这一路上受到了太多人的帮助。这种帮助有时候是恩师的醍醐灌顶，有时候是朋友的几句点拨，有时候是客户的一句谢谢，有时候是同事的一次伸手，有时候甚至是陌生人的一个微笑。这些帮助使我有力量在最艰苦的时候坚持住，在最绝望的时候抬头挺胸。我知道有很多年轻的律师也正如当初的我一样，在泥泞之中前行着。而对于那些曾经帮助过我的人，给予机会的社会，我能做的是什么？思索后觉得也许将自己曾经走过的路，将办案过程中汲取的工作经验总结出来，或许能给有需要的人以帮助。

正是源于这样的初衷，所以在构思内容和写法上，我想交流的不仅是单纯的办案技术，还想分享一些律师成长的心得。与传统的律师办案书籍相比，除了第一部分“诉讼案件办理经验心法”和第二部分“非诉讼项目办理经验心法”之外，还增加了第三部分“律师成长之路”和第四部分“合伙人之旅”，这两部分内容是我自己走过误区和跌倒过后的体会和感受。我也看到身边有不少律师正在重复一样的错误，或者正被相同的迷茫困住，希望我的文字能给出一种解题思路。

在“诉讼案件办理经验心法”部分，首先在“案情简介”环节简单清晰地将案件的基本脉络和纷争焦点进行归纳，使读者可以快速地进入案情。接着在“办案纪实”部分则是比较详细地介绍了案件如何入手，从哪个角度进行分析、哪些环节着力调查，以及办理的成效。在传统办案纪实内容基础上，我特别增加了“律师手记”和“办案心法”两部分。“律师手记”是当时办理这个案件时的真情实感，因为每一个案件都倾注了自己的感情。我始终觉得好的律师不单单是理性的，法律概念和法律规则如果不是被一颗富有感性的心灵驾驭，是苍白而没有温度的，会失去法律的生命力。而在最后“办案心法”部分又不遗余力地将办理案件的心得和经验再次进行提炼和升华，道明了赢在哪里。

在“非诉讼项目办理经验心法”部分则是通过办理流程的一一展现，将一些创造性的办理思路予以归纳。这是非诉讼项目最难的地方。因为非诉讼项目不像诉讼案件那样可以直接围绕争议焦点进行工作部署，结果也大致可以预期，或输或赢。非诉讼项目的办理犹如大海捞针，没有定位可循，在完成之前很难预判最终的内容和形式，一切都有待于自己的探索。同样的非诉讼项目不同的人做出来的成果会相差非常之大。因为是非标准化的智力产品，所以这个章节尽可能地呈现非诉的办理细节和过程，并将一些技术要点予以归纳。

我非常热爱律师这份工作，每接受一个案件就像是吹响了战斗的冲锋号，虽然有体力和心力上的辛劳和疲惫，但那种全力以赴的感觉又是一次自我赋能的过程，尤其是看到自己的努力能够发出一点光和热的时候，内心涌动的是感受到的生命的意义。特别喜欢美国作家狄金森的一句话：“我若能阻止一颗心灵的破碎，我便不是白活；我若能舒解一段生命的疼痛，或协助一晕厥的知更鸟重返它的窝巢，我便是快乐的。”这便是我动笔的初衷。

借以此书，感谢爱我的家人，感谢那些曾经无私帮助过我的人！

Contents | 目　录

第一部分　诉讼案件办理经验心法

第二部分　非诉讼项目办理经验心法

第三部分　律师成长之路

第四部分　合伙人之旅

第一部分

诉讼案件办理经验心法

对律师而言，诉讼始终是最基础的基本功。如果没有诉讼作为基底，我认为并不能真正成为一名优秀的非诉讼律师，因为没有经历诉讼对抗，律师手中拟写的合同文本、协议抑或者是规则都是僵死的，没有生命力的。只有当律师深刻经历了各种矛盾、纠纷、谈判乃至激烈的诉讼对抗后，再拿起手中的文本，才能使每一个章节、每个条款，每个字节，背后的故事跃然于纸上。哪些地方是坑，哪些地方有玄奥，这才了然于心。

而正是由于有对抗的存在，诉讼案件的办理才变成了一个充满激情又极具智慧的战斗。从何处入手？争议焦点在哪？证据如何编排？对方有何纰漏？整个诉讼的准备过程不亚于一场大戏，而法庭辩论则是最高潮的一幕，双方斗智斗勇，且随时都有风云突变的可能。考验的不仅是前期的准备工作是否扎实，作战思路是否正确，更多的是考验律师在法庭上敏锐的洞察力和随机应变、临场发挥的能力。我的师父曾言“辩论之美，在于它是一股理性的暖流，而非肃杀的寒气”，吾深以为然。

笔者从业二十余载，大大小小办过的各种类型的案件近千桩。每一个案件的办理过程就像是探秘的过程，不仅仅是探寻案件真相，寻求公平正义，也同时是探寻办案技能和心法的过程。每个案件由于事实情况不一，当事人心态不一，适用法律不一，呈现出不同的特征，没有可以照搬照抄的宝典。然而，这些纷繁复杂的案件背后，又暗暗蕴藏着一些“纹理”，律师如果能够总结和抓住这些纹理，便能庖丁解牛，势如破竹。无论大小案件事同此理，而这些心法往往很难从教科书上得到学习，因为这是经验之学。

本篇选取了作者亲历的8个案件，以办案纪实的方式进行呈现，并萃取出办案经验和心法以作分享。办案是一门极深的艺术，艺术无标准，有标准就不叫艺术。追求无限的可能才是艺术最本质的特性，也是其最大的魅力所在。所以一些心得和心法需要读者在具体办案的过程中结合案情予以再次创作，切不可刻舟求剑。

为保护我们生存的环境而辩护

——中国环保名誉权第一案

律师手记

2005年2月22日，元宵佳节的前一天上午，笔者意外地接到了杭州市西湖区人民法院送达的A纸业（中国）投资有限公司（以下简称A纸业）的撤诉裁定书。

这个振奋人心的消息立刻引起了轰动，受到社会公众高度关注而被舆论炒得沸沸扬扬的A纸业诉浙江省饭店业协会（以下简称协会）名誉侵权一案因原告在开庭前一天意外地临阵撤诉而偃旗息鼓。

A纸业宣称撤诉是因为即将公布的云南省林业厅的调查报告将还之以清白，因而不想伤害协会。然而，公众似乎并不认同和接受A纸业的这一说法。该案在2007年被浙江省律师协会评选为“浙江省律师制度恢复30年以来十大经典案例”，被媒体誉为中国环保名誉权第一案。

【案情简介】

一纸环保倡议引发的名誉官司

2004年11月16日，绿色和平组织在北京召开了新闻发布会，公布了《A集团云南圈地毁林事件调查报告》（以下简称《调查报告》）。看到报告中“A集团抢占2750万亩以建造桉树速生丰产林基地，炮制‘用人工林代替天然林’的做法，规划中1108.1万亩有林地上的良好的天然林将被替换为人工林”的消息，协会领导感到非常震惊！与此同时，《中国新闻周刊》刊登了《云南森林告危》的文章，《中国青年报》《财经》杂志也刊登了相关文章，人民网、新华网对此事也都进行了相关报道，协会认为这一事件基本属实，是一起关系到我国生态和环境保护的重要事件。

为了配合浙江省政府“建设生态浙江”的号召和全省饭店业“创建绿色饭店”的活动，协会决定向会员饭店倡议抵制A集团的纸产品，以促进和提高有关企业的生态道德观和社会责任感，保护我们赖以生存的生态环境。2004年11月18日，协会下发了《关于抵制采购A集团纸产品的通知》（以下简称《通知》）。文中转述了绿色和平组织调查报告的主要内容，并建议会员饭店开展绿色采购活动，不再采购A集团纸产品及其附属产品，并以此作为创建绿色饭店的一项要求。

《通知》下发以后，得到了许多饭店的积极响应。新闻媒体从会员饭店获得《通知》后，也立即作了相应的报道。杭州《都市快报》、上海《东方早报》、宁波《现代金报》和浙江卫视、杭州电视台明珠频道等媒体相继发表了消息，公布了协会抵制 A 集团纸产品的情况和缘由。杭州、宁波等地的公众也纷纷在媒体和网站发表意见，谴责 A 集团在云南圈地毁林的行为，并表示如果该纸业不停止圈地毁林行为、不对中国的环境和生态保护作出承诺，将会参与抵制 A 集团纸产品的行动。

2004 年 11 月 25 日，A 纸业法务部一行六人突然来到协会，指责饭店业协会据称 A 纸业破坏生态、损害环境的事实依据，认为 A 纸业是中国最环保的纸产品企业，命令协会立即收回《通知》，停止抵制 A 集团产品的行动。协会从未见过如此阵势，大有泰山压顶的感觉。

笔者和尊师胡祥甫律师作为协会的常年法律顾问在接到协会的求援后，正式开始介入此事。相关律师立即就此事的相关事实和法律关系进行了一次论证，并与协会主要领导交流了意见。

第二天，A 纸业人员再次来到协会，态度仍然傲慢。面对这一情况，胡祥甫律师立即给予正告：今天我们是商谈的，虽然你们是跨国大公司，我们只是地方行业协会，但是两者的法律地位是完全平等的。如果你们是这么一种态度，缺乏基本的尊重和诚意，对不起，今天的商谈没有必要进行下去！虽然在此后的商谈中A纸业的态度有所缓和，但是双方对停止拒购的理由始终不能达成一致意见，A纸业认为是协会做错事应予改正，而协会却认为停止拒购必须建立在A纸业对保护环境作出有效承诺的前提下，因而这次商讨并没有任何结果。

11月27日，A纸业派人将一份上海锦天城律师事务所的律师函（落款时间为11月25日）送到了协会所在饭店的总服务台。因为时值周末，协会于11月29日收到了这份律师函。协会律师马上拟定了复函，准备于次日作出正式答复。但是A纸业并没有遵守律师函中“三天内答复”的时间，而是于11月30日向杭州市西湖区人民法院提交了诉状，状告协会“侵犯了A纸业的名誉权”，要求协会“在媒体上公开赔礼道歉”，并“向原告赔偿220万元人民币”。

12月3日，协会收到了杭州市西湖区人民法院的传票，开庭时间为2005年1月9日。同时，协会得知其银行账户50万元存款被财产保全。一场被媒体誉为中国环保名誉权第一案的诉讼拉开了帷幕。

【办案纪实】

调查取证　一赴上海五上北京

我和胡祥甫律师临危受命，当夜与协会主要领导进行商议，并迅速拟定了代理的基本思路和方针策略。当时有两种不同意见：一是着力于调查取证A集团在云南毁林的证据；二是侧重于呼吁更多的媒体支持以展开更广泛的舆论攻势。胡律师提出，“工欲善其事必先利其器”，证据是法庭上最好的“炮弹”，协会应当尽快在举证期限前调查取证到最全面最充分的证据，让对手在事实面前溃败。在这个主导思路的指导下，律师开始了全面细致的调查取证工作。

由于协会当时作出《通知》意见依据的报道主要是通过网上所得，为了保全证据，律师申请杭州市公证处对所有有关A集团在云南毁林的报道进行了证据保全公证。

主要内容是：新浪网刊登的《调查报告》，人民网刊登的《相当于云南森林面积近十分之一的土地，将统一种上用来造纸的桉树；云南：近3000万亩桉树，灾难还是奇迹？》，法制早报网刊登的《印尼最大财阀被指云南“圈地毁林”》，新华网刊登的《财经杂志：印尼纸业巨头A集团海南重生调查》，新华网刊登的《财经杂志：吃掉苏门答腊虎的纸》，世界自然基金会网站公布的关于A集团在印尼苏门答腊岛非法采伐的文件，“The Paperloop group”网刊登的国际知名企业日本理光公司、美国办公家具连锁店、德国麦德龙连锁超市集团抵制A集团产品的报道。

值得注意的是：这些主流媒体的报道均在协会下发《通知》之前已经形成，是足以证明A集团在云南毁林的基本证据，也是协会作为一个善意公众有理由相信情况属实的主要依据。

除此之外，协会律师还注意到A纸业作为原告存在主体是否适格的问题。据了解，A集团是一家跨国性的集团公司，其总部设立在印度尼西亚，A纸业只是其在中国投资设立的外商独资企业。为了得到更翔实确定的信息，笔者立即赶赴上海，向上海市工商行政管理局查询A纸业的工商登记资料。经查，A纸业并不是由印度尼西亚的A集团直接投资设立，其母公司是注册在毛里求斯共和国的亚洲浆纸业中国控股有限公司。

有了这两手证据后，律师已经有了一定的底气。作为被告，既可以以原告主体不适格，从而在程序上驳倒对方；也可以在侵权构成要件方面主张抗辩成立，因为协会发布《通知》，是依据新浪网、新华网等一些媒体提供的材料，从取得材料的方式上来说是通过正当途径的，尽到了社会普通公众的注意义务，从过错分析上来看不存在侵害他人名誉权之故意。

但是，笔者和胡祥甫律师抱着一种谨慎的态度，因为我们心里明白这是一件意义非凡的案件，关系到环保勇士的名誉，事关公众参与环保的积极性。为了确保案件的彻底胜诉，我们力谏协会亲赴北京调查取证。

一上北京

说到为何要到北京进行调查取证，胡律师分析认为：其一，协会主要是依据绿色和平组织的调查报告作出《通知》并且还将其作为附件。这份调查报告内容相当翔实，并且配有实地毁林照片，因此一定可以从绿色和平组织得到更多的第一手资料。其二，有关 A 集团在云南毁林的事实因被大幅报道，而被公众所周知，作为全国最高的林业主管部门国家林业局[1]一定会有所反应，因此极有必要与其联系。其三，《中国新闻周刊》记者曾赴云南实地调查而著《云南森林告危》一文，他也一定会有很多第一手的资料。

为了节约开支，我们和协会的两位工作人员乘坐火车前往北京，经过一夜的旅途奔波于第二天清晨到达。未作任何歇息，一行人马不停蹄地赶到绿色和平组织在北京的办事处。对于我们的到来，绿色和平组织中国项目总监作了热情的欢迎，并表示将不遗余力地支持协会打赢这场官司。大家充分听取了当时赴云南当地现场调查的绿色和平组织工作人员对情况的介绍，还观看了绿色和平组织在云南毁林现场拍摄的录像资料和照片。绿色和平组织还介绍说：A 集团在云南毁林的情况其实早已引起了政府部门的重视，国家林业局在 2004 年 4 月已经派调查组赴云南当地做过实地调查。

下午，我们和协会工作人员来到了国家林业局了解有关情况，并希望能够核实协会在下发《通知》之前绿色和平组织向我们提

〔1〕 国家林业和草原局前身。

供的两份内部文件。听了我们对情况的介绍后，国家林业局的工作人员当即表示对协会这种保护森林、保护环境的行为表示支持。他们证实了国家林业局在 2004 年 4 月曾经派调查组赴云南调查的事实，但是对我们提出的提供国家林业局和云南省林业厅两份内部文件原件的要求表示暂时不能满足。因为国家行政机关的文件必须按照一定程序才能提供。

第二天上午，根据绿色和平组织的提示，我们和协会工作人员前往中国林学院寻访董教授。据悉，董教授是 2004 年 4 月国家林业局赴云南调查组成员之一，是一位非常和蔼可亲的老人，言谈举止很是儒雅。他讲述由于时间紧张交通不便，虽然在云南他没有直接深入被毁林的第一现场，但是，站在高处确实看到了很多山头有林木皆被伐的情形，就像被剃了光头一般。董教授告诉我们要计算具体的毁林数量进行实地统计虽然是个办法，但是需要跋山涉水、耗时太长。如果可以动用卫星拍摄的森林覆盖率影像图，比较砍伐前和砍伐后的影像图就可以得出比较直观的结论。对于 A 集团，董教授提出他并不反对云南搞林浆纸一体化项目，但是必须要遵循经济规律和生态规律，否则后果不堪设想。临别时，董教授紧握每个人的手一一道别，诚挚恳切地说：“感谢你们对中国林业的关注和支持！感谢你们！”这样一位教授的肺腑之言，我们听了很是感动，顿觉心中充满力量。

中午，我们根据董教授的建议决定调查云南省 2003 年度和

2004 年度森林覆盖率卫星影像图。但是联系了中科院遥感应用研究所之后，我们感到一些失望，因为一张卫星影像图就要 50 万元，如此高昂的费用对已经被冻结财产的协会来说是个天文数字。

下午，我们和协会工作人员与《中国新闻周刊》的记者碰了头。记者将他赴云南实地调查的情况都一一地讲述了一遍，而且还将很多没有在文章中报道的照片和资料都提供给了我们，并表示开庭那天愿意以证人的身份出庭作证。

果然如我们预先建议和设想的一样，这次北京的调查取证使我们掌握了第一手的证据材料，并与调查亲历者进行深入的详谈，收获颇丰。

二上北京

回到杭州以后，我们立即申请法院依职权调查取证，请求法院调取《国家林业局关于认真整改森林资源管理中有关问题的通知》（林资发〔2004〕106 号）和云南省林业厅发布的《关于对 A 集团在思茅建设林浆纸一体化项目的情况报告》两份文件。

2004 年 12 月 27 日，笔者陪同杭州市西湖区人民法院两位主审法官前往国家林业局调查取证。国家林业局依程序向法官提供了林资发〔2004〕106 号文件原件，同时国家林业局的两位工作人员与法官也简单地沟通了 A 集团在云南项目的情况，并证实国家林业局已经再次派调查组前往云南调查，届时将会有一份更详尽的调查报告。这真是个好消息！

在离开北京之前，绿色和平组织的工作人员给法官送来了收集到的A集团毁林的证据，并将绿色和平组织进行云南实地调查的情况进行了说明，而且表示届时将和另一位现场调查人员出庭作证。

虽然云南省林业厅的文件由于国家林业局没有存档故无法提供原件，但是提供的林资发〔2004〕106号文原件让我们很是振奋。显然国家林业局作为全国最高的林业行政主管部门发表的文件具有权威性和客观性，其证明力是不容置疑的。

此次北京之行不仅取得了国家林业局的关键性证据，而且还使主审法官对案件的相关事实有了更进一步、更为直观的认识。

三上北京

在得到国家林业局两位工作人员亲言证实即将有最新的调查报告公布后，法院同意了协会此前向法院提出的延长举证期限1个月的申请。举证期限将在2005年2月2日届满。

接下来的日子是焦急的等待，我们期盼国家林业局的调查组能够早日公布最新的调查结果，这份证据对案件将会起到决定性的影响。2005年1月18日，笔者接到国家林业局一位工作人员的电话，他告知今天国家林业局在北京召开新闻发布会，将会谈到A集团的事情，让注意收看下午3点中央电视台的新闻报道。

在这天举行的“国家林业局公布第六次森林资源清查结果”新闻发布会上，副局长表态“对印尼A集团，绿色和平组织披露这些事情，我们正在组织调查，如果发现有毁林的或者违法之处，我们将依据法律严肃查处”。

这是一个利好的信号。果不其然，2005年1月22日，中央电视台经济频道“经济信息联播”节目采访了时任国家林业局森林资源司副司长，其公布了最近调查的结果：在对澜沧县的调查中查实，A纸业在营造原料林的过程中确实存在“毁林造林”现象，面积为9500多亩，采伐林木的蓄积量为2.4万多立方米，这些都是在没有办理林木采伐许可证的情况下采伐的。

我们最终看到了国家林业局这份文件的内容。文件对原告A纸业在云南的毁林事实有了非常清楚的认定。看着这份文件，胡祥甫律师对协会领导笑谈：这可不是一般的“炮弹”啊，这在法庭上简直是颗“原子弹”！

2005年1月31日上午，笔者陪同法官再次上北京向国家林业局调取该文件。出于某种原因，国家林业局没有提供文件，但是国家林业局工作人员表示文件的内容是真实的。

当日下午，国家环保总局法规处处长和中华全国律师协会环境与资源法专业委员会秘书长专程赶来说明A集团云南项目未通过环境影响评估的事实，还就有关法律问题与法官进行了沟通，并表示将全力支持协会应诉A纸业。

四上北京

经过两个多月全面细致的证据调查、分析、整理之后，“炮弹”都已经准备妥当了。胡律师提出：目前案件的形势已经发生根本性的变化，局势已经渐渐明朗，该是转守为攻的时候了。

虽然在前一个阶段，协会一直很低调，埋头着力于证据收集工作，但作为一个公众环保案件，协会收到了16个国内环保团体、25个国际环保组织和12个国内大学生环保社团的联名声援函；得到了时任“自然之友”会长、全国政协委员梁从诫老先生的鼎力支持；还收到了来自广大消费者的声援；新闻媒体更是频频报道相关情况支持协会。随着舆论声势的进一步扩大，公众参与的直接推动，此次行动引起了国家环境保护总局[1]的重视和得到了中华环保联合会的支持。国家环境保护总局几次来电了解情况，《中国环境报》发表了数篇文章，声援协会的绿色行动。

2005年1月3日，受中华环保联合会的邀请，胡祥甫律师陪同协会主要领导再次前往北京参加中华环保联合会组织的专题讨论会，汇报事件的进展情况。

---

〔1〕 生态环境部前身。

五上北京

2005年2月18日，笔者和胡祥甫律师受到中华环保联合会的邀请前往北京参加“浙江省饭店业协会应诉A集团法律帮助座谈会”的新闻发布会。中华环保联合会特意邀请了中国政法大学王涌教授等一批北京知名法律人士参与讨论，还邀请了包括中央电视台、新华社、人民日报在内诸多媒体记者。会议上，胡祥甫律师首先抛砖引玉向各位与会人员介绍了案件的基本情况，并围绕事实和法律发表了意见。会议上大家畅所欲言、集思广益，气氛相当热烈。最后，中华环保联合会秘书长发表了讲话，高度赞誉了协会的环保行动，认为这是中国环保史上具有标志性意义的一个案件，表示“一定要将保护环境的人保护好”！

胜诉在握的六大理由

经过细致周密的调查取证和充分的舆论造势，一切“万事俱备只欠东风”，我们就像即将上战场冲锋陷阵的战士，准备好了所有的“炮弹”。五上北京调查取证虽然很是辛苦，但是给了我们足够的底气，我们主动报请法院安排好可以容纳200多人的大法庭和影像播放设备。

我们准备了题为“为保护我们生存的环境而辩护”的代理意见，认为有充足的理由能打赢这场官司。

（一）被告发布《通知》纯粹是出于保护环境、生态的目的

被告不是生产、经营纸产品的企业，与原告及关联企业不存在竞争关系。被告发布《通知》是出于保护生态、保护我们生存的环境的目的。早在1999年，协会为响应浙江省政府提出的“生态浙江”的号召，在全省饭店行业开展了创建绿色饭店的活动。至今，已有130多家宾馆被评为绿色饭店。这项活动的宗旨就是要倡导绿色消费。协会这次发布《通知》同样是出于保护生态环境的考虑，并将各会员执行《通知》的情况作为评定绿色饭店的一项要求。

可见，被告发布《通知》纯粹是出于公益目的，没有任何谋取商业利益的动机。

（二）原告的主体资格不适格

1. 协会的《通知》只涉及A集团，根本没有出现原告A纸业这一名称，且原告的投资开办单位也不是在印度尼西亚注册的A集团，而是在毛里求斯设立的亚洲浆纸业中国控股有限公司。

2. 关于“地区总部”的理解。

原告提供证据认为，其是A集团在中国设立的地区总部，可

以在中国代表A集团。但我们认为：

（1）地区总部只是代A集团行使相应的管理职能，而管理职能的代为行使不等于法律主体上的混同或等同。就像有些事业单位受行政机关委托或授权可以行使部分行政管理职能，但他们在法律上仍然是两个主体。

本案原告A纸业作为A集团的地区总部，只是代表A集团行使其在中国投资企业的管理职能，在法律上A纸业与A集团是两个不同的主体，且一个是中国法人，另一个是外国法人。

（2）《上海市鼓励外国跨国公司设立地区总部的暂行规定》第6条规定："（经营、管理和服务活动）在本市设立的地区总部按照法律、法规、规章，可以从事下列经营、管理和服务活动：（一）投资经营决策；（二）市场营销服务；（三）资金运作与财务管理；（四）技术支持和研究开发；（五）信息服务；（六）员工培训与管理；（七）法律、法规、规章规定的其他经营、管理和服务活动。"很显然，根据规定，地区总部的7项职能不包括代跨国公司进行诉讼这一项。

（3）引起本案纠纷的协会《通知》，其内容不仅涉及A集团在中国设立的企业圈地毁林的事实，还有A集团在世界其他国家设立的子公司破坏森林、损害环境，而遭到英、美、德、意、日等许多国家的公司、组织抵制其产品的事实，对这些在其他国家发生的行为难道原告也能代表吗？

（三）A集团及其子公司在中国、在其他国家确有毁林、破坏生态的行为

原告辩称云南所实施的项目“没有进行林木采购或采伐，无论是经济林还是天然林”，甚至A集团副总裁在公司网站上宣称“A集团在中国的纸浆厂，至目前一根中国的木头也没砍”。然而，在大量的事实、证据面前，这显然都是掩盖真相的谎言。

最直接的证据也恰恰是原告方自行提供的证据即澜沧县林业局的证明。该证据显示：A集团所属思茅金澜沧丰产林有限公司在澜沧县“实施的速生丰产林基地建设项目于2003年启动，到目前为止，已造林40.6万亩，在所营造的林地面积中，涉及少部分低产林地及疏林地，总蓄积量约2万立方米。涉及的有林地、疏林地面积都为低产（效）林林地改造，所采伐的林木蓄积都已纳入我县2003年、2004年森林采伐限额”。很显然，原告抗辩“在中国一根木头也没砍”的观点甚至被自己的证据所推翻！

以下，我们举出八个方面的证据来证明A集团的毁林事实客观存在：

1. 绿色和平组织所作的《调查报告》。

这份《调查报告》是在新浪网上公开发布的，《调查报告》的前言部分就开宗明义地指出：“从2002年8月开始短短一年的时间，A集团在云南南部圈定了2750万亩庞大的林浆纸基地，

开始了所谓的‘荒山造林’，但是根据统计分析，在其圈定的2750 亩的基地中仅有 518.3 万亩的宜林荒山，仅占其规划面积的20%。2004 年 7 月和 9 月，在绿色和平的两次现场调查中，发现其砍伐天然林的事实确实存在。”

《调查报告》还显示了 A 集团在印度尼西亚、柬埔寨、马来西亚及俄罗斯等国毁林的事实。毁林的面积不是几百亩、几千亩或几万亩，仅仅在印度尼西亚，毁林的面积就达到几百万亩。

苏门答腊岛 1990 年的森林覆盖率是 63%，2002 年就下降到39%，而单单 A 集团的附属公司一家就占据了印度尼西亚纸浆产量的 40%。

《调查报告》还显示了英国、美国、德国、意大利、日本等国的许多大公司抵制 A 集团产品的事实。如美国办公家具连锁公司欧迪办公是世界最大的纸类中转商，该公司在反复考虑了 A 集团在印度尼西亚苏门答腊岛非可持续性的采伐后做出如下承诺，“2004 年 1 月 19 日起，欧迪办公不再接受任何来自 A 集团的产品”。再如德国最大的纸类产品批发商麦德龙公司和日本的理光公司也表示停止采购 A 集团的纸产品。

2. 绿色和平组织在 A 集团云南项目现场所拍的录像资料及大量照片。

这些资料显示，A 集团在云南当地大量砍伐天然林，有的被砍的树木有三个人合围那么粗，当地农民叫 A 集团为“三光集团”，即砍光、烧光、种光。这些图片资料都是从 A 集团云南项目现场拍摄的，其中的录像资料还有当地农民直接指认A集团砍伐天然林现场的事实，应该是可信的。

3. 中国其他主流媒体的采访报道。

（1）2004年7月12日，中央电视台“新闻周刊”栏目报道的《云南森林告危》。

该报道指出：“以澜沧县为例，A集团在该县得到300万亩林基地，然而县政府在今年4月向国家林业局所作的汇报材料显示，林业用地中的无林地（宜林荒山荒地）仅为4.78万公顷，即71.7万亩。”

该报道又指出：“在澜沧县，记者亲眼所见，大面积的砍伐行为的确存在”“据记者了解，除澜沧县之外，A集团今年在云南思茅地区的孟连、西监两县及文山州，共接收土地30余万亩。有当地林业部门工作人员反映，在这些地方也不同程度地存在砍伐天然林的行为”“更大面积的超指标砍伐，发生在思茅的另一个县——景谷县”。

“A集团在思茅市的规划如果得以实施，‘全市近3600万亩现有天然林中有一半要通过大面积皆伐（全部砍光），改变为人工林。其中大部分规划的原料林基地将种植桉树。目前，思茅市没有大面积营造桉树的成功经验，一旦大规模推广应用在桉树工业原料基地，将会对思茅市的林地生产力和思茅松这一优良树种的博爱户造成重大影响’。A集团的规划如果得以贯彻实施，滇南的思茅、临沧、文山三个地方的森林生态将遭遇毁灭性的打击。”

（2）2004 年 7 月 9 日，人民网刊登的《相当于云南森林面积近十分之一的土地，将统一种上用来造纸的桉树；云南：近 3000 万亩桉树，灾难还是奇迹？》。

该报道指出：“在思茅地区，森林覆盖率超过 60%，荒山面积只有 300 多万亩，拟议的 1065 万亩造桉面积，据可靠消息证实，将有 600 万亩不得不砍伐利用现有林地。”“实际上砍伐已经存在……斧头挥向了中国面积最大的一片天然竹林”。

（3）2004 年 11 月 6 日，新华网刊登的《财经杂志：印尼纸业巨头 A 集团海南重生调查》。

该报道指出：A 集团在海南实施的 B 浆纸业项目，“中国轻工业上海设计院 1998 年 7 月为 B 集团所做的可行性研究报告，对木材原料供应作如下描述：在本项目原料基础供材前，‘所需木材原料将从海南及其他地区的森林资源中解决’”。

（4）2004 年 11 月 6 日，新华网刊登的《财经杂志：吃掉苏门答腊虎的纸》。

该报道指出：“2000 年 12 月，印尼国际森林地研究中心与世界野生动物基金会（WWF）宏观经济计划办公室联合发表了一份震撼性的报告（IFOR-WWF 报告），充分证明印尼浆纸业对印尼森林的严重破坏，并极可能对大规模违法开采负有责任。报告指出，1988—1999 年，印尼浆纸业产量增长了 8 倍，造纸则增长了 7 倍，如 A 集团已进入了行业十强。在此期间，约有 1

亿立方米木材用于纸浆工业，只有 8% 来自人工林，其中 92% 主要来自砍伐雨林。”

该报道还指出：“2002 年，世界野生动物基金会尾随几辆原木运输车进入 A 集团印尼工厂，向公司人员和森林官员提交了伐木来自印尼特索 · 尼洛国家公园的证据。这片被保护的森林是政府指定的采伐禁入区……按当前的采伐速度，这片森林在未来 5 年内就会消失。”

（5）2004 年 11 月 18 日，法制早报网刊登的《印尼最大财阀被指云南“圈地毁林”》以及 2004 年 12 月 16 日《南方周末》头版刊登的《云南 vs A 集团亚洲最大的纸浆公司圈地始末》也以较长篇幅报道 A 集团在云南圈地毁林的事实。

4. 《国家林业局关于认真整改森林资源管理中有关问题的通知》（林资发〔2004〕106 号）以及附件《云南思茅森林经营情况调研报告》（以下简称《调研报告》）。

这份《调研报告》指出，根据 A 集团 2002 年 9 月 30 日与云南省人民政府签署的备忘录，A 集团拟承包营造 1065 亩纸浆原料林基地，按承包经营 50 年，每亩土地承包费 40 元（合每年每亩承包费 0.8 元）计，林木协议转让价格为每立方米 70 元。其中国有林折价入股，集体林由 A 集团现金收购。据了解，A 集团在云南文山洲营造的 550 万亩原料林基地，也按此办理。这种不经过资产评估的林地、林木流转，背离了市场经济价值，造成国有资产流失，使林农合法利益受到侵害。

5．云南省林业厅发布的《关于A集团在思茅建设林浆纸一体化项目的情况报告》。

这份报告指出："三、项目实施过程中引发的问题。根据国家林业局调研组及其他林业专家的调查研究，和这次新闻媒体对A集团在思茅、文山、临沧实施林浆纸一体化项目进行的报道，根据孔副省长的指示，我厅和专员办组织调研组认真广泛听取意见，认为在项目实施过程中，确实存在较为严重的问题。如不引起高度重视，及时进行整治，不仅达不到项目建设预期的目标，反而会引发一系列严重的后果。"

6．国家林业局《关于A纸业（中国）投资有限公司在云南营造原料林有关问题的通知》（林资发〔2005〕4号）。

这份通知指出："一、存在的突出问题（一）营造原料林过程中存在毁林行为。据调查，A纸业2003年和2004年在澜沧县营造原料林的地类中，涉及有林地9580.52亩；在没有办理林木采伐许可证的情况下，采伐林木蓄积24709立方米。这些林木除部分是当地村民交地以前砍伐外，大部分是A纸业造林承包商组织采伐。同时，A纸业在澜沧县营造原料林的地类中还涉及1580亩未成林造林地……（四）在公益林区营造原料林和采伐公益林。据调查，A纸业2003、2004两年在澜沧县营造原料林过程中，共在公益林区营造原料林2031.71亩，涉及采伐公益林木蓄积738立方米。"

7. 中央电视台经济频道“经济信息联播”的采访内容。

（1）被告提供的林资发〔2005〕4号文件虽是复印件，却是真实的。

国家林业局资源管理司副司长接受中央电视台记者采访，公布A纸业在2003年、2004两年在云南思茅市澜沧县涉及毁林9500多亩，涉及采伐林木蓄积24000多立方米，这些都是在没有采伐许可证的情况下进行的。

（2）A集团纸产品遭到英、美、德、意等国的抵制。

新华社驻日本东京记者证实，因为A集团的毁林行为，日本企业联手抵制A集团纸产品。新华社驻德国柏林记者证实，因为A集团的毁林行为，德国最大的纸类批发商麦德龙公司拒绝其纸产品，此外，英、美、意大利的进口商也开始拒购A集团纸产品。

这同时也反映出绿色和平组织调查报告中有关因A集团破坏生态的行为，A集团纸产品在欧美等发达国家遭到抵制这一事实是真实的。

8. 造林承包合同。

相关的造林承包合同、协议书也反映A集团在云南造林所圈土地并不像A集团自己所说的都是荒地荒山，相当一部分是林地。

（1）原告的补充证据。A纸业的子公司——C有限公司与澜沧县谦迈乡麦地村所签订《林业用地承包合同书》一开始就讲到“甲方同意将其拥有合法所有权的林地发包给乙方营造速生丰产林”，在交地确认表“地上物状况”一栏中也标明有“杂灌，即灌木”。

（2）A 纸业与澜沧县政府所签《A 纸业（中国）投资有限公司在云南省思茅地区澜沧县经营速生丰产林基地协议书》（被告证据 5）第 2 条规定，“速生丰产林公司经营桉树及当地速生阔叶树种，规划面积 300 万亩（荒山 190 万亩，有林地、灌木林地 110 万亩）”。这一点，有林资发〔2005〕4 号文相印证。

（四）被告的证据证明力明显优于原告

民事案件与刑事案件的证据认定规则是不同的。刑事案件采用的是排除一切合理怀疑的认定规则，而民事案件则是采用相对优势的证据认定规则。从本案原被告双方提供的证据比较分析看，在证明 A 集团及其分、子公司是否存在在中国云南及其他国家毁林这一待证事实上，被告的证据与原告的证据相比，明显具有优势。具体理由如下：

第一，从证据的数量上讲，原告只提供了澜沧县林业局、文山州政府等 4 份证据材料，而被告提供了绿色和平组织的调查报告、国家林业局文件等 18 份证据材料。

第二，在证据来源上讲，原告提供的 4 份证据都是 A 集团云南项目当地政府及村民自治组织出具的，包括澜沧县林浆纸一体化项目领导小组办公室、澜沧县林业局、文山州政府和澜沧县包麦地村村委会。而被告的证据来源于国家林业局，云南省林业厅，中央电视台、新华社驻德国、日本等国记者，绿色和平组织，《中国新闻周刊》，《南方周末》，《财经》杂志，新浪网，人民网等媒体。

第三，从证人及提供书证的机关、组织与案件当事人的关系来看，给原告提供证据的机关、组织均与原告存在利害关系。因为，云南当地有关政府实际上是与这个案件存在利害关系的。原告的项目在云南行政辖区内立项，必须首先要获得当地政府的审批，而此后的项目也在政府有关部门的监管下运作，如果原告存在毁林的行为，那么政府机关就存在把关不严、管理不力的失职行为。更不用说 A 集团云南项目实施给当地政府带来的财政利益的驱动。

而为被告提供证据的国家机关、媒体和其他组织与本案双方当事人均无利害关系。

第四，从证据形成的过程和证据形式看，被告提供的许多证据是以调查报告的形式出现的，是在有关国家机关和组织经实地调查后做出的，如国家林业局的两个文件、云南省林业厅的文件、绿色和平组织的《调查报告》；其他媒体的报道也是在实地考察后做出的，附有大量的第一手材料。这些证据均不是因被告要求做出的。而原告提供的证据是以证人证言形式出现的，内容极其简单，还是因原告要求出具的，看不出是经过调查后做出的。这正如林资发〔2005〕4 号文指出的那样，“森林资源基础数据不实，协议签订草率。据调查，思茅市和文山州现有宜林荒山荒地根本无法满足 A 纸业营造原料林的‘协议’要求。主要原因，一是一些地方森林资源基础数据不实、家底严重不清。如文山州富宁县自新中国成立以来就没有进行过森林资源二类调查，根本不清楚有多少荒山荒地能用于营造原料林”。

第五，从证据之间是否存在相互矛盾分析，被告提供的证据因是经实地调查后得出的，相互之间能互为印证。如绿色和平组织提供录像资料表明：A 纸业与澜沧县政府所签《A 纸业（中国）投资有限公司在云南省思茅地区澜沧县经营速生丰产林基地协议书》（被告证据 5）第 2 条规定，“速生丰产林公司经营桉树及当地速生阔叶树种，规划面积 300 万亩（荒山 190 万亩，有林地、灌木林地 110 万亩）”。该内容与林资发〔2005〕4 号文件相印证。

（五）被告已尽到了作为一个普通人谨慎的注意义务，不具有法律上的故意或过失，原告指控被告侵权的主观要件不能成立

在这里，我们退一步讲，即使 A 集团在云南毁林事实尚存争议，一时难以认定，但有一点是可以肯定的：被告发布这个通知已尽到了一个普通人谨慎的注意义务，不存在法律上的故意或过失。

被告发布这样一个《通知》，是出于一种保护环境的善良愿

望，没有损害A集团名誉的动机、目的，这点连原告也是承认的。那么被告是否存在没有核实相关事实，就草率发布这样《通知》的过失呢？我们的回答是否定的。

（1）绿色和平组织是一个在国际上享有较高声誉的环保组织，其调查报告是该组织的工作人员在A集团云南项目现场等地实地调查后做出的，内容有大量翔实的第一手材料，包括照片，且该报告是在新浪网公开发布的，作为一个协会没有理由不相信这样的报告。在法理上，这叫“合理相信”。

（2）在发布《通知》前，协会不仅仔细察看了绿色和平组织的调查报告，还查阅了《中国新闻周刊》（2004年7月12日）、《财经》（2004年11月6日）、法制早报（2004年11月18日）、人民网（2004年7月9日）、新华网（2004年11月6日）等媒体对此事的报道，这些相关报道并不是根据绿色和平组织的调查报告写成的，而是相关媒体深入云南A集团项目现场及海南A集团项目现场实地调查后作出的。

如《中国新闻周刊》记者就在云南A集团项目现场调查了很多天，同样掌握了大量的第一手资料，做出的这些采访报道与绿色和平组织的调查报告相互印证，被告没有理由不相信这些报道的相关内容。

（3）人民网上的《相当于云南森林面积近十分之一的土地，将统一种上用来造纸的桉树；云南：近3000万亩桉树，灾难还是奇迹？》是2004年7月9日报道的，《中国新闻周刊》的长篇调查报告《云南森林告危》是2004年7月12日刊发出来的，从这一天到2001年11月8日发布《通知》中间隔了四个多月的时间，协会并未发现A集团要求人民网、《中国新闻周刊》更正相关报道，更没有看到人民网、《中国新闻周刊》被告上法庭。在这种情况下，我们又有什么理由不相信这些主流媒体的报道呢？

（4）为了慎重起见，协会在发布《通知》之前还与绿色和平组织取得联系，索要了绿色和平组织调查报告中注明的2004年7月20日云南省林业厅发布的一份调查报告《关于A集团在思茅建设林浆纸一体化项目的情况报告》。在与绿色和平组织联系时，得知国家林业局2004年4月发布了《关于认真整改森林资源管理中有关问题的通知》（林资发〔2004〕106号）以及附件《云南思茅森林经营情况调研报告》。云南省林业厅的调查报告指出A集团在思茅“项目实施过程中，确实存在较为严重的问题”，国家林业局的林资发〔2004〕106号调查报告虽然没有直接指出，但从文章的整体意思可以看出A集团在云南思茅实施的项目确实存在大面积皆伐天然林，破坏生态环境的事实或存在将要发生这样事实的严重威胁。看到这两份由中央和地方两级林业行政主管机关做出的调查报告，协会更没有理由不相信绿色和平组织的调查报告的真实性。

（5）协会发布《通知》前，查阅了世界自然基金会网站，发现A集团在外国毁林，其产品遭欧美发达国家许多公司抵制其产品的事实。

（六）被告的行为系协会内部管理行为，且符合法律的规定

1. 被告的行为符合法律规定。

《宪法》保障每一个公民和法人参与保护环境、保护生态的权利。《宪法》第 26 条明确规定：“国家保护和改善生活环境和生态环境，防治污染和其他公害。国家组织和鼓励植树造林，保护林木。”同时，《环境保护法》第 6 条规定：“一切单位和个人都有保护环境的义务，并有权对污染和破坏环境的单位和个人进行检举和控告。”因此，保护环境，检举和控告破坏环境的行为是法律赋予每个公民和法人神圣的权利。

2. 被告的行为符合协会章程规定。

被告倡导本协会会员进行绿色消费的行为是协会进行行业内部管理的行为，被告有权依据协会的宗旨，履行章程所赋予的职权。《浙江省饭店业协会章程》第 3 条规定：“本协会的宗旨是：遵守宪法、法律、法规、国家政策，遵守社会道德风尚，维护会员的合法权益，为会员服务，为行业服务。”第 6 条“协会的业务范围”包括“向会员单位宣传政府有关政策、法律、法规，并协助贯彻执行，发挥社会中介组织的作为”。因此，被告遵守保护环境的法律，响应国家可持续性发展的基本国策，秉着为会员服务为行业服务的宗旨，积极地向会员单位倡导绿色消费，完全符合协会章程所赋予的权利和职责。

办案心法

重大敏感案件的办理对于年轻律师来说是非常不可多得的极佳锻炼机会，因为案件的每一小步都牵一发而动全身，所以需要调动全部的注意力和思考。如今回望这个案件的办理，仍然觉得胡祥甫律师当年的办案策略和技法极具智慧，现分享之。

（一）制定战略战术

一个案件拿到手，先不要着急于开展工作，而是要细细琢磨和掂量，拟定作战的基本思路和方针策略。这一步非常关键，直接决定案件的未来走向和输赢。比如本案，当时有两种不同方案：一是着力于调查取证A集团在云南毁林的证据；二是侧重于呼吁更多的媒体支持以展开更广泛的舆论攻势。协会倾向选择第二种方案，因为对于协会这么弱小的机构没有能耐去云南调查取证，而且协会银行账户上仅有的50多万元存款也被法院冻结了，捉襟见肘。反倒是第二种方案，当时有很多媒体非常关注此事，频频主动来联系协会，所以舆论造势至少看起来不那么费力。而胡祥甫律师却力主走第一方案，“工欲善其事必先利其器”，证据是法庭上最好的“炮弹”，只有这一步夯实了，再落实第二方案，才能有理有据，相得益彰。事实证明也确实如此，在面对协会向法庭提交的翔实而有力的证据之后，开庭前一天原告便偃旗息鼓了。

（二）调查取证“顺藤摸瓜”

本案的争议焦点是A纸业是否在云南存在毁林行为，按照传统调查取证的模式到实地去获取可以证明事实的证据是最直接有效的，但是诚如协会所担心的，无论从技术角度还是人力财力的筹备方面，协会都不具备这种调查能力，那么使用这种调查方式必然寸步难行。那么，我们是否可以考虑换一种思路？既然协会最初发布抵制A纸业的《通知》的依据来源在于绿色和平组织的调查报告，那么找他们就可以获得有效证据。按照这一思路，我们五上北京，从绿色和平组织提供的线索开始，一步一步摸索，找到了《中国新闻周刊》现场调查的记者，找到了北京林业大学的教授，找到了国家林业局的工作人员，找到了国家环保总局的工作人员。随着“藤”的一步步延展，一个个“瓜”摸到了手，从而为本案不战自胜备下了充足的事实证据。

（三）重大敏感案件的“进与退”

这类在全国具有影响力的重大敏感案件，如同一个大舞台，生旦净末丑粉墨登场。办案初始我们就频频接受到各种邀请，诸如以各种组织或名义举办的“声援会”“法律论证会”“新闻发布会”等，很是喧闹，有仗义执言者，也不乏沽名钓誉者；而各类媒体也频频约访想头家报道案件的最新进展，这是办案律师出镜出名的“好时候”。但是，越是在这样的时候律师越是要保持自己的节奏和冷静，不受干扰，全神贯注地致力于战略和战术的实施。而一旦案件准备妥当，事实证据确凿翔实敲定后，就要主动地组织和安排新闻发布会发声。我们参加了中华环保联合会在北京召开的“浙江省饭店业协会应诉A集团法律帮助座谈会”的新闻发布会，知名法律人士及中央电视台、新华社、人民日报在内诸多媒体的记者悉数到场。4天后，A纸业撤诉。

案中案，跨越 15 年的追踪

律师手记

仍然十分清楚地记得那个深夜猛然惊醒，打开手机看了一下时间，3 时 29 分。距离 14 时 30 分省高级人民法院再审开庭还有 11 个小时。

这是一个非常奇特的案件，很多环节都有不同于常理之处。一审我们败诉，二审扭转乾坤我们胜诉了，后对手不服又提起了再审。行内人都知道再审案件，一旦法院接受立案，大概率是要改判的，这就意味着我们将可能再次败诉。所以再审的第一次开庭至关重要。一切都早已准备就绪，然而，我隐约还是觉得有一点未“透”的感觉。这是一种多年执业形成的直觉，哪里不对呢？我告诉自己尝试突破原有的思维界限，再想想。突然想到对手的关联公司！一直以来这个案件我的目光都集中在对手身上，对于不起眼的关联公司一直没有深入地进行调查过。

于是，我马上从床上起来，进行检索，果然有重大发现！最终抢在开庭前把新发现的资料提交给了法庭。

【案情简介】

（一）项目地块的背景情况

1999 年 8 月 26 日，杭州高新技术产业开发区管理委员会与杭州市西湖区人民政府签订《关于转让工业用地的协议书》，约定杭州高新技术产业开发区管理委员会同意转让已受让的原余杭市三墩镇骆家庄村土地 73.911 亩（以下简称案涉地块）、杭州市西湖区人民政府应付 886.932 万元等内容。

1999 年 12 月 10 日，杭州市西湖区房屋建设开发总公司（于 2000 年 12 月改制变更为西房开公司）向杭州市西湖区人民政府发函，函件标题为《关于要求开发骆家庄地块的请示》，西房开公司请求杭州市西湖区人民政府将案涉地块交由其建设。

1999 年 12 月 26 日，杭州市西湖区人民政府向西房开公司作出《关于同意开发骆家庄地块的批复》，同意西房开公司开发案涉地块，有关费用均由西房开公司承担，并要求尽快办理土地过户手续。

随后，杭州市西湖区人民政府向杭州市计划委员会〔1〕发出函件，函件标题为《要求调整建设单位的函》，载明考虑到西房开公司为全区社会公益事业建设作出较大的贡献，研究决定将该地块交由西房开公司开发建设，并要求调整建设单位等。2000年7月3日，杭州市计划委员会批复同意。

2000年7月10日，西房开公司向杭州市西湖区人民政府支付土地款886.92万元；同时杭州市西湖区人民政府向西房开公司开具《行政事业单位往来款收据》，确认收到土地款886.92万元。

2001年2月21日，杭州市西湖区人民政府向杭州市规划局〔2〕发函，函件标题为《关于要求由西房集团承担塘北科技工业园开发建设的函》，载明西房开公司拟用骆家庄76亩地作为塘北科技工业园区的一期工程，并承担该地块的开发建设，相关费用由西房开公司自行自筹解决等。

（二）原被告双方定约及履行情况

2002年5月31日，宁波海舜工贸发展有限公司（以下简称海舜公司）、浙江兆丰资产管理有限公司（以下简称兆丰公司）共同作为乙方与甲方西房开公司签订《关于塘北地块的意向书》（以下简称意向书），该意向书载明，“杭规划预审号97200344地块”经甲、乙双方友好协商，甲方退出上述地块开发，由甲方

〔1〕 杭州市发展和改革委员会前身。

〔2〕 杭州市规划和自然资源局前身。

负责征得杭州市西湖区人民政府同意，并由杭州市西湖区人民政府向杭州高新技术产业开发区管理委员会提出重新安排用地项目；征得杭州高新技术产业开发区管理委员会同意后，由乙方向市有关部门提出报告，报告批复后，即由甲、乙双方签订地块补偿协议；补偿内容为原甲方已付的地价款 886.92 万元由乙方全额承担，另由乙方补贴甲方该地块已投入资金的机会成本 191.5 万元，两项合计 1078.42 万元；由乙方在意向书签订后一周内提前预付部分补偿款 100 万元，补偿协议一经签订，意向书项下预付款计入协议补偿款首期，一周内由乙方支付甲方 400 万元，1 个月内付清余款 578.42 万元；意向书自签订之日起 2 个月内未获政府部门批准认可，甲方应于 1 周内退还乙方提前支付的全部预付款；具体内容以双方签订的协议书为准等。

对于意向书约定的款项，海舜公司陆续于 2002 年 5 月 30 日向西房开公司支付 100 万元，2002 年 10 月 25 日支付 500 万元，2003 年 2 月 26 日支付 300 万元，2003 年 10 月 16 日支付 100 万元，2004 年 2 月 11 日支付 78.42 万元，合计 1078.42 万元。除最后一笔款项外，西房开公司针对海舜公司的付款情况分别出具收据，最后一次收据的出具时间为 2003 年 10 月 20 日。

2004 年 3 月 1 日，兆丰公司向海舜公司出具《确认书》，载明海舜公司、兆丰公司在 2002 年与西房开公司签署了意向书，考虑到所交付钱款均由海舜公司支出，兆丰公司同意基于本项目合作所形成的全部权利（含合作、投资、协商、追索、诉讼等）

均由海舜公司所有和行使等内容。

海舜公司于2000年3月经工商部门核准设立，股东包括王某、郑某某、许某、周某四人，董事由该四人担任。2007年，王某涉嫌犯罪被公安机关采取强制措施，2010年被判死刑。此后，该公司的股东发生争议。2012年，周某向法院起诉要求解散海舜公司。2013年5月，宁波市中级人民法院终审判决驳回周某的诉讼请求。2015年6月，海舜公司设立清算组，清算组成员包括朱某、郑某某、许某、周某四人，周某担任清算组负责人。海舜公司在清算中发现本案款项支出，遂与西房开公司联系。

2017年4月13日，海舜公司委托律师向西房开公司发函，要求协商处理上述意向书，西房开公司返还1078.42万元等。双方未能协商一致，海舜公司遂诉至一审法院。

笔者和胡祥甫律师接受被告西房开公司委托作为代理律师。

【办案纪实】

一审多点出击，诉讼时效防线失守

（一）分析案情，归纳焦点

粗一看本案的基本案情非常简单：2000年7月10日，西房开公司向杭州市西湖区人民政府支付土地款886.92万元，获得案涉土地开发权。2002年5月31日，海舜公司、兆丰公司（共同作为乙方）与西房开公司（甲方）签订《关于塘北地块的意向书》，约定开发权转归乙方所有。后 2002—2004 年，原告海舜公司陆续支付土地款 886.92 万元及甲方已投入资金的机会成本 191.5 万元，两项合计 1078.42 万元。2017 年，海舜公司起诉要求返还所有款项。概言之，双方签订了一个土地使用权受让机会的转让协议，一方支付了补偿款而未获得土地，故要求返还钱款。但细细一品，又绝不简单。

摆在律师面前的，有四个疑问。第一，2002 年双方签订意向书的背景，为何西房开公司将土地使用权拱手相让？第二，意向书约定了获取政府批准期限仅为 2 个月，获得批准后方才签署正式协议并支付款项，未获批准则意向书失效。但在这些前提条件均未满足的情况下，原告海舜公司为何在其后 2 年内一直付款？第三，原告海舜公司缘何 15 年后才索要款项？第四，既然土地使用权原告未取得，被告也未取得，那么这案涉土地使用权花落谁家？

（二）调查取证，多维入手

带着这些疑问，笔者和胡祥甫律师立即开展对案件事实的调查。这是办理案件的第一步，也是最基础的工作。

内部调查通常分两步进行：首先，和客户进行充分地交谈和沟通，把事实要点逐一进行记录；其次，根据客户提供的文件资料，逐字逐句地进行分析和讨论。然而，客户端的信息非常有限，因为时隔15年，客户公司原董事年事已高记忆模糊，而当年的经办人已经病故，翻找公司的档案资料，除了有接收款项的财务凭证外，留存的意向书也只有复印件。所以此处的线索就被掐断了。

看来，关于第一个到第三个疑问，只能通过庭审时，以法庭发问的方式，从对方口中撬得有用信息了。关于第四个疑问，一审法院分别给了双方调查举证期限。项目用地前期有关文件和资料中表述含糊，如“三墩镇骆家庄村土地73.911亩”，没有四界。而意向书中关于地块的描述仅为“杭规划预审号97200344地块”，意向书有一张附图，双方手中均是模糊的复印件，只能大致看到一个区域范围。

外部调查通常根据案件情况量身定做：根据仅有的信息，确定四路调查方案。一是，根据规划预审号向规划局档案馆调取资料。但是很遗憾档案馆告知这个预审号有是有，但是由于后期土地建设没有继续下去，所以这个预审号项下没有后续资料。二是，笔者向国土资源局[1]申请了政府信息公开，要求公开“杭规划预审号97200344地块”土地出让信息。不久后国土资源局答复没有该规划预审号对应的土地信息。三是，笔者向杭州市西湖区人民政府申请政府信息公开，要求公开收取西房开公司土地款项后该地块的相关情况。但同样遗憾的是区政府的答复是信息

[1] 2019年1月机构改革后为杭州市规划和自然资源局。

不存在。四是，进行全方位的原告及兆丰公司背景情况的调查和收集。通过国家企业信用信息公示系统和中国裁判文书网等网页的搜索，最大范围地了解对手情况。通过这个环节调查了解到了2007 年原告实际控制人王某涉嫌犯罪被公安机关采取强制措施2010 年被判死刑的特殊情况。这也和原告主张公司因遭遇重大变故而未能及时主张权利一说相吻合。

重点调查则是根据前期调查的情况深度推进：三路方案下去线索全部中断，虽然有些气馁，但觉得还可以再尽力试一下。唯一的线索是规划预审号，还应该回到规划局再深挖一下，毕竟这个预审号总不可能凭空而设，应该会有相关资料。这一次笔者思忖着要找一个查档相对宽松的时间，这样就有机会和档案工作人员聊一下案子的情况以及我们需要帮助的地方。于是，笔者带上所有的案卷材料寻了一个靠近中午的时间，再次去了规划局档案馆。果不其然，在翻看了我们的案卷，了解了我们的用意之后，档案工作人员也放下了戒备，热心地告诉我们虽然没有后续文件，但是这个预审号项下标有“地形图号为 4-607-B 和 4-608-A”。这是一个重大发现。档案馆的工作人员告诉我们“地形图号”是类似经纬度一样的可以锁定具体位置的编号，中国行政辖区内的所有土地都有自己的一个地形图号，地形图号标注的是一个长方形的区域。这个编号无论岁月更迭，项目变迁，所圈定的位置是永远不变的，而政府为了记录城市变迁每年都会绘制各个地形图号项下的图纸。4-607-B 和 4-507-A 两个地形图号标注的是相邻的两块地，都在这个规划预审号项下。于是我们根据这个“地形图号为 4–607–B 和 4–507–A”的描述查到了案涉土地大致的位置，立马驱车赶往现场查看。一看，这里已然是高楼林立。

（三）确定一审代理思路，以点带面

毫无疑问，这个案件关键的点是诉讼时效。因为原告已经支付款项是事实，而没有拿到土地也是事实，从公平角度而言，似乎原告的诉求能够成立。如果我方提出的原告在 15 年之后提起返还之诉已经超过诉讼时效的抗辩能够成立，这个案件的办理就相对简单。所以，诉讼时效始终是我们的主要抗辩点。另外，我们在审视原告海舜公司起诉状和证据时，发现了诉讼主体、诉讼请求等方面存在的问题，而这些问题的叠加使用，亦可起到积羽沉舟的作用。于是，我们敲定以点带面的抗辩策略。一审我们的答辩摘录如下：

（1）原告诉求解除合作协议错误。原被告并未签订过任何合作协议，双方在 2002 年 5 月 31 日签订的是《关于塘北地块的意向书》，意向书约定在签订之日起 2 个月内获得政府部门批准后，双方即签订地块补偿协议。从原告提供的证据来看，双方并未签署地块补偿协议。因此原告诉求解除合作协议无事实依据。

（2）原告主体资格有异议。根据《关于塘北地块的意向书》的签约主体可知，乙方有两位即兆丰公司与海舜公司，但是起诉主体只有海舜公司，原告也未提交任何证据证明兆丰公司将其权利转让给原告。另外，原告对清算组的组建和成立未提供任何证明，也未提交周某担任清算组负责人的资格证明。

（3）原告主张被告返还合作补偿款 1078.42 万元以及相应的利息已过诉讼时效。根据《关于塘北地块的意向书》第 6 条，“本意向书自签订之日起两个月内未获政府部门批准认可，甲方应于一周内退还乙方提前支付的全部预付款”，全部预付款退还的最晚期限为 2002 年 8 月 7 日，按照法律规定的 2 年[1] 诉讼时效（2021 年 1 月 1 日施行的《民法典》已将诉讼时效期间改为 3 年）显然早已超过。退一步说，根据《关于塘北地块的意向书》第 3 条约定，由原告方向有关部门提出报告并获得批复后，双方才签订地块补偿协议；第 5 条约定在补偿协议签订后 1 个月内付清余额。而本案，虽然双方未签订补偿协议，但原告仍然陆续地主动向甲方支付了剩余补偿款，并于 2004 年 2 月 11 日支付了最后一笔余款 78.42 万元。若原告支付最后一笔余款时，项目仍未获得政府部门的批复，以最后一笔余款支付时间作为 2 个月获得政府部门批复的起算点，即签订补偿协议的最后期限为 2004 年 4 月 11 日。按照《关于塘北地块的意向书》第 6 条的规定，被告还款的时间应该为 2004 年 4 月 18 日，显然也超过了 2 年的诉讼时效。

（4）原告所称其因发生一系列重大的企业变故，已无人了

[1] 2021年1月1日施行的《民法典》已将原《民法通则》规定的诉讼时效2年改为3年。本案审理时适用当时实施的《民法通则》。

解本项目及其进展情况的理由不能成立。事实方面，查看原告股东结构以及变更情况可以发现，原告原始股东大部分都未发生变更，原股东王某占5%股权因去世，其股权由其妻朱某和其子王某某分别继承。原告股东周某占10%股权同时也是《关于塘北地块的意向书》第三方兆丰公司的股东，占25%股权。因此不了解本项目及其进展情况之说法不能让人信服，也没有具体证据可以证明。法律方面，原告所称一系列重大的企业变故，也无法构成诉讼时效中止。《民法通则》[1]第139条规定："在诉讼时效期间的最后六个月内，因不可抗力或者其他障碍不能行使请求权的，诉讼时效中止。从中止时效的原因消除之日起，诉讼时效期间继续计算。"在过去十几年间，原告仍正常持续经营，并不存在无法行使请求权之情形，因此也不构成诉讼时效之中止。

（四）一审判决被告败诉

针对我们提出的第1个抗辩理由即诉讼请求上存在错误的问题，原告海舜公司立即申请了变更诉讼请求纠正了其存在的错误。而针对我们提出的第2个抗辩理由即原告主体资格的问题，原告海舜公司庭后提交了兆丰公司于2004年3月出具的确认书，确认海舜公司享有追索、诉讼等权利，同时提供了工商登记查询资料证明兆丰公司现已注销，诉讼主体已不复存在。因此，一审法

---

〔1〕 2020年5月28日，十三届全国人大三次会议表决通过了《民法典》，自2021年1月1日起施行。《民法通则》同时废止。下同。

院采纳了原告依据《民法通则》第 87 条规定，海舜公司作为债权人之一有权要求西房开公司履行债务的观点。

而关于我方辩称的诉讼时效问题，一审法院则认为，“本案海舜公司向西房开公司支付最后一笔款项的时间为 2004 年 2 月 11 日，西房开公司最后一次出具收据的时间为 2003 年 10 月 20 日，该事实足以认定海舜公司付款、西房开公司收款的履行行为已经变更了意向书约定的‘一个月内付清余款 578.42 万元；本意向书自签订之日起两个月内未获政府部门批准认可，甲方应于一周内退还乙方提前支付的全部预付款’，故不能再依据该条款内容确定解除意向书的具体时间以及该意向书解除后西房开公司返还已收到款项的具体时间，本案西房开公司应当何时返还款项的时间不明确。在履行期限不明确的情况下，债务人可以随时履行，债权人也可以随时要求履行，但应当给对方必要的准备时间。审理中，西房开公司未能举证海舜公司（兆丰公司）曾向其主张权利、其拒绝返还款项的时间，该院认为可自 2017 年 4 月海舜公司向西房开公司发送律师函时起认定海舜公司知道其权利受到损害，至海舜公司于 2017 年 4 月 25 日向该院起诉不能认定为超过诉讼时效期间（即使从海舜公司于 2015 年 6 月设立清算组进行清算至 2017 年 4 月起诉计算也未超过诉讼时效期间）”。

接到这份一审判决书，我们立即决定上诉，归谬法一试即可，因为如果判决按照一审的逻辑因履行期限不明，所以原告可以随时要求履行，按此说法如果原告不是在 15 年后提起诉讼，而是在50年之后提起诉讼，难道都可以不受诉讼时效约束，这显然是不成立的！

二审寻找突破口，夯实防线胜诉

一审败诉了，看来这并不是一场“小感冒”，普通的用药还不行，得下“重药”。但是“重药”在哪里呢？

（一）复盘一审，比对审判观点

律师二审的代理工作其中非常重要的两个环节是全面复盘和比对审判观点。于是，我们将一审的整个诉讼过程、策略及观点进行反反复复的讨论和复盘。关于诉讼时效的问题，我方的逻辑是以合同约定的还款期限为起算点，但是我们这一观点被一审法院驳回，理由是，由于双方都没有按照意向书约定的付款期限和条件支付，因此原意向书约定的还款期限也就自然无效了。

也就是说，一审认为由于没有履行期限，因此诉讼时效也就一直没有开始起算。仔细再考量我方观点，似乎并不是无懈可击的。双方在意向书签订后并未进一步签订土地补偿协议，海舜公司亦未在约定期限内要求西房开公司退还100万元预付款，反而陆续向西房开公司支付了意向书项下的剩余土地补偿款978.42万元，西房开公司予以接受并开具发票予以确认。表明双方以实际行为解除了意向书中关于“两个月内获得政府部门批准”这一限制条件。因此，如果一再坚持以意向书签订后的 2 个月作为诉讼时效起算点的话，显然与实际履行情况相冲突。

那怎么办？如果我们的观点存在任何一点可以被撼动的地方，二审胜诉的希望就非常渺茫了。

（二）返回原点，找到突破口

既然关键点在诉讼时效，那么就必须在这个点上再下功夫。回到法学理论源头，重新回到书本去查找诉讼时效的原理。根据《民法通则》第 137 条的规定，诉讼时效期间从知道或者应当知道权利被侵害时起算。适用到本案，关于款项的返还诉讼时效则是从应当返还之日起算，在一审中原被告双方一直纠缠的就是这个点。而一审判决支持了原告关于本案虽然有返还期限约定，但是在该期限之后又有支付行为，因此双方以实际行动的方式变更了意向书的约定，故而没有返还期限的观点。

二审必须跳开这个思路，重新思考。不从钱款入手，那从哪里入手呢？通过不断地思考和讨论，我们突然发现忽略了一个重要的方面。意向书约定的是在获得政府批准后原西房开公司将获得的土地使用权转交给海舜公司，乙方支付补偿款的目的是获得该土地的开发经营权，现在土地开发经营权没有获得，故而来声讨返还款项。那么，原告是何时知道自己无法获得土地开发经营权的呢？这个得知无法获得土地经营权的时间点不正是法律上“知道或应当知道权利被侵害之日”吗？

这个新思路犹如强心针，原来在一审调查取证时发现的地块信息可以更深一步地挖掘。当时我们只看到案涉地块的现状，并没有将地块变迁的情况进一步地向法院提供。于是，笔者马上联系二审法院法官当面陈述理由申请法院调查令调取地块出让信息，这是一审遗漏的但是本案必须查明的事实，如果地块出让给原告关联公司或者被告关联公司，这将从根本上改变案件的审判基础。主审法官聆听后告知需要经合议庭讨论后决定。为保险起见，笔者又将申请调查令的理由书面分别向合议庭三位法官呈送。很快，我们收到了法院同意开具调查令的通知。

（三）深度调查取证，一波三折

我们调查的思路是根据意向书确定的规划预审号，锁定出“地形图号为4-607-B和4-507-A”，再根据“地形图号为4-607-B和4-507-A”确定大致的位置，找到现有的项目楼盘，而后再根据项目楼盘查找到开发商，再根据开发商的名称申请国土资源局调取当时开发商获取土地的所有档案。

然而，国土资源局收件后次日就给我们打来电话，告知没有该开发商的相关土地出让信息。于是我们马上赶赴查询窗口，和窗口工作人员再次耐心地解释和询问了解，终于揭开症结。原来查询系统设置的查询项，要么以开发商名称为检索词进行查询，要么提供正确的项目开发过程中的文件名称进行查询。而现在的开发商是其母公司受让土地后成立的项目公司，所以要以其母公司的名称方可进行查询。这一关还算过得顺利，我们 3 天后拿到了“地形图号为 4-607-B 和 4-507-A”大致范围内的两块土地的公开挂牌出让信息和出让合同。

但这才是第一步。我们要怎样才能将现在这块土地和 15 年前那块土地联系起来呢？毕竟关于“地形图号”之说还仅仅停留在规划局工作人员的口头，要怎么去证明这个说法成立？于是，我们开始非常仔细地研究这两份新证据。我们发现，在两份土地出让合同后面均有附图，而附图上就印着“地形图号为 4-607-B 和 4-507-A”，太好了，地形图号先对上了。按图索骥，现在需要查明的是 2002 年该地形图号标注的土地情况，用以证明这块土地就是当年的案涉土地。于是，我们第三次前往规划局档案馆询问该如何查找这个资料。这次档案馆的工作人员无法回答这个专业问题，不过她非常热心地推荐我们去规划局的相关科室咨询这个问题，但她也无法具体告知谁清楚。

完全陌生的拜访咨询，我们心里有点发怵，心想我们的客户是房地产开发企业，经常和规划局有业务往来，客户自己去调查也许更便利。但是几天过后，客户反馈他们也无法查找到资料。怎么办，还是自己上门去尝试一下吧。于是，我们敲开了一扇陌生的门，还是有些紧张担心被拒，毕竟工作人员没有法定义务要帮助你。不过，非常幸运，也许是我们选择的时间比较合适，也许是我们坦诚的态度打动了对方。规划局科室的专业人员告诉我们这个资料可以到杭州市行政服务中心的城市规划窗口调取。现在想起来对这些热心人仍心存感激，如果没有他们的指点查找相关信息犹如大海捞针。

我们立即前往杭州市行政服务中心申请调取2002年“地形图号为4-607-B和4-507-A”项下的地图。拿到地图的时候兴奋地在现场就进行了比对，太好了，地图显示的画面和意向书的附图完全一致！

另外，经过仔细地研究对方证据，我们非常惊喜地发现，对方提交的证据《涉案土地目前建设用地情况参考》中“庆隆单元FG01-C1、C2-02地块”与新证据出让合同中的地块信息完全一致。这就意味着根据禁止反言原则，对方将无法否认新证据的成立。

（四）二审从事实和情理两线出发，锁定胜局

有了新证据，就犹如找到救治的“重药”，诉讼时效问题可以打开新的局面。除此之外，我们讨论认为还需要在情理上进一步说服和打动法官。毕竟，诉讼时效的原理是惩戒自我权利的漠视者，如果原告有足够的理由说明其因为重大变故而无法主张权利，则可以适用时效中断。所以，这个问题必须处理方可周全。二审代理思路摘录如下。

1. 关于诉讼时效的起算点如何认定的问题。

根据被上诉人在一审中提供给法院的证据《涉案土地目前建设用地情况参考》，其中包含“庆隆单元FG01-C1、C2-02地

块”，这与上诉人提供的《杭州市国有建设用地使用权出让合同》（编号为 3301002010A21064）相吻合，“庆隆单元 FG01-C1、C2-02 地块”应当属于案涉土地中的建设用地项目。这是双方共同一致确认的事实，理应可以作为案件查明的事实。那么，当“庆隆单元 FG01-C1、C2-02 地块”在 2010 年 6 月 24 日通过公开招标、拍卖或挂牌的形式出让给第三方时，则完全可以得出被上诉人无法获得政府部门批准认可的事实结论。因此，本案即应当以“庆隆单元 FG01-C1、C2-02 地块”出让的时间作为本案诉讼时效的起算点。事实上，“庆隆单元 FG01-C1、C2-02 地块”的中天世纪城建设项目早在 2013 年年底即建成，如此偌大的一个建设工程开工建设 3 年，而作为意欲获取该宗地的被上诉人却熟视无睹，令人匪夷所思！如此怠于行使自身权利，根据诉讼时效的原理，理应责任自担！自此，被上诉人知道或应当知道其已不能取得该土地，根据意向书其有权在一周内要求主张返还补偿款，诉讼时效开始计算，到原审起诉时已超过了诉讼时效，丧失了胜诉权。

2. 关于过错和责任如何认定。

之所以在本案中要谈到过错和责任的问题，是由于本案的特殊性，从签订意向书到起诉，时隔长达 15 年整，沧海桑田、物非人非，尤其是由于城市规划调整，案涉土地究竟在何方？15 年过程中双方究竟如何交涉？这些关键事实的查明，因被上诉人严重怠于主张“权利”而变得异常困难。被上诉人应承担导致本案现状的主要责任和过错。

（1）补偿款支付风险系由被上诉人自行造成的。根据《关于塘北地块的意向书》第3条的约定，补偿款的支付前提是双方签订《地块补偿协议》，而本约《地块补偿协议》的签订前提条件是："征得高新区管委会的同意后，由乙方向市有关部门提出报告，报告批复后，即由甲、乙双方签订地块补偿协议。"这一约定，事实上是对被上诉人一方的保障，也即只有当市政府有关部门批准了被上诉人一方的用地报告后，才需签订补偿协议，再支付补偿款。然而，被上诉人在没有获得政府批准的情况下，在《关于塘北地块的意向书》签订后2年内陆续将全部款项完全支付，从常理来理解，显然是被上诉人对前期需要上诉人负责征得西湖区人民政府同意，以及后续由其自行向市有关部门提出报告并获得批复是有所把握的或者已然取得案涉土地使用权，否则就不可能有支付补偿款之举。那么，由此产生的支付全款而不能获得政府批准的风险，理应自担。

（2）用地的受让报告和审批系被上诉人的合同义务。需要特别强调的是，本案并非土地使用权的转让。一则，合同中没有这样的意思表示；二则，从土地使用权人的角度来看，上诉人自始至终均未获得案涉土地使用权，也就无再转让给他人之说。从合同约定来看，关于办理用地手续，虽然在第2条中约定由甲方负责取得西湖区人民政府的同意，但其后也就是最关键的一步，还是由乙方向市有关部门打报告并取得批复，结合上诉人为取得土地使用权所打的报告来看，被上诉人方获得土地使用权，也系由其自行办理。

（3）上诉人已经收到全部补偿款的情况下，不再关注用地情况亦符合情理。2000 年 7 月 10 日，上诉人已将案涉土地的土地款 886.92 万元支付给西湖区人民政府。后续，被上诉人陆续将补偿款全部支付到位。作为退出该用地项目的甲方来说，后续申请用地事宜根据合同的约定均是乙方义务，在乙方没有任何催告的情况下，认为此事已经与己无关，合乎常理。反倒是，被上诉人辩称从 2004 年 2 月 11 日支付最后一笔补偿款后到起诉前，整整 13 年时间再未向上诉人追索过之说不符合常理。2002 年在《关于塘北地块的意向书》乙方处签字的代表郑红莉一直是被上诉人方的法定代表人，周伟是股东，也是被上诉人现在的清算组负责人，两人均健在，怎么可能不知这样巨额的一笔款项，甚至说从未主张呢？被上诉人怠于行使权利，最终损失却要上诉人来承担，有失公允。

（4）上诉人在本案中未获得任何利益，因为 886.92 万元支付给西湖区人民政府，而 191.5 万元属于被上诉人对上诉人在支付给西湖区人民政府地价款后的 2 年利息补偿。被上诉人怠于行使权利，未在诉讼时效内主张，不仅导致本案在查明诸多事实过程中遭遇重重障碍，而且导致了上诉人难以向西湖区人民政府要求返还，因为上诉人同样面临来自西湖区人民政府方面针对诉讼时效的抗辩！上诉人未获得任何利益，也未存在过错却要承担本案的不利后果，对上诉人是极为不公平的！

二审的法庭调查辩论尤为激烈，新证据犹如一颗“原子弹”直接扭转了局面，面对自己欲受让的土地在2010年被公开以招标、拍卖或挂牌的方式出让他人，后续又开工建设交付使用的事实，再抗辩称不知道权利被侵害，难以令人信服。二审判决全部接受了我方观点，胜诉。

再审“九死一生”，案中案扭转局面

这个案子打得非常艰难，一方面，是因为客户可以提供的信息太有限了，所有的证据都必须由律师自己去一个一个摸索出来；另一方面，对方律师也是经验非常丰富的老律师，法庭调查询问显然是有备而来，关于意向书签订和履行的前前后后情况，均称实际控制人已经死亡无人了解情况，要从对手口中撬得有效信息几乎是难于登天。当我们还没来得及为二审胜诉举杯之时，就收到了浙江省高级人民法院的再审裁定书。

（一）再审案件办理的策略

“九死一生”，这是笔者和当事人就再审委托用的一个词。事实确实如此，据不完全统计，每年有很多申请再审的案件经过浙江省高级人民法院审查后被确定立案再审的，大多要改判。再审裁定书这是一个强烈的信号，就是审理该案件的主审法官已经有了初步的观点和判断了。以多年的执业经验来看，要改变这种先入为主的观点，非常难!

刚刚放松的神经又绷紧了，只有迎难而上了。但是，再审怎么打？这是一个非常具有挑战的问题，因为显然一审、二审的整个诉讼策略、证据、观点均没有打动再审法官。必须从头再来!笔者的做法分享如下。

重读。重新回到一审、二审，把所有的案卷、庭审笔记、办案手记、取证手记、参考判例、相关法律法规及司法观点等所有资料，一张一张重新仔细再审阅一遍。技术要点是要集中在一段不被打断的时间内，因为这类案子往往资料庞杂，时间跨度长，容易遗忘细节。这里强调的是细节，而不是重点。为什么呢？因为在对抗性很强的诉讼案件中，双方都会对己方不利点做精心的修饰，又通常会因为疏忽而为对手制造有利的“武器”。20 世纪世界最著名的建筑师密斯·凡·德罗将他的成功经验高度概括为“魔鬼在细节”，亦是同理。

重思。这里需要的是突破自己的惯性思维，不再局限在自己原有二审胜诉的思维基础上，试图以法官的立场进行思维，甚至还要站在对方律师的角度进行思考。笔者觉得很多律师都会不慎走入“你讲你的，我讲我的”的误区，这是非常致命的。因为抗辩或者辩论的目标是以理性说服法官，以情打动法官，所以当你不知道、不了解法官在思考什么的时候，是非常难以进行有效的沟通的，且事倍功半。

（二）重新审视再审“战局”，确定新的作战方案

我们注意到，再审期间再审申请人海舜公司提交的新证据。证据 1：增值税纳税申报表，拟证明海舜公司在 2010 年至 2017 年没有经营行为；证据 2：杭州市规划局《政府信息公开延期告知书》和《政府信息公开答复书》，拟证明政府主管部门未明确杭政储出〔2010〕4 号、30 号宗地与案涉意向书项下土地系同一地块。看来，对方本次的进攻策略有二：一是说明其企业存在特殊情况故而不能在 15 年期间主张权利；二是意在说明案涉土地非二审新证据证明的公开出让土地，进而曲线推翻权利应当在出让时知晓被侵害的观点。

关于第二点，不足为惧，因为经历一审、二审的深入调查，已经可以锁定地块的大致位置。根据《国家基本比例尺地形图分幅和编号 GB/T13989—92》标准的规定，地形图号可以锁定地块范围系属于测绘专业的问题。于是，我们主动向再审法官提供了有关国家标准和二审时我们调查取证时规划局工作人员的电话，提示再审法官可以向专业人士核实，或者申请专家辅助人出庭。

而关于第一点，这也是一个专业问题，我们立即咨询了会计师和税务师，形成了专业的质证意见。摘录如下：“西房开公司质证认为，对于证据一的真实性无异议，对证明目的和内容有异议：（1）根据《税收征收管理法》的相关规定，企业应向税务机关申报纳税的税种包括企业所得税等，案涉增值税纳税申报表

只能说明海舜公司该期间未发生增值税应税业务，不能说明企业经营是否正常。（2）2017 年后实施营改增，此前海舜公司系缴纳营业税而非增值税。（3）海舜公司财务人员每年正常申报纳税，说明公司没有注销税务登记，机构设置齐全，仍在正常经营。（4）部分纳税年度有缴纳税款，说明海舜公司仍有经营。”事实上，海舜公司的这一举证是败笔，不仅没有起到其证明目的，反而帮助证实我们的观点成立。这是我们律师工作中非常值得吸取教训的地方。

而也正是因为再审申请人海舜公司提供的证据 1，使我们的目光和注意力高度集中在海舜公司的基本情况上。

此前调查了解的海舜公司信息大致如下：（1）2007 年海舜公司实际控制人王超涉嫌犯罪被公安机关采取强制措施，2010 年死亡。此后该公司频发股东控制权之争。（2）2012 年股东周某向法院起诉要求解散海舜公司，2013 年 5 月宁波市中级人民法院终审判决驳回。（3）2015 年 6 月，海舜公司各股东达成一致设立清算组，进入起算程序。

笔者与再审法官进行了沟通，再审法官也明确表明了审判实践中对诉讼时效的适用是非常严格的，从公平角度而言，不轻易地适用诉讼时效而使权利人失权。

在了解了再审法官思路后，我们有了方向。我们应进一步地深入了解海舜公司情况，长达 15 年时间，海舜公司到底发生了什么？其实这也是笔者心中的谜团，海舜公司律师的解释似乎听起来没有毛病，但是否真的如此呢？

“知己知彼百战百胜”，我们想尽了各种可能的途径进行信息的收集和检索，力图在这条新的战线上打稳、打赢。于是，就有了本书开头在律师手记中的那一幕。那是真正把案子装在了脑子里，卡进心里去了。

再审时提供的新证据（见表2-1）：

表2-1　再审新证据目录

序号	证据名称	证明对象
1	海舜公司工商登记内档信息历史完整全套	证明海舜公司的法定代表人及主要股东未曾变更，不影响公司对外主张权利
2	海舜公司对外投资房地产企业情况图及企业信用公示报告	证明海舜公司系投资房地产行业的企业，3家子公司均从事房地产行业
3	海舜公司在2012年至2014年的相关诉讼判例8份	证明海舜公司股东争夺公司控制权对公司资产密切关注
4	关于王某谋杀某导弹科学家案的新闻报道	证明案涉地块计划用于科研用地，被害科学家与王某发生激烈冲突被谋杀。海舜公司对该地块密切关注
5	原杭州市市长许某某受贿案刑事判决书 原杭州市规划局处长樊某某刑事判决书	在王某谋杀案之前发生的海舜公司子公司单位行贿情况

真是没有想到，这一桩跨越15年的民事纠纷，背后竟然牵扯出在当年轰动一时的一桩谋杀案、两桩受贿案！

再审法院采纳了我们的新证据1～3，即能够反映海舜公司的投资人变更情况、对外投资情况以及经营管理现状的证据。虽然，再审法院对证据 4 和 5 均没有采纳，但是，笔者确信这两份证据已经深远地影响了法官。

值得一提的是，庭审时海舜公司当庭提交了案涉〔1997〕00194 号建设用地规划许可证及附图复印件。由于这是对方当庭提供的官方文件，我们没有时间做事前准备，所以在法庭上接过来的时候，我心里是一阵紧张，唯有在心里默示自己要沉着冷静。心静下来后，仔细查看竟意外地发现这份建设用地规划许可证附图上清楚地载明了“地形图号为 4-607-B”。我想这是海舜公司万万没有想到的吧，在这关键的时刻，没有仔细核对自己提供的证据，反而帮助我们锁定了胜局！

办案心法

这个被我定义为“九死一生”的案件，当事人也基本放弃自认倒霉了，但是历经重重磨难，赢了。赢在哪里？其实，一些技巧和方法在上文中已经叙述了，这里略做重点圈划。

（一）关于调查取证

律师除了要掌握本书前面提到的调查取证之内部调查、外部调查和重点调查三步骤之外，还特别要学习和注意的是调查取证的方式。由于律师调查权所限，并不能像司法机关的调查那样具有强制力，因此律师必须非常重视每次调查的每一个环节的安排，流走形式只会一无所获。时间是否恰当？地点是否准确？向谁调查更有效？尤其是要注意态度和方式，只有别人愿意帮助你时，你才能获取最大的信息和便利。譬如本案为了调查案涉地块的信息，笔者专赴杭州市规划局档案馆4次，而有意思的是，对方律师也向法庭提供了其调查取证的情况，居然向不同的机关调查9次，但基本上是无功而返。我想区别就在于每一次我们的调查都做了充分的准备，而和被调查人员沟通的时候不是简单的问与答，而是像朋友一样，请求给予解读和帮助，尽最大可能地获得被调查对象的支持，所以才能够获得意外的证据信息。

另外一个关于调查取证的技术要领是关键证据的调查一定要双人配合。很多时候律师为了节省时间往往派助理去调查，这其实是调查取证的大忌。因为关键证据有时候并不是明摆着的，而是需要律师一步一步挖掘的。年轻助理往往不具备这样的经验和技术。而两位律师同时参与调查，则可以相互配合，共同讨论，往往能够激发灵感。

（二）关于再审案件的办理

笔者办理了不少再审案件，总结经验是再审案件必须有一种“脱胎换骨”的思维方式，不能再囿于一审、二审思路，而是要紧紧跟着再审法官的思路，重新制定诉讼策略。

以本案为例，一审法官认为合同未约定还款期限，所以不受诉讼时效制约。二审法官认为，案涉土地被出售他人，原告理应知道权利被侵害，故还款期限开始计算。而再审法官则更多地侧重和关注公平原则，探究原告无法知晓案涉土地被出售他人的原因，是否存在怠于行使权利而导致诉讼时效失权。所以，我们的办案思路也从一审履行期限是否明确切换到二审诉讼时效起算点，再聚焦到再审的公平性问题上。对于再审焦点问题，我们再次以新证据向法庭呈现暗藏在水底下的真相。这个真相就是原告的实际控制人的谋杀犯罪源于对本案案涉地块的开发权之争，而在其后发生的原告股东之间数个股权之争的诉讼亦可以证明原告对案涉利益的在意。所以，原告所辩由于实际控制人的死亡而无人知晓本案利益的说法显然无法成立。而在回到公平性的问题上，被告并没有获取原告给付的土地款，这笔款项事实上是由杭州市西湖区人民政府收取，所以，如果判令被告向原告归还土地款，则会让被告陷入向杭州市西湖区人民政府索讨土地款的诉讼之中。由被告去承担原告过失的风险，显然是按下葫芦浮起瓢，对于被告是极不公平的。

（三）关于举证

与调查取证同样重要的是法庭举证。这一步骤几乎囊括了诉讼案件的所有精髓。通俗地说，就是排兵布阵。如果这个排兵布阵有明显缺陷，就会成为对方攻陷阵地的致命点。所以，举证必须事先进行充分地“打磨”，反复核对内容是否恰当，稍有不慎，反倒会成为对方的利器，实为大忌。

以本案为例，对方在举证内容上屡屡反证了我们的观点，这在证明案涉地块的具体位置这个事实问题上尤为突出。二审阶段我们举证了案涉地块被公开拍卖的公告和出让合同，对方不认可案涉地块即为拍卖地块的事实。然而，我们却在对方举证案涉地块的信息表中查到和拍卖地块一模一样的地块号。到了再审阶段，对方为证明案涉地块和拍卖地块不是同一块地，提供了新证据即从国土资源局调取的案涉地块《建设用地规划许可证及附图复印件》。然而，附图上赫然写着“地形图号为 4-607-B”与拍卖地块附图上的地形图号一致。

而我们在再审阶段提交的新证据就制作证据目录这个环节反复“打磨”，比如说不仅提交了各个关联公司的工商登记资料，为了便于法官快速地识别到我方意欲证明的事实，还制作了关联公司的关系图；还有我们提供的关联案件的判决书，也非常细致地制作了案情摘要，甚至在判决书上把对我方有利的事实和观点都用荧光笔画出来，最后还贴上小标签方便法官翻阅。细节之处见魔鬼。正是这样精心地打造证据，才能让我们的观点丝丝入扣。

（四）关于专业协同

这一点非常关键，通常复杂案件背后都涉及社会的方方面面，律师并非全才，对专业问题必须虚心听取专业人士的意见，切忌一知半解自以为是，因为这将极大地影响律师看清案情的全貌。

以本案为例，原被告双方之间只有一份《关于塘北地块的意向书》，这份意向书中涉及案涉地块信息的描述非常简单笼统，唯一能够确定的是“杭规划预审号 97200344 地块”。而到杭州市规划局档案馆查询，该预审号项下只标注了“地形图号为 4-607-B 和 4-608-A”，再无其他任何信息。由于专业知识的局限性，对于法律人士来说并不了解地形图号的含义。而事实上，根据《国家基本比例尺地形图分幅和编号 GB/T13989—92》标准的规定，地形图号可以锁定地块范围，这属于测绘专业的问题。这些都归功于调查取证时被调查人员耐心地向我们讲解专业知识，不然我们就是俗称的“睁眼瞎”了。我们主动向再审法官提供了有关国家标准和二审时我们调查取证时规划局工作人员的电话，提示再审法官可以向专业人士核实，或者申请专家辅助人出庭。

十年招商引资纠纷化解录

律师手记

我在这次办案经历中看到中国法治进步的一面。印象最深的是两件事情。一是，在本案庭审的时候发现庭后坐了满满的旁听者，一问，原来是当地区政府主管副区长带领着相关职能部门工作人员一行二三十人专门来旁听庭审。当时，我心里一阵兴奋和紧张，太好了！正好可以借此机会据理力争。二是，当我收到九江市仲裁委员会裁决书时，看到裁决书上赫然写着“被申请人也应该按照《备忘录》的约定向合同相对方的申请人兑现相关经济补偿，以体现政府招商、安商、亲商、稳商的政策关怀”。

【案情简介】

2008 年 4 月 19 日，九江市人民政府办公厅印发《九江市鼓励市区工业企业退城进园暂行办法》（九府厅发〔2008〕26号），对退城进园企业补偿补助内容、标准及其他优惠政策等进行了详细规定。

2009年6月28日，原九江县人民政府作为甲方与乙方杭州达佳纺织有限公司（以下简称杭州达佳）签订《九江县沙城工业园项目合同书》（以下简称项目合同书），就乙方在九江县沙城工业园投资兴办年产4500吨特种天然纤维纱气流纺项目达成投资协议，对项目投资规模、选址及用地、投资强度、优惠政策等进行了约定。同日，双方签订《九江县人民政府与杭州达佳纺织有限公司备忘录》（以下简称《备忘录》），其中第4条约定：为支持乙方企业发展，甲方同意九江达佳棉纺织有限公司（以下简称九江达佳）[1]搬迁后，将企业用地调整为商住用地，与周边铁路子弟学校土地捆绑挂牌出让开发。如乙方摘牌，乙方按达佳公司土地面积挂牌出让价款的30%及铁路子弟学校土地面积挂牌出让价款的10%缴纳土地出让金；如乙方没有摘牌，甲方将企业用地挂牌价款的70%返还给乙方。如遇中央政策调整按中央政策执行。《备忘录》还对土地价格优惠等其他内容进行了约定。

上述合同和备忘录签订后，杭州达佳在九江县沙城工业园内依约完成了投资兴办年产4500吨特种天然纤维纱气流纺项目，

〔1〕 九江达佳棉纺织有限公司系杭州达佳纺织有限公司全资子公司。

同时，九江达佳依约完成了搬迁工作。

2017年4月29日，原九江县人民政府与九江达佳签订了土地收购协议书，约定土地收储补偿价格为4400万元。但该协议书签订后，原九江县人民政府并未向九江达佳支付4400万元土地收购款。

2017年5月11日，原九江县国土资源局发布九江县国有建设用地使用权出让网上挂牌公告（赣国土资网交地〔2017〕GF005号），对位于柴桑南路以东，冷水东路以西（原九江县达佳纺织厂）面积为57.738亩的宗地（宗地编号：DGF2017019）进行挂牌出让，无人摘牌。

2017年8月3日，原九江县国土资源局再次发布九江县国有建设用地使用权出让网上挂牌公告（赣国土资网交地〔2017〕GF009号），对上述宗地（宗地编号：DGF2017019）进行挂牌出让。2017年9月7日，曾某丽、朱某渭、徐某仁竞得该宗地，成交单价为2635元/米^2，总成交价为10,142万元，并于2017年9月21日与原九江县国土资源局签订《国有建设用地使用权出让合同》。

另查明：上述宗地的土地使用权人为九江达佳，地类（用途）为工业用地。本案提起仲裁时，九江达佳投资人为朱某渭和谭某海，出资比例分别为80%和20%；2018年6月26日投资人变更为朱某渭，出资比例为100%。杭州达佳股东为朱某渭及其妻戚某仙，出资比例分别为60%和40%。杭州达佳与九江达佳是关联企业关系。

2018年4月25日，杭州达佳向九江市仲裁委员会提起仲裁，认为《备忘录》为双方的真实意思表示，不违反法律、行政法规的强制性规定，合法有效。按照《备忘录》第4条的约定，该宗土地的土地收购价格为挂牌价格的70%，即为7099.4万元理应返还。现被申请人九江市柴桑区人民政府拒绝履行《备忘录》之约定，无法律上的依据，损害了申请人的合法权益。

【办案纪实】

旧账难追，意难平

九江达佳朱总是通过老客户介绍慕名而来的。杭州达佳和九江达佳都是他一手兴办的企业。他头发半白，古道热肠，是杭州萧山人，一口的萧山普通话，非常难听懂，以至于交流案情的时候，我不得不时地打断他，让他重新说一遍。“钱律师，我把我人生最好的20年都献给江西九江了，在那里创业发展得不错。就这件事情快十年了一直是心里的梗。不瞒您说，为了这件事情我找过很多律师都没有什么好办法。”说着就拿出一份其他律师同行写的法律分析意见示意给我看。

其实，对于律师而言，朱总这种情况比较多见，就像是顽症，病人往往会想尽一切办法寻医问药。但是，对于这种情况商人希望通过诉讼的方式解决的，倒是不多见，可想而知是走到山穷水尽了。

细细看完案件资料，对于纠纷始末心里有了大致轮廓：朱总的老厂房在2009年时响应市政府“退城进园”政策，将老厂房的土地退归国库，并在新工业园内投资新建新厂房并扩大生产规模。当时双方签署的《备忘录》中对于返还土地的补偿进行了约定。他日老厂房土地挂牌出让，可将企业用地挂牌价款的70%返还给企业。一直到2017年8月老厂房的土地终于挂牌成交了，但是当朱总问区政府讨要补偿款却被拒绝。

而事实上，朱总这些年在九江市的投资一直都非常不错，其创办的企业在当地也算是明星企业，解决了当地就业问题，又是纳税大户。朱总在当地有着良好的人际关系，政商关系也一直维护得不错。但就这个问题遇到坎，原因非常简单，前几任领导班子签下的合同领导换任后，现任领导没有人能对这件事情做主。

我犹豫着要不要接下这个案件，毕竟案件涉及的方面很广，案件非常之复杂是不得不细细掂量的。但是朱总求告无门的眼神，还有对法律上的确信，让我下定决心。

明知山有虎，偏向虎山行

这次合同争议的相对方是当地政府，案件办理的难度不可小觑。当我们的团队将案件的争议焦点做完初步分析后，我们发现管辖是第一个要解决的关键问题。不可小看这个程序性的问题。

在诉讼实务中，很多重大案件在启动实质性司法审查之前，被告就会对管辖权提出异议，如果对一审管辖裁定不服，可以上诉二审就管辖权问题进行裁定。目的是争取到对己方更有利的管辖法院。我们非常希望本案能够争取到由杭州本地法院管辖审理。

我们对案件的管辖问题进行分析后，根据管辖规则发现，双方的合同争议无论从哪个角度提起诉讼，一审、二审基本都是由江西省内的法院管辖。如果希望由最高人民法院来审理的话，就必须在经历一审、二审之后的再审阶段。但是如果要进入再审，诉讼的时间成本会非常的高，当事人难以承受。有什么办法可以寻求相对客观中立的纠纷解决途径呢？我们想到了仲裁。

仲裁机构是独立的解决商事争议的民间机构。仲裁具有准司法性质，可以仲裁的事项、终局的裁决权、裁决可强制执行等，都是国家通过法律明确的。仲裁不是由专职的司法人员而是由非专职的专家解决纠纷。相对而言，受到当地政府的影响比较小。

但是，根据法律规定，仲裁管辖必须基于双方的合同约定，非单方可以发起。必须做好铺设想办法让对方签署关于仲裁管辖的约定。于是，我们起草了催讨补偿款的律师函，虽然言辞颇为激烈，但是目的是引起对方的重视，暗示我们将会在浙江省管辖范围内提起诉讼。所幸，虽然当地政府不肯按照约定的标准支付补偿款，但是，解决这陈年旧账的意愿还是有的。几经周折，双方签署了关于将纠纷提交给九江市仲裁委员会管辖的约定。当然我的揣测是当地政府也希望纠纷能够在当地解决，毕竟九江市仲裁委员会也还是在当地辖区内的。

对簿公堂，直面难关

提交仲裁申请书之后，很快我们收到了被申请人的答辩意见。

（1）根据《物权法》[1]《土地管理法》《土地储备管理办法》的规定，国有土地收储（收购）补偿的对象应该是也只能是土地使用权人，案涉土地的使用权人是九江达佳，杭州达佳与案涉土地的收储补偿无直接利害关系，无权向柴桑区人民政府主张案涉土地的土地收储（收购）补偿款。

（2）柴桑区人民政府（原九江县人民政府）与杭州达佳于2009年6月28日签订的《备忘录》既不能成为杭州达佳主张案涉土地收储（收购）补偿款的依据，也不能成为九江达佳主张案涉土地收储（收购）补偿款的依据。

（3）柴桑区人民政府土地储备机构已依法与适格的案涉土地收储（收购）补偿对象九江达佳签订了《土地收购协议书》，且《土地收购协议书》的效力持续至今，故案涉土地收储（收购）补偿权利义务关系应以《土地收购协议书》为依据。

（4）退一步说，即使要按照《备忘录》对杭州达佳进行补偿，

〔1〕 2020年5月28日，十三届全国人大三次会议表决通过了《民法典》，自2021年1月1日起施行。《物权法》同时废止。下同。

那么补偿的标准应当是按照当时《土地评估报告》确定的挂牌起始价 6351.18 万元的 70%，而非最终成交价 10,142 万元的 70%。根据起始价的 70% 计算取整也正好是支付给九江达佳的土地收储补偿款 4400 万元。

对方的这一抗辩思路可谓“釜底抽薪”，将抗辩的立足点锁定本案系土地收购补偿协议纠纷，因此主张权利的应当是土地所有权人九江达佳，而非签署《备忘录》的杭州达佳，从请求权基础和请求权主体上进行否认，而使《备忘录》的条款无所适用。除此之外，对方还玩起了“文字游戏”，利用《备忘录》第 4 条约定的补偿标准“企业用地挂牌价款的 70%”表述不清晰精准的漏洞，将此处解释为对其有利的起拍价。

了解了对方的思路后，我们立即着手进行对应性的研究。这是本案比较特别的地方，虽然此前朱总多次与政府工作人员协商，但是当地政府工作人员总是含糊其辞，再加之朱总是法律的门外汉，所以直到我们拿到对方的答辩状才掌握了整个战局的全貌。

突破第一道难关，锁定请求权基础

请求权基础和案由系案件的核心问题。本案中，申请人提起仲裁请求所依据的是双方签署的《项目合同书》和《备忘录》。该两项合同的签署系基于退城进园政策而达成的包含补偿内容和条款的一揽子协议。申请人的请求权基础系补偿条款。因此，本案的案由是退城进园补偿合同纠纷，而非土地收储协议纠纷。

被申请人抗辩称本案系土地收储协议纠纷，系混淆案件的客观事实和法律关系。该抗辩引发的申请人是否为案涉土地及房屋之所有权人，是否有权主张土地收购款，以及关于土地收购款如何确定之具体抗辩理由，均与本案争议焦点无关。

为了更清楚地说明本案纠纷产生的历史过程，以及申请人诉请主张的合同依据，我们从合同签署的背景和合同内容两个方面进行了阐述。

（一）《项目合同书》和《备忘录》的签订背景

2008 年 4 月 17 日九江市人民政府办公厅关于印发《九江市鼓励市区工业企业退城进园暂行办法》（九府厅发〔2008〕26 号）的通知文件，推动和鼓励市区工业企业退城进园。在退城进园政策的大时代背景下，申请人积极响应当地政府号召。经原九江县政府多次动员和多次协商后，申请人杭州达佳公司同意按照当地政府的要求，将原投资的九江达佳城区内的工厂搬迁至沙城工业园区内；同时，申请人再次响应当地政府招商引资的号召，承诺大举资金建设新厂房，购置新设备，扩大生产规模，成立江西达佳特种天然纤维有限公司（以下简称江西达佳）。因而，双方于 2009 年 6 月 28 日签署《项目合同书》及《备忘录》，对招商引资新建工业项目以及退城进园搬迁、补偿补助等相关事宜，达成一揽子协议。

（二）《项目合同书》和《备忘录》的性质系退城进园补偿合同

关于退城进园的性质属性，除了前述《项目合同书》和《备忘录》签署的背景之外，该等合同内容是最有力的证明！首先，《项目合同书》第 1 条“项目投资规模”中约定“搬迁 3 万纱锭环锭纺项目”，便是指九江达佳在案涉地块的原厂房，即将该旧厂房搬迁至沙城工业园区，也就是退城进园。其次，在《备忘录》第 4 条约定中提到九江达佳的企业用地在收储后进行挂牌出让，并根据是否由申请人摘牌而做出两种退城进园的补偿补助方式：一种是直接以土地出让金的优惠方式，另一种则直接返还挂牌出让价款的 70%。最后，根据申请人提供的证据曹少芳与九江达佳的劳动争议诉讼案件民事判决书显示，九江县人民法院和九江市中级人民法院均查明九江达佳确实是根据《项目合同书》和《备忘录》的约定实施了退城进园计划，履行了相关义务，因而导致公司工作地点的变化引发了劳动合同纠纷。

【技能分享】

切不可小看合同签署背景的阐述，因为审理者只是在纠纷发生后才接触到合同，并没有参与合同缔约的过程，也没有接触到双方纠纷产生的过程中任何一个环节，所以必须靠律师通过证据将事实还原。而当对合同性质发生争议时，签署合同背景情况的阐述就非常关键了。当然这非常讲究方法，并不是自说自话，而是要有确凿的事实才能使审理者确信。本案中，我们也是在这个方面用足功夫，略作分享。

首先，我们通过案例检索找到客户当年两个因为工作地点变更而引发的劳动合同纠纷的判决书作为证据。因为判决书查明事实部分记载了客户当年退城进园的事实。这是法院判决认定的事实，因而证明力极强。其实连当事人自己都忘记了有这么两件特别小的官司，看到我们拿出这个证据时，大为惊讶。我和助理开玩笑说“知己知彼，百战百胜”的老话说得不错，首先就是要知己。其次，我们要求朱总去找来可以证明当时经过的证人。朱总说，证人有一大堆啊，当年我可是作为退城进园的先进带着大红花上台签约的，但是他们肯定有所忌讳，而不愿意出庭作证啊。我们劝慰，大可不必担心，即便不出庭只要能够带上证人和仲裁员见面陈述情况也可以达到一样的效果。事实证明，这种“曲线救国”的方法果然奏效。

突破第二道难关，权利人适格

说到这个争议焦点问题，记得我在仲裁庭辩论时反诘对方：既然今天你们认为主体错误，那么当年为什么要和错误的主体签署《备忘录》呢？用意何在？轻飘飘的一句我认错人了，那么我反倒要问难道你们完全不懂法，连最基础的问题都搞不清楚？你们的公信力何在?

对方被我反问得哑口无言，当然我知道这还不够，这仅仅是从辩论的艺术上占据了上风，我还需要在法律上给对方致命一击。

（一）杭州达佳作为《项目合同书》和《备忘录》签约主体，其据此提出仲裁请求，完全符合法律规定

杭州达佳最初于2003年来九江投资时设立了九江达佳。九江达佳在几年的创业中艰苦奋斗创造了不俗的业绩，为九江当地的工业经济建设添砖加瓦，立下一份功劳。时值九江退城进园的时代背景下，虽然原厂的房屋和土地均登记在九江达佳名下，但九江达佳系杭州达佳实际投资设立的项目公司，因此被申请人与申请人杭州达佳协商九江达佳退城进园事宜。同时，被申请人为完成招商引资业绩，提出由杭州达佳在新的沙城工业园区投资兴建新的工业项目，实现一举两得。在这样的背景之下，双方签署了《项目合同书》及《备忘录》。

（二）《项目合同书》和《备忘录》合法有效、公平合理，理应严格遵守

根据《合同法》[1]的规定，合同无效必须存在《合同法》第52条和第54条规定的无效和可撤销情形，方可成立。纵观木

〔1〕 2020年5月28日，十三届全国人大三次会议表决通过了《民法典》，自2021年1月1日起施行。《合同法》同时废止。

案请求权基础之《项目合同书》和《备忘录》签署背景、双方意思自治的过程以及合同的内容条款，均不存在无效或可撤销之情形。《备忘录》第4条约定原九江县人民政府应将九江达佳企业用地挂牌出让价款的70%返还给申请人，是双方当事人依据退城进园政策，充分协商确定的关于补偿和补助的一致意见。而且，九江达佳企业用地的出让价是通过挂牌程序公平竞价确定的，并不存在减免土地出让价款之情形。更重要的是，返还该宗地块出让价款的70%，不仅是柴桑区人民政府土地储备机构收回该宗地块所应付出的对价，还包含了九江达佳响应退城进园政策应当享受的补助。因此，无论从《备忘录》内容还是相关法律规定，《备忘录》均是合法有效的，双方当事人均应当严格遵守履行。

（三）被申请人屡屡违约，严重侵害申请人合法权益

根据《合同法》第60条“当事人应当按照约定全面履行自己的义务”之规定，申请人切实履行了在沙城工业园投资兴办年产4500吨特种天然纤维纱气流纺企业，搬迁3万纱锭环锭纺，第一期固定资产投资1亿元人民币，投资项目强度达到100万元/亩标准，在2010年年底前建成投产等合同义务。然而，被申请人却并未遵守承诺，履行在3年内收回铁路子弟学校用地与九江达佳土地捆绑挂牌出让。要知道，铁路子弟学校地块与九江达佳地块毗邻，且系沿街用地，地理位置佳。如果两地块捆绑出让，对于九江达佳地块出让价格的抬升具有极大作用和效果。这也是

为什么申请人多次与被申请人协商达成该条款的原因。更甚者，在被申请人未能按时收回土地捆绑出让已经违约，并已经严重侵害申请人合法利益的情况下，现在连退城进园补偿也意图抵赖，于法不符，于情难容！

突破第三道难关，锁定补偿标准

冲破了前面两道难关，最后一个环节尤为关键，否则功亏一篑。

在这个争议焦点问题上，第一个拦路虎是九江达佳和柴桑区人民政府土地储备机构签署的《土地收购协议书》。因为单单来看，这份收购协议显然已经确定了土地收购的补偿价格 4400 万元。如果按照协议字面内容进行解读，显然就落进了对方的圈套中。所以，策略上必须对这个协议的性质重新定位。

结合前面两个争议焦点所阐述的背景，我们大胆地提出《土地收购协议书》系《项目合同书》和《备忘录》履行中的过程性文件的观点。因为被申请人与申请人已对退城进园的安排以及相关补偿补助达成一致意见，那么如何履行《项目合同书》和《备忘录》呢？对于被申请人而言，其所要做的便是将九江达佳的企业用地收回，通过合法的挂牌出让程序实现土地使用权转让。《土地收购协议书》便是在这个过程中形成的文件，是被申请人合法履行《备忘录》的必办手续。而且，《土地收购协议书》的内容并未否认申请人与被申请人之间关于退城进园补偿补助的约定，而恰恰是对补偿补助内容的落实，是被申请人履行《备忘录》中义务的中间环节。

赶走了拦路虎，我们开始进入案件最核心的部分，即如何确定退城进园补偿款。对方的观点是按照挂牌起始价的70%，而我们的观点是按照挂牌成交价的70%，两者相去甚远。在辩论思路上，经过我们多轮研讨后，确定了先破后立的方案。首先，需要驳斥对方的观点，分析其不能成立的理由；其次，再为自己观点的确立找到夯实的依据。我们对当年退城进园的政策进行了详细的分析和解读之后，愈加确信我们的观点依据充分，为了更加直观地表达，我们将政策的给付部分做表格示例。而在确立我方观点的部分，除了传统的引经据典方式之外，我们还在中国裁判文书网上查询到非常有效的实务惯例，并将所有的以挂牌成交价为补偿标准的合同作为证据提供给仲裁庭。有关该部分的辩论意见摘录如下：

（一）被申请人仅依据《土地收购协议书》补偿系对退城进园政策误读

九江市人民政府办公厅于2008年4月17日颁发《九江市鼓励市区工业企业退城进园暂行办法》。该办法系其后申请人与被申请人签署《项目合同书》和《备忘录》之政策基础。根据该暂行办法第4条“补偿补助内容”退城进园的市区工业企业可享有“补偿和补助”两部分利益，如表3-1所示：

表 3-1　补偿补助内容分解

分类	内容
补偿	土地使用权损失
补助	流动资产损失：存货损耗（含原材料及库存商品）
	固定资产损失：建筑物、构筑物及其他辅助设施价值，机器设备损失
	其他损失

因此，对照暂行办法所列的明细项目，案涉《土地收购协议书》所补偿的范围和对象仅仅是土地使用权。申请人合法享有的房屋、机器设备损失及搬迁费等等均没有包含在内。

（二）被申请人提出的到底是按照土地挂牌“起始价”还是挂牌“成交价”之争，事实上已经没有任何意义

根据该暂行办法第 5 条“补偿补助标准”的规定，政策允许的补偿和补助的额度（见表 3-2）：

表 3-2　补偿补助标准分解

分类	内容
补偿	土地使用权补偿标准：按照原用途剔除使用年限的评估地价予以补偿
补助	企业退城进园后生产能力扩大 1 倍以上，建设周期在 2 年以内的，搬迁补助额度不超过退出土地变现净收益的 90%

显然，关于补偿标准中“土地变现净收益”是不会产生歧义的：

土地变现净收益＝土地挂牌成交价－土地收购价

根据上述公式，无论土地收购价（补偿）是多少，或大或小，在挂牌成交价确定的情况下，土地变现净收益的 90% 可作为补助款返还，则在土地收购款本身业已归属申请人的情况下，根据

退城进园的政策，作为退城进园的企业合计能够得到几乎接近土地挂牌成交价的数额。

因此，依据退城进园办法“被申请人应当将土地挂牌价款扣除土地收购款后的90%支付给申请人”之补助标准，搬迁补助将近等同于被申请人的全部土地收益。因而，《备忘录》约定，将土地挂牌成交价的70%返还给申请人。这是双方协商确认的结果，与政府制定的政策规定也是符合的。

（三）按照法律文义解释

《招标拍卖挂牌出让国有建设用地使用权规定》第2条第4款规定：“本规定所称挂牌出让国有建设用地使用权，是指出让人发布挂牌公告，按公告规定的期限将拟出让宗地的交易条件在指定的土地交易场所挂牌公布，接受竞买人的报价申请并更新挂牌价格，根据挂牌期限截止时的出价结果或者现场竞价结果确定国有建设用地使用权人的行为。”第17条第3款规定：“挂牌主持人确认该报价后，更新显示挂牌价格。”因此，挂牌价格应当为一个动态价格，最后定格的价格应当为竞得人的报价，并非被申请人所主张的“应当是挂上去的价格”。被申请人所谓的“挂上去的价格”，在《招标拍卖挂牌出让国有建设用地使用权规定》有明确称呼，应当为“起始价”，而在《备忘录》中并未作此约定。因此，被申请人将挂牌价款等同于起始价，属于法律概念上的认识错误，也不符合双方当事人订立合同的真实目的。

（四）从实务惯例角度查证

根据申请人提供的证据，“江西省土地使用权和矿业权官网”上交易系统公开渠道查询显示被申请人在当地多处地块的收储惯常做法以及退城进园政策下的操作模式，挂牌价款只有一种理解，就是挂牌成交价。

正义的呼声

前面三道难关闯过，我知道这个案件在法律上已经必胜无虞了。但毕竟这是一场特殊的案件，当事人若不是走投无路亦不会孤注一掷，因此还必须在情理上充分地说服仲裁庭。

山河无声，大地无言。我们专门查看了朱总在工业园的新厂房和退城进园时的老厂房，听着朱总讲述当年只身来异乡打拼的点点滴滴。眼前的破旧老厂房最初是九江县国营棉纺厂，因为经营不善面临倒闭，是朱总 15 年前投资接管方转亏为盈，鼎盛时期工厂有 1000 多名员工。2009 年退城进园后，老厂房一直被闲置着，没了昔日之热闹熙然，如今破砖烂瓦、荒草丛生，墙壁斑驳，却仿佛诉说着当年浙商艰苦创业的故事。

所有的一切涌在心头，所以才有了本文开篇时说的感受。摘录部分如下：

在这个案子中，我们看到了什么？我们看到了申请人作为一家招商引资的外地企业，在九江当地工业经济建设中付出的辛劳汗水，那厚厚的一叠政府及各界授予的五十几份荣誉证书（2005年度规模企业纳税上贰佰万元台阶奖、农业产业化市级龙头企业、九江市优秀企业等），都是企业家注入的心血和来自社会的肯定！这是一家诚信的企业！这是一家有贡献的企业！

另外，我们看到当地政府先是未按《备忘录》承诺的在3年内收回铁路子弟学校地块与案涉土地捆绑挂牌出让，承诺近10年时间迟迟未能兑现，给申请人的生产建设造成了极大的困扰和经济损失！现在，更是以各种理由推诿，甚至提出合同主体签订错了这样令人啼笑皆非的理由，政府的公信力何在？这显然违背了第十二届全国人民代表大会上李克强总理对各级政府、部门的要求：政府要带头讲诚信，决不能随意改变约定，决不能“新官不理旧账”。

依法治国是建设中国特色社会主义国家的基本方略。法治的重要内容就是要求行政机关必须依法行政，要遵守合同，讲信用。本案中《备忘录》签订的政策依据是九江市人民政府制定的《九江市鼓励市区工业企业退城进园暂行办法》。《备忘录》也是被申请人与申请人在平等、自愿的原则下，经过长时间、多次协商形成的。然而，现在有关人员却辩称：由于当时工作人员在法律认识上存在错误，所以合同无效……如此做法，只会打击所有来九江的投资者们的投资热情、创业热情和创新热情，于申请人不利，于被申请人更不利。

申请人作为浙商在本案中感觉很委屈，因为被申请人没有给予该给的公道，哪怕是迟来的公道。在将近10年的时间里，尚不论给申请人造成的商业机会上的损失，单单就资金损失也是非常巨大的。申请人满怀着热血来到九江，把他最好的时光都奉献给了九江，然而被申请人的诚信何在？在这10年间，申请人不止一次去同被申请人协商，去谈，去求，然而无果，申请人不得已才诉至贵委员会，以求公道。

试问，如果《备忘录》被推翻，还有谁敢来投资？没有人敢来了！

办案心法

（一）用心谋划管辖

以笔者的办案经验，本案之所以比较顺利是因为与仲裁员的沟通比较顺利。尤其本案当事人一方的身份比较特殊的情况，更是要做一些安排和谋划，避开不必要的干扰。

（二）关注纠纷产生的大背景

这是律师往往容易忽略的关键部分。就如本案如果简而言之就是合同条款的理解之争。但若是局限在法律层面就事论事地讨论问题，则无异于管中窥豹。律师要学习把抽象的法律问题具化到纷繁复杂的案件背景中去，把所有的问题联系起来观察和分析，方能周全。

（三）证据举证的禁忌和诀窍

在本案中对方将有关土地收储的法律和我方的仲裁申请书作为了证据。显然根据民事诉讼法规定的证据形式，法律并不是证据之一，而是案件适用的法律依据。而本案的仲裁申请书作为证据也是匪夷所思。这种举证方式无疑会大大影响审理者对律师专业能力的判断，从而影响说服力，此为大忌。就举证诀窍而言，一定要牢记心证的原则，这是我自己总结的经验，即不仅关注案件争议焦点相关的事实，而且更要关注影响审理者心证的证据。比如本案我们提交的朱总企业在创业和经营过程中获得的五十几份荣誉证书，这就是对当事人信用和信誉最好的证明。审理者也是人，如果面对一个讲信用和信誉度高的人，采信度和同情心会自然而生，这类证据的功效不言而喻。

（四）说理和论证

这里介绍一个笔者非常喜欢用的小技巧。很多律师喜欢把法律文书写得洋洋洒洒，看起来大作一篇，殊不知律师写法律文书的终极目的是说服法官，这与学术论文有着本质的区别。因此，律师撰写法律文书的一个重要原则就是清晰明了。所以，在很多案件中笔者会大量地使用表格或者图文的形式，因为这种形式一目了然，便于审理者解读，也便于律师表达自己的观点。

缘何缺位的“合同乙方”

律师手记

趁着对方不注意的时候，我悄悄地按下了手机中的录音按钮，开始了和对方的谈判。其实当时我并没有料想到两年之后庭审时会用到这个录音作为护身符，这正所谓是“防人之心不可无”。

和对方谈判的那个下午恰逢2016年的中秋节，我坚持要进行这次谈判，虽然此前客户之间谈判已经有半年之久且无任何进展，照例已无律师谈判的必要了。但是这个案件比较特殊，在对案头的资料进行充分审阅和深入分析后，我们最终确定的诉讼策略是一道“杀手锏”。法律学理上走得通，但是情理上感觉有点小勉强，即便有些无望，但我还是想试试看有无友好协商解决的可能。

这又是一件历经再审的案件，但凡再审，可窥见双方矛盾之剧烈，亦可谓案件事实错综复杂，法律适用之难辨。

再审庭审时，不料想对方矛头直指律师，声嘶力竭地控诉在诉讼前谈判中律师是如何承认所有的事实，是如何花言巧语地承诺和欺骗。我心头一紧，说没有情绪是不可能的，不过多年执业的经验也告诉我，当事人这种举动亦有可理解之处，很快理性占了上风。我记得自己非常平静地在法庭上陈述："尊敬的法官，那天的谈判共历经3个半小时，为谨慎起见全程都有录音，如果对方当事人不嫌时间长的话，可以当庭播放，事实便可大白于天下。"

【案情简介】

2015年11月21日，A公司与王某某、胡某某签订《租赁合同》一份，出租坐落于瓜沥镇百丈山总面积350亩的土地。合同约定：租期自2017年2月1日起至2037年1月31日，交地时间为2016年5月1日；交付方式为分块平整，分块进驻；合同签订3日内向A公司交纳履约保证金200万元整；前10年累计租金1.6亿元，第1年租金1350万元，第2年租金1450万元，第3年到第10年租金1650万元；后10年租金累计2.6亿元，第11年到第20年每年租金2600万元；租金一年一付，先付后用；等等。次日，王某某依约向A公司交纳了200万元履约保证金。后双方对租赁项目公司的股权比例等事宜产生争议。

2016年4月26日，A公司发函王某某和胡某某，表示租赁合同未成立，无须交付土地。

2016年4月29日，王某某和胡某某作为发起人设立了花卉公司。

2016年11月22日，花卉公司提起诉讼，要求确认租赁合同成立且有效。

【办案纪实】

仓促缔约，埋下隐患

看完A公司提供的资料和听完其对事实经过的陈述，作为律师第一本能的反应是“双方产生纠纷的症结原因是什么”这一问题必须问清楚。

“律师询问客户”这个环节在办案的过程中非常重要。很多年轻律师常常在此处栽跟头，因为客户为了打赢官司，无论是出于无知还是故意，都会对于己方不利之处有所隐瞒，侥幸地以为这样更有利于诉讼，实则不然。因为随着案件的推进，法庭调查的深入，事先隐瞒的问题终将曝光，届时江心补漏为时已晚。而最大的危害是，由于没有充分地获知真实的信息，将影响律师诉讼策略的制定，有可能导致全盘皆输。

对此，A 公司的解释是合作对象王某某和胡某某都是经人介绍初次相识，当时双方签署租赁合同时非常仓促，很多重要商业条件都没有商定，尤其是双方对设立项目公司的股权比例产生了极大的分歧。笔者乍一听便觉有问题，便进一步地询问：既然是出租，又何来参与经营之说？经客户提示查找到了租赁合同中确有一个条款透着这层意思。而 A 公司认为随着后期的谈判破裂，双方心生间隙且关系紧张，已经很难有长期合作下去的信任基础了，所以希望能够尽快解除租赁合同，并且表示愿意向对方承担合理的补偿费用。

“诚信原则”是民法中“帝王法则”，也是作为律师的执业原则。长期的实践经验告诉我，但凡是有理的，皆都立得正、站得直，法庭辩论起来也是底气十足的。而罔顾事实缺乏正义的，即便再好的口才亦觉得理屈词穷。初步分析下来，这个案件胜诉几乎没有什么希望，没有正当的理由，根本无法强行解除合同。但是，心里又隐隐觉得双方现在的敌对情况，长达二十年之久的租赁合作关系恐怕也是岌岌可危的，就如同已经没有感情的夫妻，离婚未必不是一种更好的出路。这成为我愿意接下此案的理由，于是，告诉客户材料先收下，过几天再答复。

案件的文件资料非常少，就只有这租赁合同和定金交付凭证两样，做律师的都知道材料越少的案件难度越大，就像是摊在桌面上的牌，怎么打双方都一目了然。突破口在哪里呢？

意外发现，找到生机

正所谓“山重水复疑无路，柳暗花明又一村”。我要感谢我的同事傅灿军律师，我和他讨论了这个案件，他看了一下租赁合同说，怎么这个乙方处是空白的呢？当然我也注意到这个问题，一开始就询问过客户，客户也给了解答，说当时要租赁经营的项目公司还未成立所以先空着，后来双方就因为这家公司的股权比例争议至今。不过，对于这个细节，此前我并没有往深想。

再仔细查看这份合同：合同甲方（出租方）A公司既在合同抬头处写明，又在落款处盖章，法定代表人处也有签字；合同乙方（承租方）未在合同抬头的名称处与尾部的落款处注明公司名称，也无盖章；特别之处是胡某某在合同底部的乙方法定代表人处签字，王某某在乙方授权代表处签字。乙方无论是在抬头处，还是在落款处都是空白的！那么，合同的乙方是谁？既然乙方还没有成立，是否意味着合同未能成立。

这个思路有了之后，律师团队快速地进行了分析论证。简述如下：

首先，根据《民法通则》第85条规定，合同是当事人之间设立、变更、终止民事关系的协议。依法成立的合同，受法律保护。《合同法》第2条规定：“本法所称合同是平等主体的自然人、法人、其他组织之间设立、变更、终止民事权利义务关系的协议。”由此可见，合同具有如下法律特征：（1）合同是平等主体的自然人、法人和其他组织实施的一种民事法律行为；（2）合同以设立、变更或终止民事权利义务关系为目的和宗旨；（3）合同是当事人协商一致的产物或意思表示一致的协议。合同是否成立，是认定合同是否生效的前提条件。合同是否成立属于事实判断，《最高人民法院关于适用〈中华人民共和国合同法〉若干问题的解释（二）》第1条规定，人民法院能够确定当事人名称或姓名、标的和数量的，一般应当认定合同成立。这里的当事人是指双方或多方当事人，只有一方当事人不能成立合同。

其次，怎么解释王某某和胡某某的签署行为呢？根据《公司法》第13条规定，公司法定代表人依照公司章程的规定，由董事长、执行董事或者经理担任，并依法登记。《最高人民法院关于适用〈中华人民共和国公司法〉若干问题的规定（三）》第1条规定：“为设立公司而签署公司章程、向公司认购出资或者股份并履行公司设立职责的人，应当认定为公司的发起人，包括有限责任公司设立时的股东。”《公司登记管理条例》第3条规定，“未经公司登记机关登记的，不得以公司名义从事经营活动”。具体到《租赁合同》而言，首先，胡某某和王某某是以乙方代表的身份签署合同，故合同的相对方不能认定为胡某某和王某某。其次，乙方并未成立，一方面胡某某不具备法律规定的法定代表人资格；另一方面胡某某不得以公司名义从事经营活动。

综上，《租赁合同》因乙方缺位，导致合同因缺少必要的当事人，而未能成立，故对双方不具备法律效力。

充分地诉前准备，友好协商

在一场诉讼不可避免的情况下，提前做好诉前准备是非常重要的，尤其是本案，事实上在律师接案之际，双方的法律关系还未明确，需要提前运筹帷幄并采取进一步的法律行动，以使事情朝着有利于我方的方向发展。

经过一轮一轮地研讨和反复推敲，我们制定了两套诉讼策略。一则是主动防御策略：抢先一步立即发函给王某某和胡某某，对《租赁合同》的性质进行认定，并表明解除合同的意向。同时，调查了解王某某和胡某某名下的现有公司情况，对可能出现的“乙方”做好准备。另一则是被动预防策略：毕竟以合同主体缺位为由主张合同未成立的案例非常之少，如若该抗辩不被接受，则以合同事实上不能履行作为备选方案。

根据这两套诉讼策略，我们马上采取行动：

（1）发函锁定法律关系。2016 年 4 月 26 日，A 公司分别向王某某、胡某某致函表示《租赁合同》未成立，双方无须履行合同。很快收到了王某某的复函，针对复函的内容，A 公司于 5 月 4 日又再次分别向王某某、胡某某致函表示不予接受其提出的新要约，合同未成立。到了 2016 年 6 月 4 日，我们收到了以花卉公司为发件人要求履行合同的函件。针对这份函件，我们的态度是从未与其发生过法律关系，租赁合同自始未成立、双方无须履行合同。6月13日，A公司向王某某原打款账户退还200万元。

（2）调查可能出现的“乙方”情况。不出所料，这个“乙方”花卉公司果然浮现了，我们立刻到杭州市萧山区市场监督管理局进行调查。花卉公司于2016年1月29日被预先核准；2016年4月29日依法成立，股东为胡某某与王某某；2016年8月12日，花卉公司的股东变更为王某某与金某某（系王某某之妻）。核对时间一看，这家公司系在A公司发函要求解除双方意向关系后第3天才成立的！

（3）关于项目地块的现状。我们调取了萧政纪〔2016〕46号萧山区人民政府会议纪要1份，证明案涉土地用途已经调整为花木城市场用地，政府要求被告抓紧制定相关方案，认真履行再开发方案中的责任和义务；并对准备好案涉土地现场的照片6张，证明A公司根据会议纪要的要求已对案涉土地进行投入建设的事实；还收集了A公司项目成本预算表1份，证明案涉土地建设一期预计成本1.8亿元左右，A公司已实际投入的事实。

前期双方函件往来，且通过中间人居间协调四个多月不见进展，我决定亲自和对方当事人进行面谈。我的诉讼理念是“和为贵”，如果能够通过友好协商解决就优选协商，因为办理了很多诉讼案件之后，倍感诉讼是一件非常耗费人力物力的“持久战”，一些“盲诉”和“缠诉”极大地耗费司法资源。虽然，谈判失败了，但是我觉得已经向对方释放了最大的善意，表达了愿意最大限度地满足对方实际发生损失的补偿要求。奈何，对方狮子大开口，遂作罢。

观点成立，一审胜诉

从2016年4月接手案件，到本文开头提及的中秋节的谈判，再到11月22日我们收到花卉公司的一纸诉状，整整8个月多的时间。这可能是我执业二十年来最长的一次诉前准备了。不打无准备之仗，这是律师执业的金科玉律。

第一次提起诉讼的原告是花卉公司，理由是被告拒绝承认上述《租赁合同》已成立的事实，亦拒绝向原告交付上述土地；诉讼请求是请求依法确认案涉《租赁合同》成立并生效。

原告为支持其主张的事实，提供了下列证据材料：（1）《租赁合同》1份，证明王某某、胡某某作为原告的发起人与被告签订了合同，并就租赁标的、租金、租赁期限等内容进行了约定，合同已依法成立且合法有效；（2）原告工商档案1份，证明原告依法成立，且有效存续，具备本案诉讼主体资格；（3）付款凭证1份，证明原告依照合同约定交纳了履约保证金，即履行了合同的义务，合同已经部分履行并已成立、生效。

原告以“发起人”签约作为诉讼切入口在我们意料之中，一审法院的判决全盘接受了我们的观点，摘录如下：

（1）法人的民事权利能力和民事行为能力，从法人成立时产生；依法设立的公司，由公司登记机关发给公司营业执照，公司营业执照签发日期为公司成立日期；设立公司应当申请名称预先核准，预先核准的公司名称保留期为 6 个月，预先核准的公司名称在保留期内不得用于从事经营活动；当事人采用合同书形式订立合同的，自双方当事人签字或盖章时合同成立，依法成立的合同自成立时生效。本案中，依据合同约定，案涉《租赁合同》的乙方应为独立法人。而在案涉合同签订时，原告公司尚未成立，而合同中既没有注明原告的名称，也没有加盖原告的公司印章，且原告公司在成立之后也未按约定在该合同上及时补盖印章，故在被告不认可的情况下，案涉《租赁合同》的主体与原告公司并无关联，原告与被告间的案涉《租赁合同》并未成立。

（2）原告诉称认为在案涉合同上签字的王某某与胡某某系原告公司的发起人，而发起人以设立中公司的名义或为设立公司而以自己的名义对外签订的合同具有法律上的效力；退一步讲，王某某已向本案被告交付了 200 万元的履约保证金，且被告也已接受，故案涉合同已成立。但结合本案证据，一方面，被告在收到上述履约保证金后已将全部款项退还给了王某某，并且在 2016 年 5 月 4 日向胡某某、王某某出具的往来律师函中明确提出其与原告之间并未缔约；另一方面，发起人是为设立公司而签署公司章程、向公司认购出资或者股份并履行公司设立职责的人，发起人是设立中公司的机关并承担公司筹办事务，发起人需同时满足履行公司设立职责、签署章程及认购出资或股份三个条件，且发起人的行为仅限定在签署章程、认购出资、经营场所租赁等与设立公司相关的行为，而不包括与公司设立无关的经营行为，故王某某、胡某某以自己名义与被告签订案涉合同的行为并非发起人的发起行为，而是先于公司成立的经营行为。

（3）发起人为设立公司以自己的名义订立的合同，由于对相对人而言，合同中载明的主体是发起人，故相应的合同责任应由发起人承担；如果原告公司成立之后确认了该合同，而且合同相对人也要求原告公司承担相应责任，此时才可由原告公司承担相应合同责任。结合本案现有证据，王某某与胡某某在签订案涉《租赁合同》时并未以花卉公司的名义，作为合同相对方的被告也未与本案原告有继续履行合同的意思表示。

一审胜诉。

二审的乌龙，律师切严戒

收到花卉公司的上诉状，并不意外，因为这注定是一场硬战。我们立即根据上诉状陈述的理由进行应对性研究。这次对方的观点和一审中大同小异，不过对方提供了一个“新式武器”——《专家意见书》。两位知名法学教授对本案的关键问题——合同是否成立出具了意见并亲笔签名。

事实上，法院对这类专家意见的接纳程度也比较低。不过，对于这个案件我还是比较重视，仔细推敲专家的观点是否正确，这是关键。

对于二审，我们踌躇满志，精心准备，希望能够在庭审中有很好的表现。多年的执业经验告诉我，庭审是非常关键的“战场”，双方“刀刃相见”，稍不留神就容易掉到对方事先精心设置的“圈套”之中。而这种正面交锋局势对法官的自由心证有着极大影响。很多时候，法官在庭审前审阅案卷形成的初步观点会在庭审后发生根本的改变，因为庭审不仅仅是辩论和抗衡，更多的是进一步探明客观事实之路径，所以必须全神贯注。

只是万万没有想到，开庭前书记员核对信息询问对方是否缴纳上诉费，因为法院始终没有收到相关收据。而对方支支吾吾无法准确回答，法官责令上诉人在开庭后 3 天内提供有效缴纳凭证，而当天的开庭仅仅简单核对一下二审新证据即可，上诉费缴纳事宜确定后再另行通知开庭。

过了大概 10 天左右，我们意外地收到了二审法院的《民事裁定书》。原审法院已告知上诉人上诉后的交费义务，但上诉人未在规定期限内预交上诉案件受理费，未依法履行二审诉讼义务，裁定本案按上诉人产业开发有限公司自动撤回上诉处理。

虽然这也算是一种胜诉吧，但我隐约地开始为对方律师感到一阵担心。因为拿到一审判决书后告知当事人 15 天的上诉期后 7 天是上诉费用缴纳期是律师的规定动作，即便一审判决书最后也都写明了，但作为专业人士，仍然是有必要叮嘱和交代当事人的。上诉状在15天内递交通常不会疏忽，毕竟是否上诉继续打官司是一件大事，但是上诉费的缴纳通常容易忽略，律师会认为这是客户的事情，而客户又常常认为律师都会交代的。这样的事情不乏其例，定要切记！

再审袭来，维持原判

虽然二审的乌龙导致一审判决生效，对方失去了二审审理的机会，但在法律救济程序上这并不是完全无路可走了。根据《民事诉讼法》以及《最高人民法院关于适用〈中华人民共和国民事诉讼法〉的解释》之规定，生效判决存在事实认定错误，法律适用错误等情形的，一方当事人可以申请再审。于是，我们在拿到二审裁定书不久后就收到了再审听证通知书。

再审申请理由较为常见，笔者不再多赘言。但有两点新的情况，需要我们进行深入探讨：

（1）再审理由有一个技术点值得一提。对方再审申请理由之一：“原审判决未审查再审申请人与被申请人的诉讼主体资格，而在判决书中却认为申请人不具有相应的诉讼资格，严重违反《民事诉讼法》的规定。若案涉《租赁合同》的主体与申请人并无关联，那么诉讼主体资格不适格，应当裁定驳回起诉，而非判决驳回诉讼请求。”这是一个程序性和技术性问题，结论同样是“驳回起诉”，但是，使用判决方式，还是使用裁定方式是有讲究的。这一点虽然不涉及法律事实问题，但如有错误也是要予以改判的。所以，我们高度重视，很快我们找到了法律依据和判例，由于本案系确认之诉，不同于一般的请求之诉，因此在再审申请人不能举证证明其主体适格的情况下，原审法院驳回其诉讼请求并无不当。

（2）本次再审对方把重心转移至情理和道义角度。对方当事人认为我方当事人是见财眼开，在得知项目可用于花木城的建造和经营，有巨大前景便背信弃义。关于这一点的抗辩，非常具有技术难度。毕竟从外行人的角度，乍一看，合同签署了，为什么违约呢？于是，我们决定进一步地深入调查了解案情。

案件事实真相就像是屏风的两侧，通常我们只能看到自己一侧的情况，而看不到对方那侧的情况。诉讼双方都力图搜寻对己方有利情况，并千方百计地探得对方的不利情况，用以呈现于法庭。高明的法官有能力把这道屏风捅破，全面地看到两侧的情况。我们需要找到熟悉对方情况的人进行调查。此时客户为我们找来了一个知情人为我们详解了“屏风的那侧”的情况。原来，早在双方争议的项目公司成立之前，王某某便来找过他们，他们是原花木市场的小业主，因为杭州地铁 5 号线的建设，原来的花木城需要迁址新建，政府正在四处寻找合适的新址。而王某某正是看好了这个商机，联系了相关部门将这块租赁地块用作花木城新址，在签订租赁合同后便开始四处募集建设资金。王某某许诺他们，只要他们愿意募集资金，便可将建成后的花木城铺位优先出售给他们。商户们虽然很是踊跃，但又对资金是否安全、项目是否真实心存疑虑。商户们要求获得出资项目公司股份以作公司股东的方式参与建设和收益，方可拿出资金。但此事一直迟迟未见进展。后来还听说因为建设资金上的分歧，胡某某获得了200万元的转让费后已经退出了该项目。不知道200万元转让费是否属实，但胡某某退出该项目倒是有事实印证。我们在之前查询的工商登记资料显示原花卉公司的股东已经由王某某和胡某某变更为王某某和其妻子二人。

现在终于明白了，为什么“乙方”缺位！这一切也解释通了！双方是2015年11月21日签署的租赁合同，而乙方公司是2016年4月29日才成立，而且还是在A公司发函通知合同未成立后匆忙在3天内成立的。乙方提起诉讼的时间是2016年11月22日，距离合同签署时间长达1年之久。这些看似缓慢滞后的反应是不无道理的。我们大胆地猜测两个自然人虽然看好这个巨大的商机，但是资金捉襟见肘，需要时间筹措，当然以公司作为承租主体是最合适的，公司作为法人承担的是有限责任，而自然人承担的是无限责任，二人自然是不愿意以自然人的身份作为承租方，万一有风险则难以脱身。

坦率地说，这份租赁合同就是王某某和胡某某两个自然人与A公司签署的，如果对方以这个主体作为原告起诉，我们万难抗辩。然而，对方却因为上述原因舍近求远，舍本逐末，才有了本案的大费周章。自然，法院并没有接受花卉公司系承租主体的再审申请理由，裁定驳回再审申请！

不是题外的题外话

历经了一审、二审及再审败诉之后，对方终于选择了以自然人身份作为承租主体起诉。如前所述，这样的合同关系才是正确的。虽然，最终法院认定了王某某和胡某某与A公司之间的租赁合同成立，但这场诉讼已经长达2年多时间，案涉土地早已开工建设并交付使用。其间，客户曾经多次努力和对方协商，希望化干戈为玉帛，并主动要求对方就实际损失提出依据并愿意高价赔偿。然而，对方始终固执地认为这个案件有非正常手段干涉才导致这样的结果。平心而论，这是阴谋论了，最根本的原因还是在于其诉讼主体选择的错误。事实也证明如此。

写这个案件的时候，我始终觉得不那么畅快淋漓的原因是多么希望在案件办理的过程中双方能够尽早和解，当关系破裂纠纷产生，最大限度地挽回损失亦是明智之举。事实上，其间历审法官也多次为双方组织调解，但终因对方当事人提出赔偿的金额过高无疾而终。我甚至非常希望对方能够通过诉讼的方式提出赔偿，这样至少能做到在法律框架下双方理性地解决矛盾，然而，遗憾的是至今对方依然没有选择诉讼之救济路径。

办案心法

（一）律师应做好充分的诉前准备

这是赢得一场诉讼的必要前提。这个案件非常典型之处就是诉前的准备时间非常之长。这么长的时间不仅仅是在细致地做案头分析工作，也同时在主动引导纠纷的走向。相较而言，对方的准备显得相对仓促，并没有进行深入地分析和论证便匆忙上阵，结果诉讼主体选择错误导致了其后一系列的行为都陷入被动。

（二）律师应在“赢”与“和”之间做好权衡

律师工作风采并不是咄咄逼人的肃杀之气和唯求胜负的匹夫之勇。事实上民事案件的特点决定了可以借鉴经济学的帕累托改进原理，使双方在博弈过程中取得平衡。通俗地说，就是以和为贵。律师在这个过程中尤其要注意不要激化当事人之间矛盾，逞一时之勇。

（三）律师在执业过程中应做好自我保护

正如本文开篇所述，如果没有当时谈判的录音，若遭诬陷真是百口莫辩了。录音是其中一个方法，对于我方当事人而言也是一个很好解决信任问题的方式。关键是办案过程中必须有这样的意识。

“找不到”的房款

——记一桩特别的房款追讨案

律师手记

房屋已经交付业主使用1年多了，粗心的开发商这才发现由于疏忽和业主故意欺瞒，误以为业主已经付清房款，实则还有18万元房款没有支付。但是，开发商已按照正常程序向业主交付了房屋、开具了房款全额发票，又为业主办理了产权证。面对业主的否认和手中的发票，还会有谁相信开发商疏忽大意犯的这个错误呢？

案子是在杭州市下城区人民法院审理的，开庭时间安排在下午2时30分。从律所到法院开车最长只要30分钟，但是这个案件非常特别，我唯一的突破口就是在庭审盘问。所以，为了万无一失，早上10时多我就在法院边上的酒店开了一个钟点房，反复在房间里准备法庭盘问的细节，只能大概预测对方在法庭上的回答，一切只能靠随机应变了……

【案情简介】

2007年7月14日，被告蔡某与原告浙江某某开发公司签订商品房买卖定金合同一份，合同约定被告向原告购买坐落于杭州市上城区景江城市花园总房价为143.2198万元的房屋一套，被告于当日支付了定金2万元，原告开具收据1张。

7月28日，双方签订正式商品房买卖合同和车位买卖合同，被告以转账形式向原告支付48万元，该款项中20万元作为车位款，28万元作为房款。9月8日，被告以转账形式向原告支付房款95.2198万元。上述款项原告均向被告出具了相关收据，其中车位款收据20万元，房款收据3张金额合计125.2198万元。此时，被告还尚欠18万元的房款未支付。

2年后，预售商品房已经全部完工进入交付阶段。2009年4月被告前往原告处开具发票时谎称付款收据已经全部遗失，原告信以为真要求被告出具一份遗失声明后，即给被告开具了全额发票，并签订《商品房交接书》，其后又协助业主办理了产权证。

然而一年半后，原告在项目清盘核账时，经反复核对发现仍有18万元房款的缺口。这18万元房款究竟去哪儿了呢？经过仔细逐笔核对，才发现工作人员误把被告支付的20万元车位款当作了房款，扣除定金2万元后被告仍有18万元房款未支付。经过与被告交涉无果后，无奈之下原告起诉至法院要求被告支付18万元房款并按合同约定支付逾期付款违约金。

【办案纪实】

如何讲好一个故事

案子看起来非常简单，对于原告来说手中一份商品房买卖合同，几张被告已经交款的收款票据底联及银行回单，合并证明被告未能按照合同金额足额支付。而对于被告来说，原告开具的收款全额发票，交付房屋的交接单和已经办理到被告名下的房产证，足以证明原告认可了被告房款已经交清的事实。

细细一对照分析，对原告最为不利的有两点：第一，原告在被告长达近 2 年拖欠 18 万元房款的情况下，竟然从未向其催讨，不符合常理；第二，原告为被告开具了可以证明款项已经付清的全额发票，至于后续交接房屋办理产权证都是因为有了这张发票，那么原告怎么就被蒙骗的呢？症结是出在这两个地方，因而破解也应从这两处着手。

（一）从一个形象的故事开始切入案件分析

不言而喻，这样的疏忽大意无论给出什么样的解释，都让听者难以信服。因而，必须首先突破法官的心理防线，使法官能够较为容易地去接受原告错误发生的原因。

经过反复斟酌，笔者查到了一个经典的真实案例可以起到引导和说服的作用。1986 年 1 月 28 日，美国“挑战者”号航天飞机在第 10 次飞行时，在升空第 73 秒后，由于右侧助推火箭密封装置出现问题，造成燃料外泄，航天飞机发生爆炸，7 名航天员当场遇难。正是由于对助推火箭密封装置和外部燃料箱表面材料检验这一细节的疏忽，而酿成了人间惨剧。众所周知，航天飞机上天是要历经严格的层层质量把控程序，然而，还是由于人为疏忽的原因导致悲剧。举重明轻，这也就不难理解生活中一些平常人的疏忽大意的发生了。

这种类比方式非常形象而有效，在与法官的沟通过程中，法官从一开始的“这怎么可能”的质疑变成了“原来有可能”的认知，从而为后面的举证和说明做了很好的铺垫。

（二）全面阐述 18 万元房款未付却未能发现的原因

在这个环节上，律师认为首先要从合理性的角度来说服法庭。因为在正常情况下，这个错误发生的概率是非常低的。因此，我们必须以证据为基石，以实事求是的态度充分阐述重大误解产生的客观原因。

本案产生误解和疏忽大意的第一个因素是房产销售项目是原告委托房产中介公司代理的，而收款和收据的开具则由原告直接负责，所以销售人员和财务人员系两家公司的工作人员，因此在付款金额和内容上存在沟通不畅的情况。第二个因素是由于被告和其亲属在同一天还购买多处其他房产和车位，被告多次付款的情况加之存在被告亲属代为支付房款的情况导致销售人员的混淆和大意，以为原告已经全部付款。

由于原告一直以为被告已经支付了全部房款，所以从定约到房屋交接近 1 年零 9 个月的时间里原告从未向被告催讨房款，并于2009年3月26日书面通知被告开具不动产发票和办理交接手续。

为了证明上述事实，原告方提供了：（1）销售代理公司代理原告销售的合同；（2）被告和其亲属同一天购买多处房产和车位的合同；（3）被告多次付款和被告亲属代为支付房款的银行往来凭证。通过翔实的证据来支撑和证明有关原告重大误解产生的客观背景原因。

这一基础工作非常重要，否则后续的证据和论点都将很难在法庭上使人信服。

细节入手，寻找破绽

根据民事诉讼规则，在庭审之前，被告必须在答辩期内提出书面答辩意见，并在举证期内提供证据证明其主张。未在答辩期内提供书面答辩意见的，可在庭审时进行当庭答辩，而未在举证期内提交证据，则将承担举证不能的法律后果。所以，我们在开庭前收到了被告的证据，但没有收到被告的答辩状，显然，被告是准备在开庭时再答辩，避免我们对其答辩意见进行反驳准备。

没有被告的答辩状，也可以从被告的证据入手反推其可能主张的答辩意见。我们第一项工作就是认真核对和分析被告证据。被告提交了一份证据《遗失声明》引起了笔者的关注，在这份声明中“本人不慎遗失购房收据，特此说明”的内容都是打印文字，“一次性付款 1,432,198 元”则是被告手写并签名的文字。

这就奇怪了，显然手写的内容是后面添加的。为什么不是一次形成，而是手写补充的呢？经过我们向原告财务人员询问，还原了事情经过：2009 年 4 月 7 日，被告来开具发票时谎称房款全部收据丢失，财务人员要求被告必须提供有关收据的遗失声明才能开具发票，后被告递交一份打印好的《遗失声明》，但没有相关金额说明。原告财务人员要求被告写明收款收据的具体金额，被告写上“一次性付款 1,432,198 元”的内容。于是乎，由于被告的欺诈和原告财务人员的轻信，原告财务工作人员误以为被告丢失了一张面额为 1,432,198 元的收款收据，便给被告开具了全额发票。

这是一个重大的突破口，在开具发票的关键环节，这份证据内容可以直接地证明被告使用欺诈手段故意编造“一次性付款 1,432,198 元”的事实，从而骗取原告开具了购房发票。被告在《遗失声明》中表示其丢失的是一张一次性付款的面额为 1,432,198 元的收据，只要有证据推翻这一点即可！

那么怎么证明原告公司未开具过 1,432,198 元房款的收据呢？行内人都知道，要证明发生过什么或者做过什么比较容易，而证明未发生未做过比较困难。于是，思来想去，我们想到了一个笨办法。我们把项目公司从成立以来到项目结束 3 年以来的所有收款收据共计 22 本原件提供给法庭，一个大拉杆箱满满装好送到法庭。当庭开验每本收据的凭证时间，发现收据序号相连，未有断号现象，每一张收据均对应其他购房业主支付房款给原告具体的银行凭证。原告提供收款收据财务联显示，被告分期付款后原告分别出具收据，但从未开具一张金额为 1,432,198 元的收据。

被告“画蛇添足”的拙劣，恰恰是对事实难以自圆其说的证明。表面上看原告为被告开具了发票、交接了房屋及办理了房产证，这些在常理情况下似乎可以推定被告已经全额支付房款。但支付房款的行为毕竟是一个相对独立的行为，是由被告发起而原告接受的行为，在时间和空间上必定会留下直接的痕迹，所以直接要求被告对支付行为进行举证和说明，一定会让被告的谎言无处遁形。

事先沟通，寻求法庭支持

要求被告对支付行为进行直接说明并不是非常容易的。被告完全可以使用回避的策略，以原告已经开具发票的行为来证明原告对全额支付款项的确认。如果按照这种思路走下去，原告只有一条路，即通过法庭发问的方式牵制住被告面对和回答焦点问题。

法庭发问是庭审程序中的一个环节，诉讼双方都可以通过询问的方式向对方发问事实方面的问题，而对方必须回答，以便法庭通过发问来查明案件事实。但是，法庭发问又是一个非常有技术难度的活。难在两点：首先，询问的方式非常容易引起对方警觉，对方在回答问题时怕误入陷阱，所以基本上是能不说尽量不说，能含糊就尽量含糊，因此一般情况下很难获得有效的证据。因此，在设计法庭发问内容和方式上必须下大功夫。其次，中国目前的庭审方式与西方国家的庭辩式不同，更侧重强调的不是当事人之间的辩论，而是法官的审理。所以，如果要以法庭发问的方式取得突破，就必须取得法官的支持。

幸运的是，本案的法官是一位资深而开明的老法官，有着丰富的生活阅历和审判经验。在听取我们对案件事实经过的汇报后，法官同意了我们的请求。法官同意在法庭审理的法庭发问阶段给予我们足够充分的时间和自由空间，但要求我们必须紧扣案件事实，遵守法庭秩序。

很多年轻的律师往往存在理解的误区，认为找法官沟通就是徇私走后门。事实并不如此，事前找法官沟通案情是根据案件的情况而定，有些案子相对清楚简单，民事诉讼程序已经完全可以保证当事人的充分举证和陈述权利；但有些案件背景事实情况复杂曲折，与法官的事先沟通就显得非常必要。以本案为例，如果不事先告知法官我们将在法庭发问阶段寻找突破口，很可能在庭审时法官因不了解询问意图而无法取得效果。

当然和法官沟通也非常讲究方法。沟通的基础和前提就是

“实事求是”，只有这样才能被理解、被接受，进而得到支持。我们在和法官沟通时把案涉的销售人员和财务人员都叫来，实事求是地把事实经过回忆一遍，且表示愿意出庭作证，对证言的真伪承担法律责任。这些都成为法官同意我们请求的重要理由。

法庭发问，胜券在握

根据“谁主张，谁举证”的证据规则，虽然被告手中持有原告方开具的发票，可以初步证明款项已经结清的事实，但是，毕竟支付房款的行为是由被告作出的，因而被告仍负有对这个义务如何履行的一个合理说明责任。

如若不能进行合理说明，一则情理上难以令人信服，二则原告疏忽大意的主张就有成立的可能。因此，笔者认为，要紧紧地抓住这个撬板，以撬动整个案件的局面。

显然，18 万元是不小的数字，被告现金支付的可能性也是不能排除的。如果被告在法庭陈述 18 万元是通过现金的方式支付的，则我们将陷入被动。所以，必须设想好跟进的问题。18 万元从何而来？按照常理被告是不大可能在家中存放 18 万元现金而后支付给原告。因此要沿着这条思维线索继续追问，以寻找到破绽。如果被告陈述的是转账支付的话，那么则应当可以提供银行转账的凭证，否则该说法不能成立。

在法庭上被告到底会怎么回答这个关键问题，事前我们不得而知，所以笔者在庭审前不断地讨论和演练法庭发问的内容和技巧，以期引蛇出洞，抓住被告的纰漏。

果然不出所料，庭审中，被告的回答总是推三躲四、含糊其词，一直采取回避的态度。房款是一次性还是分期支付？是现金方式还是转账方式？是由其儿子代付还是自己支付，被告的说法都是“我跟你说不清楚”，尤其是本案焦点问题 18 万元的付款情况被告一律以“反正我钱全部付清了”为说辞，拒不具体描述付款情况。

面对律师由浅入深、由轻向重、步步逼近的法庭发问，被告措手不及，慌乱无章。这一招果然非常奏效，因为假的真不了，真的假不了。假设被告是被冤枉的，那么受了冤枉的人会努力讲清事实证明自己是清白的，而本案被告的躲闪行为有违常理。被告越是这样，就越令人怀疑。这也直接影响了法官的自由心证。当我们再次要求和强调被告对房款如何支付的关键问题进行正面回答时，被告再次回避。

而法官显然也被原告方充分的举证和论证影响，当庭要求被告必须对 18 万元的支付方式给予明确说明。此时，被告慌不择路，答曰：部分现金支付，部分银行转账支付。被告的这一回答，直接使案件形势峰回路转！法官宣告休庭，要求被告在一周内提供银行转账支付凭证后继续开庭。

太好了！显然被告没有预想到我们会步步紧逼询问 18 万元房款的具体来源和支付细节，以为可以糊弄过去，甚至可以拒绝回答这个问题。同时，被告的律师也是准备不足。本案诉讼焦点问题是 18 万元房款是否支付，因此关于支付的具体细节必然是法庭必须调查的事实，怎么可能以事后其他行为来搪塞呢?

我们胜券在握，因为事实胜于雄辩，被告没有支付 18 万元房款，所以断然不可能给出银行转账凭证。庭审结束后两天，被告至法院以表达错误为由要求改变当庭陈述，更正庭审记录。然而，为时已晚矣!

杭州市上城区人民法院一审判决原告胜诉。被告不服上诉至杭州市中级人民法院。后经法院调解，原告也表示自己存在工作疏忽导致本案的发生，愿意做出一定让步给予被告优惠。

这场连委托人都不抱胜诉期望的案件最终以一审胜诉、二审达成调解协议的方式落下了帷幕。委托人连连称赞，律师把打不赢的官司打赢了！面对称赞，律师由衷地感谢那些为这个案件绞尽脑汁、费尽心思的日夜，如果没有做足这些功课，显然就很难胜诉。案件标的额虽然只有 18 万元，律师费更是不值一提，但是，案件胜诉给予律师的成就感和快乐感远远超出这点回报。尤其是，这更坚定了律师对待案件的态度和信念。

办案心法

这是典型的小而精的案件。小，小在标的额；精，精在诉讼策略。有几点经验稍作分享。

（一）充分的庭前沟通

现行的民事诉讼程序并没有这个环节，按部就班的诉讼程序基本可以满足对诉讼双方程序性权利的保护。但是，有些案件比如本案就非常需要做好这个庭前沟通的工作。因为这个案件意图通过庭审发问的方式寻找到突破口，而法官是庭审的组织者，所以关键的法庭发问环节需要法官的支持。否则，极有可能发问的问题被法官打断，或者对方通过模棱两可的方式回避问题。这个案件在庭审前我们专门去和法官进行了当面的沟通，充分地陈述了我们的理由和设想，从而为庭审发问环节的顺利开展做好了准备。

（二）关键的法庭发问

这是一个极具技术含量的环节，没有照本宣科的范例，而是要根据不同的案情，需要问哪些问题？问题怎么问？提问的顺序？甚至对方的心理活动都在考量范围之内。整个环节必须事先经过精心设计和反复演练。本案我们先设计了几个似乎不太重要的问题以使对方放松警惕，然后，对关键问题紧追不放。这样对方的回答前后就形成了鲜明对比。另外发问的节奏也是非常讲究的，快速发问可以迫使对方没有思考掩饰的时间，从而获得良好的效果。

（三）诉讼信念

接手这个案件后虽然从证据的角度而言我方非常不利，但是通过对案件细致深入地分析后，确信了事实的真相，因而更渴望通过自身的诉讼办案技能寻得公平正义。在这种诉讼信念之下，内心坦荡荡，行动上也更加坚定不移。本案法庭发问环节虽然是制胜之宝，当究其根本而言，恰是正义的光芒和力量！

“蹊跷”的借条

——李某诉孙某民间借贷纠纷一案

律师手记

“钱律师，您收下吧，这是我们的一点心意，这个案件多亏了有您。”委托人李某在案结之后非要塞给我一叠钱，被我婉拒了。

借条的内容都是由出借人书写的，只有在落款处有借款人的签名。而借条纸张的上边缘和右侧边缘都有裁剪的痕迹。这一切都成为认定借条伪造的理由。按照正常民事诉讼程序一审最长审理期限是6个月，二审3个月，这件只有20万元借款本金的小案子，却整整用了两年半的审理期限。无论是办理工作量还是难易程度都远远超出了最初的预期。

受人之托忠人之事，用律师费来衡量工作付出显然是“亏了”，但是办案过程中学习的办案技能和积累的办案经验，以及磨砺的执业信念却是十分宝贵的。

【案情简介】

2008年1月，原告李某找到笔者称，被告孙某于2005年12月28日以经商为由向其借款人民币212,000元。双方约定借款不计利息，借期3个月，当场以现金方式交付钱款，孙某向李某出具了借条。借款期满后，李某多次向孙某催讨，但孙某一直未予归还，故请求笔者代理此案。

原告李某向笔者展示了借条原件。这张关键证据，确有不同一般的蹊跷之处。首先，借条中除了落款系被告的签名之外，其他的文字均为原告所书写；其次，借条纸张的上部边缘和左边边缘系正常的纸张边界，而右边边缘和底部边缘有明显的裁剪痕迹，而这种裁剪与常态有异；最后，借款不计息，而20余万元的借款现金给付的情况也有违一般情理。

原告对此给出解释：一是被告由于是小学文化，所以当时是被告提出让其书写好借条内容，最后给其签个名字就可以了；二是借条纸张是其在办公室随手裁剪了适度大小后书写而成；三是借条中20万元为本金，1.2万元是3个月的借款利息，合并计入借款。

而关于借款的交付情况，原告李某则解释是以现金方式当场给付的。现金交割没有留存物证在诉讼过程中特别容易被推翻，所以，为了慎重起见，笔者对委托人即原告进行调查询问，并要求原告对现金交割的情况予以确认。

根据原告的叙述和提供的证据，笔者很快准备好起诉材料，于 2008 年 2 月 20 日诉诸法院。这个案件涉及金额不大，事实经过简单，法律关系单一，所以笔者预判案件的审理会比较清楚而快速。只是没有想到，这样一个小小的案件居然审理了两年半时间。

【办案纪实】

发现突破口

法院受理后，原告方迟迟没有收到被告的答辩和证据，也迟迟没有接到法院开庭的通知，联系法院后方才得知被告孙某提出了笔迹鉴定申请。对于进行笔迹鉴定，笔者从来都觉得正常而坦然，毕竟这是被告的权利，而借条的真伪也是必须查明的事实。

很快，我们接到了法院关于选定鉴定机构的通知。依据法律规定，原被告均有权选择鉴定机构，而如果双方选定的鉴定机构不一，则由法院最终确定鉴定机构。在法院组织安排的鉴定机构选定会上，我们第一次看到了被告孙某向法庭提供的《延长举证申请书》和《委托鉴定申请书》。

仔细查看了被告两份法律文书的内容，我们发现被告孙某在《延长举证申请书》中表示其实际早已归还借款，但由于几次搬家，收款凭证至今尚未找到，因而需要延长举证期限。而在《委托鉴定申请书》中，孙某申请法院对借条中的签名真伪及签名与借条其余内容的形成时间两项内容进行鉴定，并再次强调早已归还借款。

这是一个重大发现，这两份被告在诉讼过程中向法院提供的申请文件，已经非常清楚无误地证明存在借款关系，而借款已经归还。如果如被告所言，本案的焦点问题不再是原被告是否存在借款，而是被告是否已经归还借款，因此关于借条真伪显然已经不需要再做鉴定。

于是，我们立即把相关的观点整理成文，向法庭申请停止鉴定程序，可径直就被告是否已经归还借款进行事实的查明和审理。

出尔反尔，重回原点

法庭接受了我们的观点，暂停了鉴定程序。此外，被告孙某为证明本案借款已经归还提起了反诉，提交了三张李某向其借款的“借条”，“借条”的出具时间均形成在本案借条记载的时间之后，据以证明原告主张的借款不能成立，否则原告不可能在被告对其负有借款的情况下反而向被告借款，不合常理。

被告孙某的反诉举动至少让我们暂时吃了一颗“定心丸”。毕竟反诉是在承认了本诉借款关系的基础之上，才有了反诉主张款项已经归还反而是原告欠被告借款。那么原告是否正如被告所言是恶人先告状呢？我们立即找来了原告核对被告提供的反诉状和反诉证据。

经过核实，我们了解到，原来被告和原告曾经合伙做生意，而这三张“借条”均是双方合伙承包某工程期间原告的领款条和工伤赔偿金条。要怎样证明原告李某所述属实呢？所幸的是，这个工程项目曾经有过向建设单位追讨工程款的诉讼案件，而被告孙某提供的这些所谓的“借条”在这个案件中曾经作为证据。于是，我们立即根据原告提供的线索通过中国裁判文书网查询到这个施工合同纠纷的判决书，但是这份判决书上有关事实查明的内容写得比较宽泛，无法具体到被告孙某提供的“借条”。而这个案件的诉讼当事人是建设单位和作为包工头出面的被告孙某，由于原告李某并非案件当事人，所以无法直接到法院调取该案的内档查询具体的证据资料，于是，我们立即向法庭提交依职权调查证据申请书，请求调查该案内档中的具体证据资料是否包含被告孙某提供的三张“借条”。

“纸是包不住火”的，很快我们通过法院开具的调查函查询并证明了原告所述的事实。被告孙某在一审判决前撤回了反诉。

被告孙某向法庭提交撤回反诉申请书的同时还提交了一份情况说明。这份情况说明强调了由于被告律师表述的过错，原来在《延长举证申请书》和《委托鉴定申请书》所称的“借款已归还，搬家弄丢收条”的说法有误！如此之大逆转，实在让人惊叹！

鉴定疑云

法律上有个规则叫“禁止反言”，禁止反言原则（equitable estoppel），是英美法系国家的一般契约理论，其基本内涵是“My word is my bond”——言行一致，不得出尔反尔。虽然中国法律体系中并没有关于禁止反言原则的直接、明确规定，但《民法总则》第7条规定“民事主体从事民事活动，应当遵循诚信原则，秉持诚实，恪守承诺”。民事诉讼贯彻“禁止反言”的诉讼原理和举证原则，以保证各方当事人民事诉讼权利的公平行使。当事人在案件审理过程中出现前后矛盾的陈述时，如不能合理解释，亦不能提供其他辅助证据，则法院通常会采信当事人第一次陈述的内容。

结合本案，法庭完全可以使用禁止反言原则，但是没有，鉴定程序被恢复启动。于是，借条的真伪就成为了案件关键事实。由于双方未能一致选定鉴定机构，一审法院在法院鉴定人名录中选定了在行业内享有较高专业水准的某司法鉴定中心作为鉴定机构。

几个月的等待过去后，我们终于收到了该鉴定中心的鉴定报告。鉴定报告显示，借条上孙某的签名为其本人书写，但根据现有技术手段尚不能对签名与借条上其他内容的书写形成时间进行鉴定。

然而，被告收到这份鉴定报告后，不再对其签名真伪有异议，转而坚持要对书写时间进行鉴定，坚持认为这是原告偷偷地取得有被告签名的空白纸，然后在纸张上填写了借条内容，从而伪造的借条。

被告声称据其了解浙江某司法鉴定所具有此等鉴定能力，要求法院将书写时间鉴定内容委托该鉴定机构进行司法鉴定。我们立即提出了异议：首先，被告推荐的浙江某司法鉴定机构并不在法院鉴定人名录之内，不具有在该院从事鉴定业务的资质；其次，关于书写时间鉴定是一项技术要求非常之高的鉴定，作为鉴定领域的权威机构已经作出不具备鉴定条件的结论下，一家普通的鉴定机构又怎么能够具备鉴定的技术能力呢？一审法院没有采纳原告的异议，径直委托了浙江某司法鉴定所对借条内容和被告签名书写时间的先后进行鉴定。

没过多久，我们就收到了浙江某司法鉴定所的鉴定报告，鉴定结论为孙某的签名早于借条上的其他内容！

法庭风云

怎么办？浙江某司法鉴定所的鉴定报告意味着这张借条是假的，是原告李某事后伪造而成。正式开庭的通知已经寄到，随着开庭时间的临近，我们不能坐以待毙。这个时候不能慌张，而是要重新审视案件，找到正确的反击路线。

于是，我们再次要求原告来律所进行详谈。细节，魔鬼藏在细节。即便 21.2 万元是以现金形式给付被告的，那总有具体的细节，诸如钱款从何处而来，在何时何地交付钱款，何人可以旁证等。在我们的询问之下，原告表示将回家后好好再回忆一下，毕竟时隔两年多了。

没有想到的是，原告在 3 天后带来了令人振奋的新信息。原告回忆他是在借款前先将钱款筹措到自己名下的一张存单中，然后将这张存单交给被告由其提取。得知这一消息，我也暂时顾不得责怪原告为什么这么重大有利的事实到今天才回忆起来，赶忙陪同原告到银行调取相关的凭证。

我们在银行的调查工作果然有大收获：取得了在借款前 1 日原告办理的在其名下的 20 万元的存单以及借款当日这 20 万元的取款凭证。只是，取款凭证的落款处写的不是被告孙某的名字，而是顾某。询问原告为何取款人是顾某，原告告知其当时将存单和自己的身份证交给被告孙某后并不清楚后面具体取款的情况，但表示认识顾某，顾某是孙某的表弟。

于是我们马上联系顾某，告知整个诉讼的前后经过，询问是否有代被告孙某取款之事实。顾某告知确有其事，但其只是取款并将款项交给被告孙某，并不知道原被告之间的借款关系。我们提出希望其能够出庭作证，然而，顾某婉言拒绝。这也不难理解，毕竟顾某是被告孙某的表弟，且多一事不如少一事。不过，我们还是没有放弃做证人顾某的思想工作，晓之以理动之以情。毕竟银行的取款凭证上写的是顾某的名字，仅凭这一点原告也可以要求顾某以实际收款人的身份来承担还款责任。权衡之后，顾某最终答应做原告方证人，但不愿意出庭。这倒不是难题，能够争取到顾某作证已经是巨大突破了。为了最大限度还原事实真相，我们对顾某做了录音录像，并制作了证人证言。

在打通原告出借款项的整个事实经过之后，我们开始着力于推翻浙江某司法鉴定所的鉴定结论。专业的问题还是交给专业人士来做，于是我们大胆地向法庭申请要求某司法鉴定所的鉴定人员和浙江某司法鉴定所的鉴定人员同时作为专家证人出庭。

一切准备妥当只等庭审大戏开幕。果不其然，庭审过程异常地紧张而精彩，双方对每一份证据都展开了充分的辩论。而被邀请出庭的两位司法鉴定专家的发言和解读，更是像一场关于笔迹鉴定的科普讲堂。笔者在法庭上发表了三点代理意见。

（一）原判不应对案件基本事实视而不见，完全依靠司法鉴定而丧失了司法审判“客观、科学”的题中应有之义

在案件审理过程中，被告事实上已经通过一审中提交的《延期举证申请书》和《委托鉴定申请书》这两个法律文书承认了借款事实的存在，只是强调因为搬家，还款凭证找不到了，这种确认是清楚、明确的。虽然孙某事后予以否认，且其代理律师推说是与当事人没有沟通好的原因以试图推翻这一说法，但是这两份

法律文书均出自对方律师这一法律专业人士之手，对方应当非常清楚这种自认的法律后果与重要性，因此本案中这种事后的否认没有说服力，难以让人信服。

《最高人民法院关于民事诉讼证据的若干规定》第 8 条规定："诉讼过程中，一方当事人对另一方当事人陈述的案件事实明确表示承认的，另一方当事人无需举证。"实质上，本案的有关事实方面的争议焦点不再是孙某是否向李某借款，而是孙某是否已经归还。

因此，基于本案的事实，已经完全没有进行鉴定的必要。被告孙某的两份自认的法律文书都在第一次委托鉴定之前就已经提交给了法院，但是原审法院并没有按照一般的常识和理解行使法院的释明权，确定争议焦点的变化和举证责任的转移，对孙某自认的事实视而不见，机械地依赖司法鉴定，丧失了审判的能动性。

（二）浙江某司法鉴定所的鉴定结论存在重大瑕疵，且与之前某鉴定中心的鉴定结论直接矛盾，不能作为唯一的定案依据

众所周知，鉴定在审判程序当中作为证据使用，其前提是"客观、科学"，离开了这两个基石，即丧失了作为证据的资格。浙江某司法鉴定所使用的鉴定方法和依据为：（1）借条纸张经过裁剪，下边缘呈不规则锯齿状；（2）显微镜下笔迹的色泽不一；（3）"孙某"签名的笔痕与其他文字不一致；（4）签名折叠处

破损。以上 4 点鉴定依据并没有从科学技术本身出发给出解释，而是脱离书写时间鉴定科学技术性的一种推测，其依据及推测的过程缺乏科学性、严密性和唯一性，第（1）点与第（4）点更是与鉴定结论没有任何关系。这种或然性的结论最多只能作为法院的参考，要辅之以案件中的其他证据和事实进行综合分析。

而本案中之前出具鉴定报告的某鉴定中心的结论是与之矛盾的，并且专业人员在一审时出庭就浙江某鉴定所使用的鉴定方法予以直接的否认。在有两份相互矛盾的鉴定结论的情况下，原判没有选择权威的鉴定结论且不能给予充分、科学的分析和评说，令人难以信服。

（三）本案应当利用优势证据理论和证明力大小原则予以综合分析并判断双方言辞的真伪

本案双方的说辞都不尽完美，各自均存在一定问题，以下具体来比较下双方的不利点：

1. 对于原告李某存在的不利点。

（1）李某在起诉状中陈述该借款是“现金给付”，但实际上却是以“存单交付”的。对于这个问题，我们不妨退一步看，假设李某拿到孙某空白签名后伪造借款的话肯定会在借款如何交付的问题上做事先准备。更何况，银行的取款凭证是对原告非常有利的证据，李某在起诉时没有理由不用。所以说，原告李某遗忘和理解有误的说法是具有合理性的，李某确实是在起诉之后才想起钱款的交付方式，并主动申请法院调查银行存单的存取情况。《最高人民法院关于民事诉讼证据的若干规定》第74条规定："诉讼过程中，当事人在起诉状、答辩状、陈述及其委托代理人的代理词中承认的对己方不利的事实和认可的证据人民法院应当予以确认但当事人反悔并有相反证据足以推翻的除外。"李某的情况完全符合法律规定的这一情形。

（2）孙某反诉时提交了三张借条欲证明李某尚欠孙某82,000元，因此原告李某起诉其欠款是不可能成立的，进而证明借款系李某伪造。而事实情况又如何呢？原告李某向法庭提交证据证明这三张借条实际上是孙某冒用双方合作做生意期间的领款条和工伤赔偿金条，并均可在他案法院生效判决内容上得以证实。孙某拿这三张借条起诉要求李某还款系公然地置事实于不顾，目的就是扰乱法庭审理视线。被告孙某在2008年3月3日提起反诉后又马上撤诉，足见其心虚。

（3）浙江某司法鉴定所出具的鉴定结论虽然对原告不利，但鉴定结论存在重大瑕疵，理由已在前文论述，不再累述。

2．被告孙某存在的不利之处。

（1）孙某向李某借款之事实已形成证据链：本人签名的借条—钱款的出处—证人证明钱款的给付。

（2）孙某在《延期举证申请》和《委托鉴定申请书》中承认有借款的发生，但声称早已经还款了，然而被告孙某从未拿出21万元还款的凭证。其后，被告又否认这一说法，但给出的解释令人难以信服。

（3）孙某利用李某签字的三张合作做生意期间的其他款项的借条，捏造李某向其借钱的事实，甚至还凭这三张借条提起了反诉，最后又撤诉，在诉讼程序中多次出现不诚信的行为和表示。

综上，比较双方说辞之后，谁更有优势证明力是不言而喻的。

一审败诉，二审逆转

面对两份完全不同的司法鉴定结论，笔者特地请来了某司法鉴定所的专业人士出庭以帮助案件的调查。一审庭审中，对于书写时间鉴定的科学依据和鉴定技术等问题，该鉴定中心的鉴定人员给出了客观、全面而具有说服力的详细解释，而浙江某司法鉴定所鉴定人员的回答却显得苍白无力。所有这些情况似乎都对原告有利，当事人和律师信心满满，然而法院的一审判决却让人大跌眼镜。

一审法院认为原告在起诉状中陈述“现金支付”随后又反悔，称是“存单交付”，前后矛盾。被告表弟顾某只是提交了“证明”，并未出庭作证，因此对其证言不予采信。同样地，法院在司法鉴定方面也采信了对被告有利的浙江某司法鉴定所出具的鉴定。一审法院认定根据浙江某司法鉴定所的鉴定结论，借条系伪造，判决原告败诉。

面对一审的败诉判决，笔者接受原告委托立即提出了上诉。我们在上诉状中详细分析了双方各证据的证明力大小以及客观地比较了双方的说辞信服力强弱，认为本案证据足以证明双方借款事实。除此之外，我们还收集了众多浙江某司法鉴定所的鉴定结论不客观的案例作为审判参考资料呈送给二审法院。原本以为二审也会是一场鏖战，没有想到二审法官只是简单地进行了聆讯，便径直告知了双方其已经亲自当面向证人顾某进行了询问，案件事实基本清楚，希望“双方能化干戈为玉帛”。

听罢法官一席话，此时的原告李某已经按捺不住眼中的泪光，激动得说不出话来。笔者最懂原告此刻的心情，两年多的时间，案情山重水尽疑无路，背负着伪造证据诬告他人的压力，早已经身心俱疲，几番欲放弃此案。笔者一直在鼓励原告李某，真的假不了假的真不了，尽了自己努力也就问心无愧了。而我的内心也甚为感慨，再一次体会到“正义会迟到，但绝对不会缺席”！

引申思考

一张小小的借条，从起诉到接受调解，经过两次鉴定，二级法院的审理，历经了两年半的时间，可谓曲折跌宕，波澜起伏。固然案情本身有一定的特殊性，但让当事人如此地反复曲折，这不得不引发我们对案件的思考。

（一）疑难案件的法官主观能动性

根据《民事诉讼法》第 22 条“对公民提起的民事诉讼，由被告住所地人民法院管辖；被告住所地与经常居住地不一致的，由经常居住地人民法院管辖”之规定，我国民事案件一般遵循“原告就被告”的管辖原则，因此，地方法院的法官是否会偏袒作为“本地人”的被告是不少原告担心的问题。

原审法院错误的判决是否仅是由于能力不足，我们不敢妄加评论，但我们认为，法官办好案子的前提是有一种宽容的胸怀，有一种对双方当事人平等保护的情怀。在二审中，面对证人顾某与被告表兄弟的特殊关系而不愿意出庭作证的顾虑，二审法院的法官并没有置之不理，而是专门请被告表弟顾某单独来法院进行询问，既保护了当事人的“情面”又了解了案件事实情况，体现了极高的审判技能与职业操守。

（二）我国司法鉴定制度有待完善

我国司法鉴定制度存在诸多不足。第一，我国目前没有专门的证据立法，也没有统一的司法鉴定立法，现行司法鉴定制度的基本内容主要集中在三大诉讼法等其他法律中，其规定过于笼统，条文数量少，内容原则抽象，缺乏可操作性。第二，司法鉴定机构设置不一致。由于没有明确的法律规定，鉴定机构设置重叠与混乱。第三，司法鉴定人准入制度不完善。我国鉴定人准入标准低、资质不够高，而且准入条件不平等，相互差距大，会影响到鉴定意见的可信度和证据效力。同时，我国的司法鉴定法律责任制度不健全、不清晰，对可能存在错误的鉴定意见当事人缺乏司法救济途径。第四，司法鉴定意见采信缺乏标准。第五，司法鉴定标准不统一。像本案这样出现两种截然不同的司法鉴定结果的案件不在少数，如何才能更好地为裁判机关行使裁判权服务，还原案件的真相，是每个司法鉴定人应当考虑的急迫问题。

办案心法

这个案件一审输得意外，二审赢得意外。之所以这么说是因为我们认为一审的证据及理由从各个方面来说已经是比较充分了，不敢说完美，但至少比被告的证据和理由更具有合理性，然而却输了。所以我们把二审预估得比较困难，却没有想到问题几乎是迎刃而解。跌宕起伏的办案过程体会很多，主要有以下两点。

（一）关于执业信念

律师，需要崇尚法治，需要信仰法律。说实话在办理这个案件的过程中，我也有气馁的时候。案件拖延的周期太长，法院对被告出尔反尔视而不见，执意拒不接受权威鉴定机构的鉴定意见，反而采信被告单方提供的小司法鉴定所的意见。

支撑着律师在最困难的时候坚持下去的动力就是对法律的信仰，对执业的信念。坚信自己的工作是为了维护社会公平正义，坚信自己付出的每一个微小的努力都将化为最终力量推动时代车轮的前行。有着这种信念就不会因为一时困境而摇摆，不会为一时的输赢而放弃。

（二）律师执业风险防范

律师的执业风险主要有刑事责任风险、行政处罚责任风险，还有民事赔偿责任风险。律师执业风险随着律师行业的蓬勃发展，也越来越多地出现在公众视野中，开始备受关注。很多没有执业经验的年轻律师，往往是初生牛犊不怕虎，所以更加需要强调和注意律师的执业风险防范。

以本案为例，原告李某遭遇一审的曲折，反思下来也有其自身的原因。李某一开始在起诉状中自称20余万元是以现金方式交付给被告，等诉讼过程进行到一半，才回想起来是通过银行存单方式交付给被告，这种前后矛盾不得不说会影响法官的自由心证。那么，这么关键的事实，难道律师不知道提醒原告李某吗？有，当然有。对于本案中原告自称的“以现金方式将钱款交付于被告”的表述，笔者反复向原告确认。除此之外，笔者专门对李某制作了书面的询问笔录，向当事人说明利害关系并要求其签字确认，以防万一将来空口无凭。假设，律师没有在这个关键环节对当事人进行充分的说明和提示，而法院恰恰因为李某自述借款以现金交付而缺乏证据判决其败诉的话，则极易引发客户索赔。

移花接木暗度陈仓之房地产权属纠纷

——某房地产权属争议纠纷一案

律师手记

某地块资产权属纠纷系由浙江省某厅干部培训中心与省内一家知名企业在20世纪90年代的联合建造和承包经营协议沿袭而来的，争议金额高达20余亿元。由于争议金额巨大、纠纷历时久远、法律关系错综复杂，该纠纷成为客户一直特别关注的历史遗留难题。

印象最深的还是在2019年的中秋节，我们为了能够对纠纷作出细致的分析，并出具详尽的事实调查报告和系统的法律分析意见书，三天假期全都扑在了案件材料上。我们的法律分析意见书为客户提供了谈判协商解决纠纷的极有力武器。三个月后，这桩搁置了十多年的纷争终于落定，取得了圆满的结局。

客户对律师工作给予了高度的评价，并且专门向浙江省司法厅发送了感谢信，感谢律师高超精湛的法律技术和无私奉献的职业精神。

【案情简介】

1994年6月，浙江省某厅与浙江某某公共关系公司签订《承包经营协议》及《承包经营补充协议》，约定浙江省某厅的干部培训中心由公共关系公司承包经营，承包期限为20年。同年10月，浙江省某厅出具《关于全权委托浙江某某公共关系公司经营管理浙江某厅干部培训中心的意见》，同意该公共关系公司在全权委托经营管理期间享有资产处置权。

1995年2月，公共关系公司与A公司共同出资注册成立杭州某度假酒店有限责任公司（以下简称酒店公司），由酒店公司作为培训中心的具体经营主体。其后，培训中心开始进行酒店化改造，对培训中心旧房屋进行修缮提档升级，同时又征收新土地进行酒店扩建。

1997年11月，酒店公司与培训中心联合，向土地管理部门提出办理土地权证的申请，后在土地权证上登记为培训中心。1998年10月，酒店公司向工商行政部门提出将“浙江某厅干部培训中心”增设为其从属名，后获得准许。

1998年11月，酒店公司股东易主。某知名企业收购了公共关系公司和A公司的全部股权。浙江省某厅、公共关系公司、某知名企业三方签订转让协议书，将1994年6月《承包经营协议》和《承包经营补充协议》约定的公共关系公司的全部权利和义务转让给某知名企业享有和承担。

后某知名企业主张原培训中心的房屋资产均属于酒店公司，非国有资产；而浙江省某厅则认为最初只是转让了承包经营权，资产的所有权一直未变更。遂双方发生争议。

【办案纪实】

查清事实，厘清历史遗留问题的关键

既然是资产权属之争，那么就有必要搞清楚两件基本事实：一是产权的主体情况；二是资产的形成历史。这两个方面的事实清楚了，作出法律分析就不难了。于是，我们调取了几个主体的工商登记信息，查阅了土地登记档案，又走访了当时建设项目登记时的相关知情人士，调查获悉的情况如下。

（一）公共关系公司工商登记情况

公共关系公司成立于1992年8月，隶属于浙江省公共关系协会，挂靠在浙江省人民政府经济技术协作办公室名下。酒店公司在转让股权退出后，于2000年11月完成私有制改制，股东吴某某占股80%，股东俞某某占股20%。

（二）酒店公司工商登记情况

1. 股权情况。

该公司于1995年2月25日设立，公共关系公司（系甲方）占股51%，A公司（系乙方）占股49%。根据该公司章程第9条的规定，合资公司注册资本由甲、乙双方按投资比例投入。甲方应请有关投资咨询部门对营业执照签发之日前已经建成的工程实物进行评估作价投入，乙方应在营业执照签发之日起至工程完成前，根据工程需要的资金量按投资比例分步到位地投入资金。据此，公共关系公司对酒店公司的投资内容是否包含土地使用权以及土地使用权是否已经作价入股，有待进一步提供书面材料查明。

股权方面前后历经4次变更，最主要的两次分别是：1999年6月，原股东A公司退出，变更为某知名企业占85%的股权，公共关系公司占15%的股权；2001年8月，原股东公共关系公司退出，其股权转让给某知名企业的子公司。至此，某知名企业实际控制了酒店公司100%的股权。

2. 名称变更登记情况。

1998年10月23日，酒店公司经工商行政管理部门审批获得“浙江某厅干部培训中心”的从属名称。有关部门出于何种考虑批准将培训中心的名称作为酒店公司的从属名，有待进一步提供书面材料查明。

（三）培训中心的基本情况

根据查询的书面资料及反馈的情况，培训中心仅有 1996 年 2 月 13 日成立党支部的文件，在工商、民政、编办等部门没有登记成立的记录，更无事业单位法人的登记核准记录。

（四）涉案土地使用权登记的基本情况

1993 年 4 月 18 日，浙江省某厅作为土地使用人申报土地登记申请书并盖章，土地坐落于某某路 18 ～ 19 号，用地面积 5672.5 平方米。

1993 年 7 月 20 日，杭州市相关部门征用某某村 1240 平方米土地。同年 8 月 12 日，浙江省某厅作为申请用地单位填报国家建设用地呈报表并盖章，完成征地审批程序。

1994 年 10 月，浙江省某厅出具《关于全权委托浙江某某公共关系公司经营管理浙江某厅干部培训中心的意见》，同意公共关系公司在全权委托经营管理期间享有资产处置权。

1997 年 11 月，培训中心向土地行政管理部门提交关于要求办理土地使用权证的报告，详述了土地的来源和构成情况，浙江省某厅在此报告上签字盖章确认。

1997 年 12 月 12 日，以培训中心作为权利人的土地使用权设定登记完成，性质为划拨用地，使用权面积为 6765.3 平方米。

（五）有关涉案土地上房屋建设及产权登记情况

根据房屋权属登记信息查询记录，涉案土地上房产所有权人为培训中心，建筑面积 1 号楼房屋为 4835.22 平方米，2 号楼房屋为 261.4 平方米，房屋权属登记日期为 1998 年 10 月 30 日。

以上都是调查的事实精要，看起来似乎很简单清楚，但事实上，调查的过程却是非常烦冗的，必须耐着性子一个一个文件逐字逐句地研讨，透过纸背去还原历史过程。同时还必须抓住某一个点，顺藤摸瓜地去逐个探究。这个心路历程恐怕只有亲历者才能体悟。这只是解决历史遗留纠纷的开始，基础如果不扎实，后面的法律分析就恰如空中楼阁，无从谈起。

抽丝剥茧，锁定焦点

经过前期的调查，基本的事实已经浮出水面，公共关系公司通过承包经营培训中心的形式，获得了 50 年的资产使用权。公共关系公司又和 A 公司成立了酒店公司用于培训中心的日常管理。其后，酒店公司的名称经工商登记变更，增加了附属名“浙江某厅干部培训中心”，实现了两者的合一。之后的酒店改建扩建投入均由酒店公司出资。

某知名企业之所以主张酒店资产归其所有，主要是基于三个理由：第一，公共关系公司承包经营培训中心，后将土地资产的经营权作价入股投入了酒店公司；第二，土地所有权登记在培训中心名下，培训中心是酒店公司的附属名，根据房随地走原则，所有资产均属于酒店公司；第三，其通过股权收购的方式成为酒店公司的母公司理应对资产享有支配权。这些理由和依据看起来似乎没有什么问题，符合基本逻辑，但细想却经不起推敲，在几个关键问题上还是疑点重重。

首先，公共关系公司通过承包经营的方式获得的是什么权利？《承包经营协议》甲方是浙江省某厅，乙方是公共关系公司。该协议约定："甲方提供土地（原培训中心的地），乙方提供房屋和设备，50年期满后，归甲方"。因此，承包经营合同绝对不是资产转让合同，培训中心的使用权由公共关系公司取得，但其并没有取得培训中心的资产所有权。

其次，公共关系公司是否有权以培训中心的使用权出资，折价入股进入酒店公司？公共关系公司对土地有承包经营权，本质上是土地的租赁使用权，《承包经营协议》约定的"乙方提供房屋和设备"所表明的仅仅是对地上物享有所有权。乙方将两种权利合并计入酒店公司，引进A公司作为投资方，是否合法？这里关键还是要看公司章程中的评估报告，是仅仅包括地上物部分，还是也包括土地使用权或者是租赁使用权，这一点是关键。《公司法》规定，土地使用权是可以作价入股的。一旦涉案土地使用权被作价入股，则其即为酒店公司法人的财产。

最后，土地使用权从初始登记开始时便一直都是以培训中心的名称作为主体的名称，包括后续的扩建手续以及最终建成后的确权登记。然而为什么到了 1998 年酒店公司名称变更登记时突然将培训中心的名称变作其从属名，这个过程非常蹊跷，似乎是有意将酒店公司和培训中心合二为一。那么，这个从属名在法律上又有何意义？

带着这些疑问，我们将材料反复查看了许多遍，甚至是逐字逐句地读，唯恐遗漏了重要信息，因为毕竟这一纠纷缘起二十多年前，很多当时的知情人都已不知身在何处。最了解当时情况的公共关系公司法定代表人也因为脑梗而无法陈述当时的客观情况，律师只有通过严密的演绎推理才能还原真相。

缜密分析，一举定乾坤

经过认真全面的事实调查，我们作了深入的分析和思考，该纠纷的轮廓已经渐渐地在脑海里清晰起来，各个关键争议焦点问题在我们的心里开始有了底数。我们的分析意见如下。

（一）涉案土地使用权的主体问题

1. 培训中心是否具有法人资格，或者是否属于非法人组织。

根据客户提供的书面资料及反馈的情况，培训中心仅有 1996 年 2 月 13 日成立党支部的文件，在工商、民政、编办等部门没有登记成立的记录，更无事业单位法人的登记核准记录。

《民法总则》第 102 条规定："非法人组织是不具有法人资格，但是能够依法以自己的名义从事民事活动的组织。非法人组织包括个人独资企业、合伙企业、不具有法人资格的专业服务机构等。"《民法总则》第 103 条规定："非法人组织应当依照法律的规定登记。设立非法人组织，法律、行政法规规定须经有关机关批准的，依照其规定。"

鉴于上述事实和法律规定，培训中心既不属于法人，也不属于非法人组织，在法律上应当界定为浙江省某厅下属的内部机构。

2．登记在培训中心名下的土地使用权归属。

涉案土地使用权设立登记的行为发生在 1997 年 12 月 12 日，当时有效的法律规范应为 1988 年的《土地管理法》〔1〕。《土地管理法》（1988 年）第 6 条第 1 款规定："城市市区的土地属于全民所有即国家所有。"第 9 条第 1、2 款规定："集体所有的土地，由县级人民政府登记造册，核发证书，确认所有权。全民所有制单位、集体所有制单位和个人依法使用的国有土地，由县级以上地方人民政府登记造册，核发证书，确认使用权。"第 10 条规定："依法改变土地的所有权或者使用权的，必须办理土地权属变更登记手续，更换证书。"

〔1〕《土地管理法》1986年颁布后经1988年、1998年、2004年、2019年四次修正。

结合本案，培训中心取得划拨土地使用权符合法律规定，亦从未办理过土地权属变更登记手续。由于培训中心系浙江省某厅内部机构，因此土地使用权应当由该厅享有。

3. 工商登记将培训中心增设为酒店公司从属名的法律性质。

根据当时有效的《企业名称登记管理规定》（1991 年 7 月 22 日原国家工商行政管理局发布实施）第 6 条的规定，企业只准许用一个名称，在登记主管机关辖区内不得与已登记注册的同行业企业名称相同或者近似。确有特殊需要的，经省级以上登记主管机关核准，企业可以在规定的范围内使用一个从属名称。但鉴于资料所限，律师无从分析本案系基于何种特殊需要而申请了从属名。

1998 年 10 月 18 日，经工商行政主管部门审批同意，将培训中心设为酒店公司的从属名。虽然已经无法查清从属名从何而来，但必须指出的是，有关从属名的工商登记不等同于将这两个主体合二为一，培训中心自始至终都是浙江省某厅下属的内设机构。

（二）涉案土地使用权的来源

涉案土地使用权设定登记在培训中心名下的时间为 1997 年 12 月 12 日。该地块总面积为 6765.3 平方米，由两部分组成。其一，其中 5460 平方米为浙江省某厅档案馆原址。1982 年该档案馆迁入新址后，原址由浙江省某厅使用。1993 年 4 月 18 日，浙江省某厅作为土地使用人申报土地登记申请书，土地坐落于某某路 18～19 号，占地面积 5672.5 平方米。其二，1992 年 12 月 7 日经有关部门批准，同意对培训中心 2635 平方米用房进行维修改造，并扩建辅助用房 1201 平方米。根据设计需要，在档案馆原址西北角征用茶地 1305.3 平方米。1993 年 7 月 20 日，杭州市有关部门征用某某村 1.86 亩。同年 8 月 12 日，浙江省某厅作为申请用地单位填报国家建设用地呈报表并盖章，完成征地审批程序。

鉴于以上事实，涉案土地使用权形成在 1993 年 8 月，在这个时间点上，浙江省某厅和公共关系公司的合作尚未开始，因为双方的协议签订于 1994 年 6 月。因而，从土地使用权形成的源头之客观事实考察，涉案土地使用权归属浙江省某厅是清楚无疑的。

（三）涉案土地使用权归属是否发生变更

涉案土地使用权的归属是否发生过变更是本案的核心焦点问题。在法律上，可以引起土地使用权权属变更的一般有两种情况：一种是有偿转让；另一种是折价入股。就本案而言，某知名企业主张涉案土地使用权已经折价入股成为酒店公司的资产之观点不能成立。相关理由分析如下。

1. 1994 年 6 月签订的《承包经营协议》的性质。

协议的性质取决于协议的内容，从该协议的名称，顾名思义，可知其包含两层法律关系：一为联合建造法律关系；二为承包经营法律关系。该协议的主要条款亦对此进行了具体的约定，核心条款摘录如下：

（1）第 4 条【筹建及资金投入】约定："……云林园的建造，甲方提供 10.44 亩土地，所需投资全部由乙方投入。"

（2）第 5 条【经营管理机构及管理经营利润分配】约定："在承包期内，由乙方全面负责经营管理，其经营管理机构由乙方负责组建。""乙方承包后的前二十年内，每年应向甲方支付承包利润人民币 50 万元……剩余利润全部归乙方所有。"

（3）第 6 条【经过期限终止和清算】约定："乙方承包经营期满或提前终止经营后，全部产权归甲方所有。"

对上述主要合同条款进行解读后，不难得出双方约定了由甲方提供土地使用权而乙方提供资金进行共同建设的合作模式。

《城市房地产管理法》（1994 年）第 31 条规定："房地产转让、抵押时，房屋的所有权和该房屋占用范围内的土地使用权同时转让、抵押。"原建设部 1997 年 10 月 27 日颁布的《城市房屋权属登记管理办法》第 6 条规定，房屋权属登记应当遵循房屋的所有权和该房屋占用范围内的土地使用权权利主体一致的原则。原国家土地管理局 1992 年 3 月 8 日颁布的《划拨土地使用权管理暂行办法》第 11 条第 1 款规定："转让、抵押土地使用权，其地上建筑物、其他附着物所有权随之转让、抵押；转让、抵押地上建筑物、其他附着物所有权，其使用范围内的土地使用权随之转让、抵押。但地上建筑物、其他附着物作为动产转让的除外。”“地随房走，房随地走”的权利合一原则是我国房地产权属认定的一贯原则。本案中，房屋建成后，土地使用权难以独立于房屋所有权而存在，根据物权登记原则，1998 年 10 月 30 日的房屋权属登记所有权人仍为培训中心。在此特定的权属背景下，《承包经营协议》约定了由公共关系公司进行承包经营的合作模式。在 50 年承包经营期限的前 20 年，公共关系公司每年固定向浙江省某厅支付 50 万元；而在 50 年的承包经营期限届满或提前终止经营后，由公共关系公司投资部分所形成的全部产权归浙江省某厅所有。

《最高人民法院关于审理涉及国有土地使用权合同纠纷案件适用法律问题的解释》（2005 年）第 14 条规定：“本解释所称的合作开发房地产合同，是指当事人订立的以提供出让土地使用权、资金等作为共同投资，共享利润、共担风险合作开发房地产为基本内容的协议。”因此，本案这种合作模式非房地产合作开发。从公共关系公司每年固定支付给浙江省某厅 50 万元之内容来探析，就该约定的性质而言，其实为土地使用权之租赁法律关系，每年支付 50 万元系公共关系公司租赁土地使用权之对价。

同时，根据《承包经营协议》“在承包期内，由乙方全面负责经营管理，其经营管理机构由乙方负责组建”之约定，公共关系公司负责组建经营管理机构，这也是酒店公司成立之客观背景。因而，培训中心与酒店公司系两个主体，培训中心成立于酒店公司之前，系公共关系公司承包经营之客体，而酒店公司系公共关系公司实施承包经营合同义务之管理机构。故基于上述事实，即使1998年10月培训中心成为酒店公司的从属名，但在法律上并不构成两个不同主体合并之法律效果，更遑论财产之混同。

2. 公共关系公司将涉案土地使用权折价入股酒店公司，系无效民事行为。

（1）公共关系公司无土地使用权处置权。1994年10月浙江省某厅出具的《关于全权委托浙江某某公共关系公司经营管理浙江某厅干部培训中心的意见》中提及“同意公共关系公司在全权委托经营管理期间具有资产处置权”。对此，律师认为基于双方的协议约定，土地使用权之外的资金、设施、设备的投入均由乙方负责，因此授予其与之相应的资产处置权符合承包经营管理之合同目的。

但需强调和指出的是，此处的资产处置权仅限于公共关系公司的投入范围，并不包含土地使用权。这不仅仅是由承包经营的合同性质决定的，更是基于划拨土地之法律属性确定的。下文将对划拨土地使用权之法律规定进行详细讨论。

（2）关于划拨土地转让之法律规定和适用。首先，国务院1990年5月19日颁布实施的《城镇国有土地使用权出让和转让暂行条例》第7章对“划拨土地使用权”有专门的规定。其次，1995年1月1日实施的《城市房地产管理法》第2章第2节“土地使用权划拨”对此有专门规定，第 4 章“房地产交易”对于划拨土地使用权的转让亦有明确的规定和要求。简言之，鉴于划拨用地的特殊性，划拨土地使用权的转让须严格按照国务院的规定经有审批权的人民政府批准方可有效，否则无效。

结合本案，涉案土地使用权系划拨方式取得的，取得主体为国家机关，用途为干部培训，因而主体和用途均符合划拨用地的特殊管理规定。涉案土地使用权始终登记在培训中心名下，未发生土地使用权主体变更，亦未见任何批准划拨用地使用权人变更为酒店公司的审批手续，故土地使用权未发生变更。

退一步说，即使浙江省某厅同意公共关系公司对土地享有资产处置权，该行为也属于无效民事行为；而涉案划拨用地使用权被折价入股作为酒店公司之资产，亦因为违反法律法规的强制性效力性规定而属于无效民事行为。

（3）关于土地使用权折价入股的法律规定和适用。1993 年 12 月 29 日颁布的《公司法》第 24 条第 1 款规定：“股东可以用货币出资，也可以用实物、工业产权、非专利技术、土地使用权作价出资。对作为出资的实物、工业产权、非专利技术或者土地使用权，必须进行评估作价，核实财产，不得高估或者低估作价。土地使用权的评估作价，依照法律、行政法规的规定办理。”第 25 条第 1 款规定，股东应当足额缴纳公司章程中规定的各自所认缴的出资额。股东以货币出资的，应当将货币出资足额存入准备设立的有限责任公司在银行开设的临时账户；以实物、工业产权、非专利技术或者土地使用权出资的，应当依法办理其财产权的转移手续。可见，土地使用权作为股东出资，应当依法进行作价评估，并且办理财产转移手续。

根据《杭州某会计师事务所验资报告》附件三验资事项说明中记载，“截至 1999 年 3 月 31 日，A 公司不再持有酒店公司股权；公共关系公司于 1995 年 1 月 28 日委托浙江之江评估公司对‘在建工程’进行评估，并根据浙之评〔95〕第 2 号评估结果，以在建工程 10,557,934.06 元和经双方协商同意土地使用权作价 7,500,000 元，共投入资本 18,057,934.06 元”。根据该验资报告的内容，公共关系公司以土地使用权作价 7,500,000 元入股酒店公司，占股 51%。

必须强调的是，该验资事项说明中指出，“以上评估结果未经浙江省国有资产管理局立项确认”，即对于公共关系公司将土地使用权折价入股作为其向酒店公司的出资行为未获得官方认可：一则资产评估未经行政管理部门认可；二则未办理任何财产转移手续。鉴于以上法律规定和事实情况，笔者认为，公共关系公司将土地使用权折价入股之行为当属无效民事行为。

同理，1999 年 4 月 10 日公布的杭州某度假酒店有限责任公司董事会（股东会）决议中关于“资产评估增资部分，公共关系公司拥有土地使用权（无形资产）壹佰伍拾万元，其余增值部分全部属某知名企业公司”的决议内容无效。从该份决议内容亦可以推导出某知名企业系承认涉案土地使用权并非属于酒店公司所有，而是属于另一股东即公共关系公司所有，并认可其基于此拥有酒店公司 15% 的股权。

在此逻辑和理解背景下，1999 年 7 月作为甲方的某知名企业与作为乙方的公共关系公司共同签署股权转让协议，其中“鉴于对杭州某度假酒店经营实际情况的考虑，双方协商，一致同意：乙方将其在杭州某度假酒店所占的 15% 的投资权益全部转移给甲方。由此财产权益产生的一切权利和义务皆由甲方享有和承担”的约定也因无权处分而同样无效。

综上，笔者认为，某知名企业基于上述董事会（股东会）决议和股权转让协议得出其已经通过受让 15% 股权的方式获得土地使用权之结论，系对《土地管理法》和《公司法》相关规定的曲解。

（4）关于国有资产管理方面的法律规定和适用。1995 年 2 月 15 日国家国有资产管理局和财政部联合颁布实施的《行政事业单位国有资产管理办法》第 27 条第 1 款规定：“行政事业单位处置资产（包括调拨、转让、报损、报废等），应向主管部门或同级财政、国有资产管理部门报告，并履行审批手续，未经批准不得随意处置。”

2009 年 11 月 5 日浙江省人民政府颁布的《浙江省行政事业单位国有资产管理暂行办法》中规定，资产处置应由行政事业单位资产管理部门、财务部门会同相关技术部门审核鉴定，提出处置意见，经主管部门审核后报同级财政部门审批。

结合本案事实，显然无论是浙江省某厅还是公共关系公司，均无权将涉案土地使用权作价入股酒店公司。故而某知名企业使用从公共关系公司受让来的土地使用权作价入股的行为，显然也属无效民事行为。

（四）浙江省某厅、公共关系公司和某知名企业于1998年11月签订的转让协议书之性质分析

该份转让协议书在本案中至关重要，是争议双方之间唯一一份直接发生法律关系的书面证据。从内容来看，该协议在法律上的性质是合同权利义务的合并转让，即原由公共关系公司享有的合同权利和承担的合同义务均概括性地转让给某知名企业。

在该份转让协议书中，三方再次重申了1994年6月浙江省某厅与公共关系公司签订《承包经营协议》和《承包经营补充协议》系各方法律关系和权利义务之根本依据。《承包经营协议》和《承包经营补充协议》中约定了“甲方提供土地使用权”之内容，很显然，土地使用权归属甲方。事实上，其后多年公共关系公司一直秉承该协议约定，在履行上无异议；而某知名企业在受让公共关系公司的股权后也按约定支付了每年50万元的费用。

经过以上法律分析可知，涉案土地使用权系培训中心所有，管理经营权为酒店公司所有。整个纠纷关键的转折点在于酒店公司将培训中心登记为其从属名，而且是通过“合法”的形式呈现的，即被浙江省工商管理行政部门审批核准。但是，这种形式结

果上的合法性并不能掩盖其目的和实现手段的非法性。

义不容辞

案情最终水落石出，原本咄咄逼人的某知名企业在确凿的事实证据面前终于让步。双方后期的谈判秉持客观、公平的准则顺利地达成了一致，一举化解了双方多年的矛盾。

客户在发给浙江省司法厅的感谢信中写道："以实事求是的科学态度、精湛专业的法律技术、无私奉献的执业精神，在某案资产处置过程中发挥了重要作用、做出了积极贡献，协助解决了搁置多年的历史遗留问题，从而确保重大国有资产不流失。"

很多时候，笔者都在想自己能为社会做点什么？作为一名普通的律师，其实很难说有建功立业的机会。想要在每个具体的案件办理过程中去实现社会的公平正义，就更需要秉持高度负责的精神，以精湛的法律专业知识抓住关键问题，厘清法律关系，提出合法、合理的解决方案。在自己的本职岗位上做出应有的努力，这也许就是每一位普通律师可以实现的家国情怀。

办案心法

办理这类历史遗留的纠纷类案件，笔者个人的感受和经验有以下三点。

1．追根溯源。

既然是历史遗留问题，我们在办案时就不能被现状迷住双眼，需要主动地寻找线索，追根溯源，回到问题起点去一探究竟。譬如本案，资产纠纷的源头始于一份联合建造和承包经营的协议。按照某知名企业的说法，既然是联合建造，就具有共同投资的性质。因此，后续资产形成后其便具有相应的资产所有权。这种说法乍听之下没有问题，但是如果我们仔细分析该协议本身，探求当初双方拟定该协议的初衷，就会发现协议中所约定的联合建造只是由承包方出资，当承包经营权期限届满后，资产的所有权仍然归属于甲方。所以说，第一步走对了很关键。

2．观察裂变。

既然双方最初约定的只是承包经营，那么为什么最后会发生资产所有权之争呢？这个过程当中，支撑对方说辞的最大依据在哪里呢？我们认真剖析此案，会发现有两点尤为突出的事实变化。第一个变化是取得承包经营权的公共关系公司将土地使用权作为出资作价入股成立酒店公司。第二个变化是由于土地使用权原始取得以及后续项目建设主体均为甲方下属的培训中心，故涉及权属登记的文件均载明权利人是培训中心。然而，酒店公司在其后的名称变更登记中将培训中心作为其从属名登记入册，所以，在办理案件时，必须对一些反常点高度敏感并且反复推敲。

3．关注特殊性。

本案的特殊性在于资产的特殊性，即双方争议的是国有资产。

那么，国有资产的处置在法律上有何特殊规定也是承办律师的必修课。本案中原承包人公共关系公司所享有的仅仅是国有资产的承包经营权，即使其后期修缮、添附或者重建扩建，也都只是为了更好地实现其承包经营权，并不能改变其国有资产的属性；而其设立酒店公司用来经营国有资产，甚至将土地使用权折价入股作为出资，亦不能改变标的物国有资产的属性。这类标的物的特殊性也是必须纳入法律分析的重点，因为特殊问题有特殊的管理规定，如果忽略了这一点，则将漏解。

第三人撤销之诉

律师手记

这个案件让人印象最深的地方是历经了十二位法官的审判，在是否符合第三人撤销之诉受理条件的环节，经历了一审败诉，二审胜诉。而在进入实体审理阶段，又经历了一审败诉，二审上诉，所以说，每个程序三位法官，四个程序就十二位法官了。最后，实体审理的二审阶段在法官的主持下，进行了调解结案。这个结果也就意味着我们的主张得到了法律的支持。

法律人都知道，第三人撤销之诉，即案外人对法院已经生效的民事判决或者调解，发动了法律效力上的质疑。这在某种程度上，意味着原审法院的生效判决或者调解存在一定的错误。而根据我国《民事诉讼法》的规定，第三人撤销之诉在制度设计上，仍然要求案外人从原审法院开始启动质疑程序。可想而知，让原审法院承认原判的错误，进行自我纠错，这个难度和阻力有多大。

几经周折，通过不懈的努力，本案取得了良好的代理效果。掩卷细思，在“道”的层面这本就是正义之诉，这让代理律师坚定了信心，而在“术”的层面，在诉讼可视化和证人证言的运用上，突破固有模式，取得了很好的效果。

【案情简介】

2016 年年初，委托人布丁酒店股份公司上门称有急事相求，其黄金地段的酒店项目出了意外。

听其道来，案件的原委是：2015 年 2 月 1 日，布丁公司与 B 公司签订《房屋租赁合同》，约定由 B 公司向布丁公司提供位于杭州市西湖区古翠路二幢三至七层的房产用于开设公寓，并对双方权利义务进行详细约定。合同签订后，布丁公司依约交纳了 1 年租金，并入场对房屋进行了装修。然而装修完毕，正欲对外营业之际，却被房东 A 公司停水停电。遂立即与 B 公司联系，对方却已经是失联状态。而与房东 A 公司沟通，又被拒之门外。

没过多久，布丁公司就收到杭州市西湖区人民法院的协助执行通知书，告知其限期腾退。再进一步向法院了解情况后得知，房东 A 公司起诉 B 公司拖欠房租，后两家公司达成调解，B 公司交纳拖欠租金并腾退房屋。然而，对于这一切发生的情况，布丁公司却是毫不知情，甚至还紧锣密鼓地装修准备开业经营。

预交的1年房租和投入的装修，眼看着就血本无归了，无奈之下，求助我们帮忙。

【办案纪实】

审时度势，走华容道

看到这样的案情背景，律师通常判断是租赁合同纠纷，既然一手房屋租赁合同已经解除，则布丁公司完全可以依据转租合同起诉B公司，向其主张返还租金，并且赔偿装修损失和其他损失。然而，一经查询后发现这家B公司早已经是负债累累，不见踪影。所以在这种情况下，即便胜诉，也无法挽回损失。

那么，有什么更好的办法帮助当事人维护自身权益呢？有一个细节引起了律师的注意，就是房东A公司与B公司是以调解方式结案的。

我们知道诉讼案件通常有三种结案方式：第一种是法院判决，法院制作《民事判决书》；第二种是在法院主持下调解，法院制作《民事调解书》；第三种是当事人庭外自行和解，拟定《和解协议书》并提交法院审查备案后撤诉。《民事调解书》和《民事判决书》具有同等的法律效力，可直接申请法院执行。民事调解和民事判决两者最大的区别是对案件事实调查的深度不同。如果是民事判决，法庭需要调查清楚事实，在厘清事实的基础上，进行法律关系的分析，并最终作出裁判；而在民事调解中，通常案件事实的调查不是重点，重点是以双方当事人各自开出的条件进行协商让步，最终达成一致。

笔者在办理本案的时候，虚假诉讼已经开始渐入人们视野，并逐步得到重视，直到2018年10月1日起，最高人民法院和最高人民检察院联合颁布《关于办理虚假诉讼刑事案件适用法律若干问题的解释》开始实施，虚假诉讼被明确列为应当认定为《刑法》第307条之1第1款规定的“妨害司法秩序或者严重侵害他人合法权益”。而关于本案是否构成虚假诉讼在主观恶意和客观事实认定上还存在薄弱之处。但是，A公司和B公司径直通过调解方式，有意回避法院深入调查案件事实，显然是不争的事实。

于是，笔者想到了第三人撤销之诉。《最高人民法院关于适用〈民事诉讼法〉的解释》第292条规定：“第三人对已经发生法律效力的判决、裁定、调解书提起撤销之诉的，应当自知道或者应当知道其民事权益受到损害之日起六个月内，向作出生效判决、裁定、调解书的人民法院提出，并应当提供存在下列情形的证据材料：（一）因不能归责于本人的事由未参加诉讼；（二）发生法律效力的判决、裁定、调解书的全部或者部分内容错误；（三）发生法律效力的判决、裁定、调解书内容错误损害其民事权益。”

显然，第1项“因不能归责于本人的事由未参加诉讼”是符合的，由于A公司和B公司的隐瞒，布丁公司完全不知晓双方诉讼的情况。而第2项“全部或者部分内容错误”也是符合的，布丁公司作为次承租人实际占有使用案涉房屋的事实也被A公司和B公司隐瞒，因此原调解书遗漏了该重要事实。第3项“内容错误损害其民事权益”这点也是符合的，《最高人民法院关于审理城镇房屋租赁合同纠纷案件具体应用法律若干问题的解释》〔1〕第17条规定：“因承租人拖欠租金，出租人请求解除合同时，次承租人请求代承租人支付欠付的租金和违约金以抗辩出租人合同解除权的，人民法院应予支持。但转租合同无效的除外。”因此，布丁公司作为次承租人享有代付租金以获得使用的权利。

2016年4月28日，布丁公司作为原告提起了以A公司和B公司作为共同被告，要求撤销两者之前的生效《民事调解书》的第三人撤销之诉。

意料之外，立案被拒

起诉状正式递交后，开始了一个月的等待，与普通民事案件不同，这毕竟是对法院生效法律文书合法性的挑战，第三人撤销之诉的立案审查期也较之一般程序长。《最高人民法院关于适

〔1〕 2009年6月22日由最高人民法院审判委员会第1469次会议通过，根据2020年12月23日最高人民法院审判委员会第1823次会议通过第一次修正。本处为2009年版条款。

用〈民事诉讼法〉的解释》第293条规定："经审查，符合起诉条件的，人民法院应当在收到起诉状之日起三十日内立案。不符合起诉条件的，应当在收到起诉状之日起三十日内裁定不予受理。"

5月27日，我们终于收到西湖区人民法院的《民事裁定书》，其以不符合第三人撤销之诉的受理条件为由，裁定驳回起诉不予受理。主要基于两点理由：第一个理由是，布丁公司不是A公司和B公司两者签订的租赁合同的当事人。第二个理由是，布丁公司作为次承租人，因A公司和B公司租赁合同解除而导致转租合同无法继续履行所遭受的损失，可以向B公司主张相关权利。

对于第一个理由不足为据，租赁合同次承租人不在租赁合同之列，是题中应有之义，所以才会作为第三人参与诉讼。而第二个理由却比较棘手。因为在大多数的租赁和转租纠纷之中，次承租人的利益都是通过起诉转租人而实现的，为什么本案却要向房东主张，特殊点在哪里，法律依据在哪里，如果不说透的话，难以自圆其说。

如果连立案都无法受理，更别说后面的实体审理了！

然而，由于前期已经充分预估了该类型案件的难度，不予受理的裁定书并没有让我们气馁，反而激起了我们的斗志，经过反复的讨论和研究，我们正式向杭州市中级人民法院提起了上诉。

全力以赴，另辟蹊径

第三人撤销之诉类似再审，原审法院的立场和态度是可想而知的。所以，原本我们对一审就不抱太大希望。但是没有想到的是被拒在立案这道门槛上。案件无法正常立案，就没有办法进入实体审理。所以，我们憋足了一股劲，希望二审能够撤销不予立案的裁定。那么，要怎样才能说服二审法官接受我们的观点呢？

仅有热情干劲是不够的，毕竟这是一场理性的对弈。于是，我们重新排兵布阵。原来立案阶段只是强调要符合第三人撤销之诉的标准，这个标准还只停留在法理层面。而这次我们调转方向，侧重点要放在实质上。虽然，我们在上诉理由中强调，立案审查的标准不应苛求，否则会阻断当事人通过民事程序维护权益的途径。但是，既然我们败就败在应有的“形式审查”被高标准的“实体审查”所替代，那么，我们就必须适应这种高标准。这个“新坐标”一经确定，我们就开始在证据上下功夫。

一审不予受理的裁定主要是基于“是否为利害关系人”“有无损失存在”“损失是否可以另行主张”这三个方面驳回了我们的起诉要求。这就相当于立了三个靶。针对这三个靶，我们需要组织好证据精准攻破。

（一）攻破靶向1：是否为利害关系人

在这个点上我们确实比较被动。首先，第一手的租赁合同约定，未经出租方同意不得转租；其次，二房东Z公司与布丁公司签署的租赁合同上并没有房东签章。所以，从这两份主合同内容的角度而言，似乎转租是无效的。如果真是如此的话，次承租人明明知道转租需要经过房东同意，但仍然接受承租，在这种情况下的转租是不受法律保护的，次承租人对产生的损失须自行承担后果。

在向客户求证这个问题时，客户坦言由于房东是行政机关，所以关于转租的问题持“睁一只眼闭一只眼”的默许态度，所以说才会在转租合同上或者转租同意文件上无法取得房东的签章。一听这情况，我们就放宽了心。因为只要是真的就假不了，只要是房东默许同意的，就一定能够找到蛛丝马迹。

我们立刻请客户将所有的该项目文件都找过来，不管有用没用。客户的工作人员和律师在识别证据的重要性上敏感度是很不一样的。所以，有经验的律师往往都希望自己查看第一手资料。这一次，经过一番查找，我们果然有了新的收获。

比如图8-1，读者可以先思考一下，从哪个方面可以将房东知晓转租的事实给锁定？

杭州市建筑装饰工程许可单

编号：（2015）年杭 西 第001号

建设单位		杭州住友酒店管理有限公司	
工程名称		漫果公寓杭州古翠路项目室内装饰装修工程	
建设地址		古荡桥88号	
装饰建筑面积		1050（平方米）	
合同价格		42.9（万元）	
设计单位		海南泓景建筑设计有限公司	
施工单位		浙江中艺建设有限公司	
监理单位			
开工日期	2015.4.3	竣工日期	2015.7.30
备 注：			

根据《杭州市建筑装修工程管理办法》，经审查，本建筑装饰工程符合施工条件，准予施工。

审核机关：杭州市西湖区住房和城乡建设局（章）
日　　期：　2014.4.3

图 8-1　证明产权单位知晓的证据

我们注意到《杭州市建筑装饰工程许可单》最后一句话："根据《杭州市建筑装修工程管理办法》，经审查，本建筑装饰工程符合施工条件，准予施工。"于是，我们立即翻查《杭州市建筑装修工程管理办法》。该办法第7条规定："申请建筑装饰工程施工许可证，应具备以下条件：（一）有正式设计单位设计并符合国家有关规定和要求的施工图纸；（二）已经确家具备施工资格的建筑装饰施工单位；（三）已经规划、消防及有关部门审核同意；（四）具有房屋产权单位的证明或房屋产权证书；（五）法律、法规、规章规定必须符合的其他条件。”也就是说只要取得施工许可证都应当具备了上述条件，由此可以反证产权单位是知晓的。

另外，我们还从一大堆资料中找到另外一个非常有价值的证据，即房东出具的《关于要求提供房屋装修安全检测报告的函》。这份函虽然致发对象是二房东，但是函中内容明确了对目前新使用人装修行为的担忧，故要求提供安全检测报告。这份证据也是非常有利的，直接承认了房屋有新的使用人的情况。新使用人的存在即证明了有转租事实的存在。

有了这两份重量级证据，我们心里坦然了，第一靶被准确击中。

（二）攻破靶向 2：有无损失存在

这个问题相对简单，酒店刚刚新装修好却被责令扫地出门，最大的损失就是租金和装修损失了。于是，我们按照合同加付款凭证的格式整理好《装修工程施工合同》及支付凭证、《消防工程施工合同》及支付凭证、《拆除工程协议书》及支付凭证、《水电安装设计合同》及支付凭证等大大小小十几份合同，合计所有损失 200 多万元。事实胜于雄辩，相信法庭也绝对无法忽视这实际支出的每一笔钱款。

同时为了能够达到更好的说服效果，我们把装修好的酒店各个重要部位进行了拍摄。酒店的大堂和走廊装修得别具风格、房间的家具都是新的，被褥是整洁漂亮的，还有一些公共设施用品。一张一张现场照片都无一不生动地展示了一个即将开门营业的新酒店被当头一棒地扼杀住。

（三）攻破靶向3：损失是否可以另行主张

这个问题是法院不予立案的一个主要理由。即作为次承租人这些损失完全可以向转租人主张，这也是绝大多数转租赁案件的处理方式，为什么独独本案这么特殊需要通过撤销之诉的形式维护权利？

这其实就隐含了另一个焦点问题，即是否存在房东和转租人之间恶意通谋，损害次承租人合法利益的情况。“恶意通谋”这是主观上的一种判定，对于主观的东西往往都是存在于行为人的意识之中，很难直接用证据进行证明，所以，主观恶意都必须通过客观的一些证据来达到充分证明的目的。而除了证据之外，亦必须有充分的说理，使每个证据的推演过程都是逻辑缜密的。

1．证据可视化的运用。

较之文字，可视化的图表形式更具有直观的效果。所以在这个案件中我们大胆地采用了很多的图示放入法律文书中，其目的就是使复杂的说理变得更简单，让法官能够快速、容易地读懂我们的观点。以下做列举：

比如，为什么本案的调解书会成为房东和转租人之间恶意通谋的工具。利用图示对判决形式和调解形式两种不同的司法程序在事实调查方面、结果方面进行对比，就很容易识破端倪（见表8-1）。

表 8-1　判决与调解比对

比对项	形式	效果
调解	法庭侧重双方合意的达成，不会具体细致审查事实	这种方式可回避存在实际承租人的客观事实
判决	法庭必然调查租赁物实际使用情况	布丁酒店可通过正当程序作为第三人参与诉讼，并行使抗辩权

又如，在说明房东和转租人恶意通谋的目的上，也用了对比图示的方式（见图8-2），这样两者在各种的角度上为实现有利可图达成合意，也一目了然。

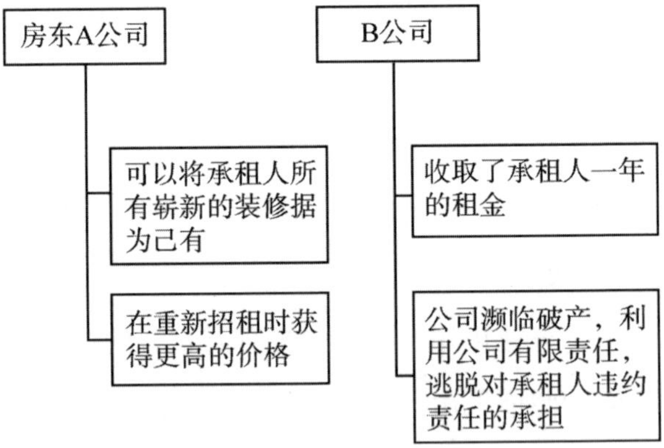

图 8-2　房东与转租人通谋获利

再如，为了证明房东在法律上构成“知道或应当知道”，我们把所有的证据所呈现的事实归纳出要点，并通过证据链图的形式予以展示（见图 8-3）。由于我们只有间接证据，间接证据的单独证明力相对较弱，但是当每个证据集合起来的时候，就能够起到证明事实的作用。

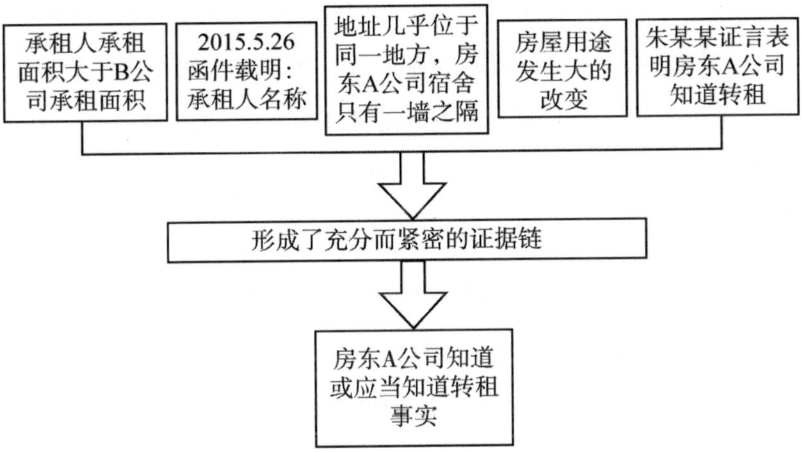

图 8-3　证据链图示

2．还原事实经过的证人证言。

由于书面证据的缺漏，导致客观证据不足，这是我们被动的地方。唯一能够弥补的就是主观证据——证人证言。证人是案件发展的亲历者，也是对事实发展变化最有发言权的参与者，但是，往往由于证人的身份和立场等原因，对此类言词证据的采纳，法院往往采取保守态度。而对于律师来说，更是经常被忽视的一种证据类型。

布丁酒店是在2015年11月6日突然接到房东要求腾退的通知的，在这之前完全不知晓转租人欠租的情况。对于这突如其来的变故，眼看着刚刚完成装修的酒店被停电停水，公司方面是万分着急。于是，公司法定代表人和运营部主管曾经5次主动找房东沟通协商，希望能通过代为缴纳租金的形式保住房屋的使用权。为了证明这个事实过程，我们让公司运营部主管作为证人出庭。

我们要求证人作证要越详细越好，细节之处见魔鬼。越是详细，越具有可信度。证人详细地陈述了5次上门找房东进行沟通协商的具体时间、地点、参与者和沟通的主要内容。尤其是这5次上门面对面沟通的时间恰恰处于房东与转租人在法院进行诉讼调解的阶段。而两者却对已经进入诉讼情况只字不提，这更加不能不让人怀疑两者的恶意通谋。同时，该证人也是这个具体项目的最初洽谈者。所以，证人亦将项目信息的获取、项目谈判过程、项目签约过程以及最终的项目落地装修过程作了有板有眼的事实陈述。

言之凿凿，二审告捷

案件经过这样一番精心的打磨，我们内心充满了希望，毕竟事实胜于雄辩。我们拟定好上诉状申请，并且对上诉证据进行了补充和强化。

1. 原裁定认为上诉人不是调解书涉及的租赁合同当事人，

不符合法律规定的受理条件，系属于理解和适用法律错误。

《民事诉讼法》第56条明确规定，提起第三人之诉的起诉主体系“对当事人双方的诉讼标的，第三人认为有独立请求权的”或“对当事人双方的诉讼标的，第三人虽然没有独立请求权，但案件处理结果同他有法律上的利害关系的”。由此可见，法律并未规定，有权提起第三人之诉的必须为合同当事人，那么自然有权提起第三人撤销之诉的也无须为合同当事人。

按照原裁定观点，如果上诉人必须为合同当事人，那就是共同诉讼而不是第三人之诉。民事诉讼法设置了第三人制度，本就为非合同当事人参与诉讼提供了途径。因而原裁定认为上诉人并非原合同当事人，不符合受理条件，系属于理解和适用法律错误。

2. 原裁定认为无证据证明民事调解书内容存在错误，系原裁定对案件事实理解错误。

首先，调解书未载明合同是否解除以及具体解除理由、时间，存在错误。通常来说，无论是判决书也好，调解书也好，如果涉及合同效力问题，应当单独列项载明，但该调解书从头至尾未见相关阐述，令人生疑。

其次，调解书处理当事人民事权利义务的结果错误。在本案中，法院及二被上诉人均未通知上诉人参加诉讼，导致上诉人失去本可以通过代交租金使租赁合同继续履行的机会。无论是判决还是调解，原裁定法院理应查明是否存在转租及实际使用人的事实。法院在未尽合理审查义务的情况下，便径直审理，形成由B

公司腾退的调解结论，迫使上诉人成为实际的、直接承担腾退义务的主体。

最后，也是最关键的，涉案房屋有转租及实际使用人这么一个重大事实是怎么在这样一个案件中被隐瞒过去的？是二被上诉人串通有意隐瞒还是法院疏于审查？尤其是用调解形式，不同于判决，法院并不会将案件事实的前因后果进行阐述，也不会对相关法律问题进行说理，使事实真相被成功地隐瞒下来。最终，上诉人在未参与案件的情况下成为直接承担腾退义务的主体，系原裁定法院处理当事人权利义务的结果错误。

3. 原裁定法院认为上诉人因转租合同无法履行所遭受的损失可向B公司主张的观点错误。

固然，从法律上来说，上诉人因转租合同无法履行的损失可以向B公司主张。但是，本案最关键的问题在于B公司已濒临破产，无任何财产可供执行，上诉人查询到相关民事裁定书表明，B公司已无可供执行的财产或财产线索，便可佐证。因此即便上诉人向B公司求偿，事实上已不可能得到任何赔偿，只能眼睁睁看着所有的投入付之东流！

对上诉人来说，合同无法履行而向B公司求偿是最万不得已的选择，本案的情况，要想真正挽回损失，唯一的途径是通过继续承租房屋，继续经营，收回前期投入。上诉人本可以通过参与二被上诉人之间的诉讼使合同有机会继续履行，现在面临腾退，其中的损失除了直接经济损失，还有履行利益的损失、期待利益的损失以及订约机会的损失，这些损失只能通过第三人撤销之诉来重新参与二被上诉人之间的诉讼才有可能得到弥补。作为一个理性的民事主体，上诉人有权利选择更可能保障自身利益的途径来主张权利。原裁定法院罔顾案件的客观实际情况，以一条基本不可能真正得到赔偿的途径，就剥夺上诉人事实上唯一能够挽回损失的法律途径，这样的裁定有违正义。

4．立案阶段对于证据的审查，不应过于苛求，否则阻断了上诉人通过民事程序维护权益的途径，有违公平正义。

民事立案阶段的证据审查，毕竟不同于审理阶段对于事实的查明，不能设定过高的证明标准，否则会从实质上剥夺上诉人的诉讼权利，不能以足以满足胜诉的标准作为是否符合起诉条件的标准。现上诉人所提交的证据已充分证明，上诉人所提出第三人撤销之诉，符合立案条件。并且上诉人还于 2016 年 5 月 18 日向西湖区人民法院立案庭提交了《关于请求法院对案件进行立案的补充说明》，其中载明了上诉人可以在审理阶段，通过申请证人出庭，进一步证明 A 公司与 B 公司的相关负责人存在特殊关系。原裁定法院本可以在庭审中对证人充分发问，了解事实的真相，但却不顾上诉人的陈述，径直作出了不予受理的裁定，连通过民事程序维护权益的机会都不给。

5．二被上诉人的虚假诉讼行为十分明显，侵害了上诉人的利益，且存在明显通谋恶意，并以此获利，法院不应剥夺上诉人通过第三人撤销之诉维护自身合法权益的诉讼权利。

第三人撤销之诉的主要立法目的旨在遏制侵害案外人利益的虚假诉讼行为，是对未能获得程序保障参加诉讼的案外人，在判决、裁定、调解书的效力可能影响其权利时提供的一种救济渠道。二被上诉人恶意串通，通过虚假诉讼，明显获利，损害上诉人民事权益的行为非常明显。

首先，二被上诉人在进行诉讼之前，上诉人已经多次与A公司就B公司欠租事宜进行协商，并提出可以由上诉人代B公司向A公司交纳租金以保障转租合同的履行。二被上诉人在明知的情况下，却偷偷通过法院以调解书的形式达成合意，从而达到A公司不花费一分钱，就可以将上诉人花费巨资所形成的装修据为己有的效果。

其次，B公司正因为明知自身的财务状况已入不敷出，不可能再承担得起任何赔偿责任，因此不惜对上诉人违约也要与A公司达成通谋合意。

最后，在虚假诉讼的作用下，上诉人不仅租赁房屋不能再使用，投入的装潢装修、设施设备费用也付诸东流，且事实上很难得到B公司的赔偿，遭受了巨大的损失！

综上所述，两被上诉人通过调解书形式进行虚假诉讼的合谋动机和利益关系都非常明显。退一步说即使上诉人对此存有误解，那么上诉人所求的也只是能有一个机会，将所有的事实摊在阳光下接受公平、公正的司法审判程序。上诉人恳请二审法院能够秉公办理，还法律以公开、公平、公正之义！

2016年8月5日，二审法院撤销了一审裁定，指定一审法院立案审理。一审法院立案后，对案件进行了实体审理。进入实体审理后，经过不懈努力，我们终于在二审阶段与房东签署了调解协议。案涉房产直接由布丁公司租赁使用，从效果上来说，我们赢了！

办案心法

这个案件最大的办理心得是“间接证据”的运用。在打官司时，谁都想要有压倒性的证据，毋庸置疑，有这样的证据就不必费口舌。但是，往往案件的难度在于本身的证据基础薄弱，也就是能找寻到的证据都不是能一锤定音的。这就使发动诉讼一方难以说服法官支持其诉讼请求。而本案本身就是第三人撤销之诉，是对原有生效判决或调解的合法性挑战，这意味着原审法院判决或调解存在错误，所以难度系数更是几何倍增。

那么，如何在缺乏直接证据的情况下对间接证据进行有效的整理，使间接证据能够形成证据链，从而锁定案件事实？本案有两点启示。

（一）证人证言的运用

很多律师都存在认识的误区，觉得证人证言是最没有证明力的，因为证人可能会受到不公正的影响，从而无法保证证言的客观性和可信度。但事实上，切勿小看证人证言的威力。尤其当法官内心心证相信证人是可信时，那么证人证言的效果因为是亲历者的口述而更具有说服力。

那么如何让证人证言具有较高可信度呢？笔者认为有两点注意事项：首先，证人必须尽可能地详述整个经过，关键是各种细节。因为细节是很难编造的，如果细节听起来都是合理的，则主要内容的真实性就有了保障。其次，一定要对证人进行指导。这种指导不是教证人掩饰事实，而是告诉证人法庭希望能够查实的事实是哪些，免得证人漫无边际的陈述，反而起到鱼目混珠的反作用。

（二）证据可视化的运用

本案是笔者第一次大幅度地在法律文书中使用图表的形式，这是一种尝试，也是一种突破。显然效果非常明显，能够有效地弥补间接证据的分散性。不过在使用该方法时仍然需要谨慎，毕竟法律文书是一类较为严肃的文书类型，在图表呈现的同时，仍然需要解决其内在逻辑的同一性问题，这是核心的问题。否则，就极易陷入形式主义的陷阱，导致华而不实。

第二部分

非诉讼项目办理经验心法

在有了诉讼办理经验之后，办理非诉讼项目，就像安装了一台扫雷仪，你会清晰地明白哪些地方是重点，哪些是危险之处。所以说诉讼案件的办理经验，对于承办非诉讼案件是大有裨益的。

但仅仅这些还不够，非诉案件的特点是没有对抗方，没有争议的焦点，也不像诉讼案件那样受到诉讼法程序和时间的规制，无章可循。而正是如此，这对律师的办理能力提出了更高的要求。

因为没有所谓的胜诉和败诉结局，所以非诉讼案件办理是否成功很难有一个定然的标准。因而从一个非诉讼问题的提出到解决，可以选择的路径或者答案会有很多种。摆在非诉律师面前的首要问题是选择最佳路径和答案。那么怎么选?

本篇笔者选取了不同类别的7个非诉讼项目试图从各个角度进行全维度展示，也许会对读者有所启发。最后一篇“非诉讼项目之道”则更侧重方法论。很多时候方法比努力更重要，用对方法，事半功倍。

光荣而艰巨，助力杭州亚运梦

2017 年，我非常幸运地从杭州市 7000 多名律师中脱颖而出，成为杭州市 2022 年第 19 届亚组委 20 名法律顾问团中光荣的一员。令我印象深刻的是，杭州亚组委一改开会宣读的惯例，而是到每一个法律顾问所在律师事务所送聘书听取建议。

2018 年，我又有幸参加了杭州亚运村建设项目的全程法律服务。我们团队单单 2018 年的工作时间就有 1000 多个小时，而我本人直接参与的工作累计有 400 多个小时，折算到工作日，几乎是每天平均 2 小时在为亚运村的建设项目提供法律服务。这个工作量是非常巨大的，因为我们平均一年会为 50 个左右的项目同时提供服务。工作节奏最紧张的日子，经常熬夜。

每当我开车驶过亚运村建设工地，看着原来杂草丛生的一片荒芜，一点一点地在改变，开始有了建筑工人的身影，有了建筑物的雏形，开始变成了紧张繁忙的建设工地，新楼慢慢地拔地而起，所有的辛劳皆因收获而消散。

2023 年 9 月 23 日，亚运会开幕式惊艳亮相，这里成为世界瞩目的焦点。

杭州开启亚运时代，亚运村建设举足轻重

亚运会是亚洲运动会的简称，是亚洲地区的综合性运动竞赛会，也是亚洲体坛最大的盛会。每四年一届，从 1951 年至今已成功举办 18 届。1990 年北京举办了第 11 届亚运会，2010 年广州举办了第 16 届亚运会。

杭州有着 2200 多年历史，是中国七大古都之一，东南形胜，三吴都会，钱塘自古繁华，是浙江省的省会和经济、文化、科教中心。2015 年 9 月，杭州成功申办 2022 年第 19 届亚运会，成为继北京、广州之后，我国又一个举办大型国际综合性运动赛事的城市。

杭州 2022 年的亚运会也是继 2016 年 G20 国际峰会之后，又一项国家交付给杭州的重大使命。杭州围绕亚运会这项重大工程，紧锣密鼓开展各项工作，其中亚运村的规划建设是 2022 年杭州亚运会筹备工作的主要内容之一。在建设世界名城、推进城市国际化和“拥江发展”的时代背景下，亚运村的建设必将进一步提高杭州的国际化水平，加快“拥江发展”进程，推动杭州钱江世纪新城从传统的中央商务区向功能更加复合、更具有活力的中央活动区转型，并助力中国在新型城镇化背景下规划建设模式的升级。

前期，亚运村区块经过概念规划、专题研究、城市设计方案国际征集、世纪城北单元控规局部调整等工作，明确将亚运村区块定位为融合杭州山水景观特色、展现杭州独特韵味的国际化绿色发展标杆区、信息智能技术系统集成的样板区、深化美丽杭州战略的实践区、东方品质生活的人居体验区。根据建设时序安排，在 2022 年亚运会举办前重点建设完成亚运村核心区块（包括运动员村、媒体村、技术官员村、国际区和公共区）约 1.1 平方千米的规划建设。

基于以上背景，为确保赛时使用功能，充分提高建设水平，秉持公开、公正、公平的原则，2018 年年初杭州市亚运村建设指挥部决定公开征集开发建设单位。

毅然接受任务，庄重做出承诺

2018 年 1 月 30 早上 10 点，我们按照杭州市政府法制办前一天晚上电话通知要求，紧急前往坐落于钱江新城的杭州市钱江新城投资集团有限公司（以下简称钱投集团）会议室开会。记得我在接到律师事务所首席合伙人电话通知后，询问是什么事情，需要提前做何准备，胡祥甫律师说他也是刚刚接到通知说是亚运村建设项目，具体要做什么得明天开会时方见分晓。所以在没有任何准备的情况下，会前心里不免有些忐忑。所幸，钱投集团朱董事长携公司党委副书记、企业管理部和法务部负责人，还有两位亚运村公司筹建处负责人非常热情地接待了我们。

彼此落座后，钱投集团首先向我们介绍了杭州亚运村建设项目前期的开展情况。2017 年 12 月杭州市人民政府成立了杭州亚运村指挥部，由副市长担任总指挥，16 位相关职能部门负责人担任成员，全面负责推进杭州亚运村建设项目的开展。而杭州市亚运村建设指挥部办公室就设在钱投集团负责开展具体工作。目前亚运村区块经过概念规划、城市设计方案等前期程序，正在报审项目用地阶段。接着，钱投集团又分别详细地介绍了运动员村、技术官员村和媒体村三村的具体设想和要求。最后，作为亚运村指挥部副总指挥的朱董事长对法律服务提出了几点殷切要求，强调必须以超常规的速度和态度，确保杭州市亚运会的胜利召开。

原来是如此光荣艰巨的任务！我按捺不住内心的激动和紧张。胡祥甫律师听罢当即做出 3 个庄重的承诺：承诺由其带队组建最优秀的律师团队专项服务；承诺指派律师专员现场驻点提供实时法律服务；承诺为满足指挥部快速决策之需，律师对所有法律问题均现场表态。

号角吹响，全力以赴把好第一关

初次碰头会议结束回到律所后，胡祥甫律师立即对亚运村法律服务团队的律师人选做了具体部署，组建了由其领衔的 10 人战队。大家简单地商量了一下工作分工和安排，立马全力投入到工作当中。

（一）准备征集公告的发布

在此之前杭州市亚运村建设指挥部的会议已经召开了 6 次，我们需要做的第一件事情就是尽快熟悉前期情况，并在 2 天后参加指挥部办公室召开的第 1 次杭州亚运村招标及方案征集公告讨论会。只有 2 天时间，不仅仅要把此前讨论的方案全部吃透，更关键的是要提出合理、切实可行的法律意见。这是项目最难的地方，由于亚运村建设周期吃紧，很多事情必须抢在前面完成以留足解决不可预测问题的时间，方能保证赛事如期举行。所以律师不是只提问题而不给解决建议。而怎么样在确保实体合法及程序到位之前提下，给出法律上的建议并非易事。

2018 年 2 月 3 日，律师参与的第 1 次工作会议由朱董事长主持，会议就三个不同项目的应征条件、程序与流程、建筑方案的技术条件等问题进行了深入的讨论。我们的任务是对每个讨论的问题当场发表法律意见。不出所料，各条线的工作负责人均提出了各种各样的问题和咨询。由于项目的特殊性，我们以往在项目前期招投标阶段提供法律服务的技能和经验并不能完全适用。会议结束后，我立马去了一趟新华书店，购买了基本建设项目前期相关的工程类书籍，我需要将已有的法律知识嵌套到建设项目前期的“前期”。其后的几天，团队律师分工合作，对指挥部提出的各个问题进行了新一轮的深入研讨。

2018 年 2 月 7 日，在大家共同的努力下，杭州市亚运村指挥部正式对外公布了 3 份 2022 年第 19 届亚运会亚运村建设单位征集公告。

（二）准备《建筑方案设计征集文件》的发布

征集公告的发布仅仅是第一步。从此刻开始我们将接受来自全国应征单位的报名和咨询，而在 7 天后根据报名审定资格后，将向符合应征条件的应征单位公布《建筑方案设计征集文件》。《建筑方案设计征集文件》才是征集程序的核心部分，如何能够把我们对建设项目设想的要求和对赛事运营的相关要求，以及赛后建设项目的后续开发利用要求都表述准确无疏漏，这对我们无疑是巨大的挑战。亚运村建设指挥部给了我们一份初稿，这是业务线的工作人员制作的。律师需要在这个基础上进行完善。完善的内容不仅仅是将指挥部和亚组委分别提出的各项要求通过文字全部落地，还必须事先设想可能会遇到的问题，并加以补充完善。

团队小伙伴几乎是通宵达旦地一条一条进行反复讨论。我们对主要的法律问题进行了一一梳理和分析。

1．贯彻“公开、公平、公正”三公原则。

征集程序和内容在每一个流程和每一细节处均要保证禁得起外界的质疑。而对可能产生疑虑之处，要提前做好解释和说明的工作。而当有质疑时要能够在第一时间内予以解答和反馈，以取信于公众。比如本次应征设定了报名资格条件即“2017 中国房地产百强企业”或“2017中国房地产企业500强”前30位，这种条件的限制是否与现行的法律法规相冲突？诸如此类的问题必须绝对保证在法律上不可撼动，而相关的解答文字都必须由律师团队事先做好准备。

2．确保报名人数和质量的均衡。

运动员村、官员村和媒体村三个建设项目不能兼项，而应征单位为了能够提高应征成功概率，往往会选择三个项目都报名，那么出现这种情况的时候，如何进行二次筛选？是选用自然淘汰规则，让报名单位自愿选择；还是选用种子选手＋抽签规则，使每个项目的应征单位人数，尤其是实力上相对均衡，避免冲突的情况出现。因为这个项目的重要性不言而喻，因此对应征单位的建设水平和管理能力必须是优中选优。

3．制作《承诺函》兜底。

考虑到征集文件虽然经过反反复复的讨论完成，但毕竟这是杭州市第一次举办如此规模的重大体育赛事，亚运村指挥部的工作人员虽然历经百战，参与过杭州市很多重点重大建设项目，均是从各条线挑选出来的佼佼者，但是对于满足赛事服务的建设项目也是头一回，所以难免会出现遗漏的情况，因此，咨询我们是否有合适的方法解决这个后顾之忧。团队律师经过研究讨论建议采用《承诺函》的形式进行兜底。

2018年2月11日，我们开始着手与指挥部工作人员讨论并逐条拟定《承诺函》，主要内容包括：

（1）最终解释权条款。亚运村建设指挥部对征集公告及征集文件等享有最终解释权，目的是避免因为文字表达的局限性或理解的差异性导致分歧而影响建设项目进度。

（2）母公司担保条款。符合应征条件的“2017 中国房地产百强企业”或“2017 中国房地产企业 500 强”前 30 位企业中有很大一部分是在海外设立的控股公司，实际如果中选参建则均将设立项目公司。因此，为了保证履约能力，必须由母公司对项目公司进行担保，并将保证期限由“赛时服务结束时”，延长至赛时服务后 30 日。

（3）报名规则条款。为了确保每个村的建设质量，保证应征建设单位的能力均衡，最终确定了应征单位必须从三个建设项目中择一应征的规则。同时，为了防止出现报名冲突，又设定了在报名公布后，应征单位可有二次调整的权利。

（4）运营可能产生的费用。应征单位承诺负责亚运会赛时的运营管理并承担相关费用。赛事的运营情况难以预测，比如需要增加临时建筑而产生费用，需要增强临时保障措施而产生费用等，将此类费用统统归入运营风险费用范围，以确保未来履行的顺畅。

4．确保评审方式的科学性。

内部操作规则要规范。此前征集公告给出了建筑设计、运营管理及商务地价三个方面的得分权重，并没有对每个单项具体如何评分作出细化的规则。因此征集文件必须体现出这些要求和内容，方可使应征单位在做相应响应文件的时候避免走错方向而错失良机。

5. 回应关切，体现时代特征与杭州韵味。

杭州亚运会是世界瞩目的赛事，更是杭州人心中的头等大事，所以，很多热心的杭州市民、专业人士及有识之士都纷纷献计献策。比如亚运会要办成展现新技术的舞台，促进新技术应用的推广和应用，可体现为无人驾驶的公交环线，太阳能、风能的应用；比如亚运会要体现绿色环保主义，将建筑垃圾变废为宝，可以将建筑垃圾通过加工处理变成铺地的地砖；比如注重建筑的健康安全保障，避免空调系统传播疾病，进风的过滤装置要设置报警装置；再如营造体育文化，传递亚运精神，可设置游览冠军跑过的跑道等区域。诸如此类，有很多好的构想和建议。因此，如何在设计中充分回应民众的关切，也是非常重要的内容。为此，我们将这部分的要求糅合到《2022 年第 19 届杭州亚运会亚运村亚运功能要求》《2022 年第 19 届亚运会绿色健康建筑设计导则》《2022 年第 19 届亚运会智能建筑设计导则》的相关规定中。

（三）第一仗顺利收官

2018 年 2 月 14 日，我记得非常清楚，那是 2018 年的春节假期前的最后一个工作日。从征集公告发布到这一天的 7 天时间里，团队的律师们每一天都在紧张地工作着，而那天是向所有应征单位揭晓“试卷”的日子，也是检验我们前期工作成果的重要日子。律师团队除了对所有法律问题进行论证之外，还协助指挥部精心安排了这一天的所有流程，并反复模拟以求万全。我们在现场安排了摄像对全过程进行录制，并建议采纳公证处现场公证的方式对全程进行监督。工作人员收集核对所有报名资料，安排保管和发放报名人员的手机等通信设备，宣读征集纪律，监督应征单位填写保密承诺函，发放应征文件，整个过程有条不紊地进行着。律师团队中的史源律师因为老家离杭州比较近，所以专门留下来参与全过程，以便能够实时提供法律服务。他在全部应征单位顺利完成当天的流程后，还继续留下来与指挥部工作人员一同工作到深夜。第二天，也即是 2018 年的春节，史源律师胜利完成工作任务驱车赶回老家过年。他给我们发来捷报，团队的每一位律师都感觉到非常开心，长长地舒了一口气。

新春伊始，重新上路披荆斩棘

短暂的春节假期结束后，我们马上投入到紧张的工作之中。

春节前，应征单位的报名资料已经全部提交，所以我们需要进行核对，核对每一个细节是否存在问题。而根据应征程序的安排，后续还有赛事运营管理的应征文件以及土地商务标招标文件需要起草和发布，另外建筑设计方案征集第一次答疑会也将在 2 周后举行，评审会也将在 2 个月后举办，很多准备工作需要落实。因此，根据工作内容和进程，此时我们兵分三路，律师团队分成

3个工作组，分别负责不同的工作内容。

（一）报名资料的核对和补充

该部分工作的主要内容是核对应征单位提交的资料是否符合要求。团队王耀军律师在指挥部办公室现场整整核对了一天。首先，审核授权文件的合法性。根据征集规则，母公司仅能授权旗下一家子公司报名。国内很多知名房地产开发商均在海外设立控股公司，因此授权国内企业进行应征报名，授权文件是否有效就成为首要问题。海外公司的对外意思表示的程序和要求与中国的公司法并不一致，往往只要有权董事签字即可，亦没有中国的单位印章之说。所以，我们对报名资料中的每一页均作了仔细的审阅，并紧急求援律所涉外法律团队的专业律师对于相关问题给出权威的解答。对不符合条件的文件分别与应征单位进行联系，要求补正。其次，审核有关报名资料中的签字是否为有效签字，哪些文件上必须是法定代表人签字，哪些文件上允许是授权代表签字均需严格核对。尤其是最为重要的《承诺函》和《担保函》绝不能有丝毫差池。最后，核对保证金的缴纳是否及时、足额。我们就遇到一家应征单位没有及时足额缴纳保证金而放弃应征并请求退回保证金的情况。

（二）准备赛事运营管理的应征文件

赛事运营管理的应征文件的技术难度在于缺乏实际经验，无论是对亚运村建设指挥部而言，还是对杭州市亚组委而言，更勿论是建设单位了。虽然亚洲奥林匹克理事会提供了全套完整的举办亚运会的指引和标准，但再细的文件也毕竟是纸上谈兵，要落地到实际操作层面还是有一段盲区的，而经验是最好的扫盲工具。亚运村建设指挥部和杭州亚组委此前曾到有举办经验的北京市和广州市进行实地调研和考察。北京亚运会举办时隔太久，不具有参考意义。而广州亚运村的建设系完全由政府指令国有企业全包的模式，完全不同于杭州现在采用的以建设单位控股为主的模式。在赛事运营期，自上而下调度模式显然要比现在通过合同关系进行制约的调度模式更强有力。

正是因为如此，才更需要在运营管理的征集文件上予以充分的设计和安排。所以，律师团队将起草的重点放在不可预计费用（主要是临时建筑和临时举措等产生的费用）的承担，以及赛事期间管理命令的全面、及时响应上。承诺以后的费用都由应征单位承担。

（三）准备土地商务标招标文件

这个环节相对有章可循，国有建设用地使用权招投标的流程已经比较成熟和规范。律师团队的工作内容主要还是以程序性的规范为审核要点。另外，考虑到亚运村建设项目体量大，资金总量要求巨大，且不允许联合体投标，对开发单位资金压力非常高。此外，本次亚运村要求精装交付，并有较高的绿色智能建筑要求。

所以在确定亚运村土地出让招标价格方面以及评标方式上必须综合考虑以上因素，以确保遴选出最优的开发建设单位。

（四）准备评审工作

根据总体安排，随着征集工作发布公告揭幕，先行开展建筑设计方案征集，由应征单位自行选择设计单位开展设计工作。后陆续发布赛时运营管理方案征集文件和土地招标出让公告。由应征单位根据公告要求提交赛时运营管理方案和土地商务报价方案。评审组根据建筑设计方案、赛时运营管理方案和土地商务报价开展综合评标，确定中标单位。律师团队的工作围绕评估评审组成员的专业资质、人数以及整个评审流程，确保公平合理，以充分反映本次征选的目的和要求。

首先，评审委员会在充分论证的基础上，按照评分表及名次得分表要求，对各方案进行评分，在填写评分表后提交，工作组在核实评分表有效性后进行封存。其次，评审结束后在杭州市亚运村建设指挥部现场启封。核定组对各村建筑设计方案及技术官员村、运动员村运营管理方案，媒体村建设管理及项目实施方案的各评审委员会的评分表进行开启和统计。再次，对每一个评审方案的专家分值采用去掉一个最高分，去掉一个最低分，以平均分排序确定名次，再按名次确定各应征单位在各项评审中的最终分值。最后，核定组将各村应征单位建筑设计方案、运营管理方案、商务标评审得分相加，得出最终综合得分，按得分排出名次，并将结果提交杭州市亚运村建设指挥部。亚运村建设项目综合评审工作应体现高要求和严肃性，尽可能规范，由亚组委、钱投集团和钱江世纪城纪委各派一人组成监督组对分时段评审、现场启封统计及最终综合得分排名等全过程进行实时监督。

攻克最难环节，谈判签署正式协议

经过半年多的工作和努力，终于完成了整个征选过程。不过，这只是万里长征走完的第一步，只有待 4 年后的杭州亚运会如期召开，完美地展现杭州风采，才是最终的胜利，这中间还有很多路要走。接下来我们迎来了最难的一个环节，即如何签署好有关开发建设和运营管理的重大合同。

运动员村和技术官员村采取开发经营模式，即由中标单位持股 80% 与杭州市亚运村建设有限公司持股 20% 组建项目公司联合开发，由项目公司作为最终落实开发建设的主体，因此有关项目公司的组建协议和项目公司的章程显得格外重要。有关出资方式、融资方式、公司表决机制、公司管理团队、公司财务管理制度等内容成为合作双方最为关心的条款。这部分法律服务工作由罗弘韬律师团队负责。

而笔者与史源、王耀军、金琪琪、高映南、金敏等五位律师负责媒体村代建合同的协议起草和签订工作。代建开发，系在总承包和代建管理之间“舞蹈”，因为这既不同于总承包也不同于传统的代建管理，所以在合同内容的设置和安排上非常需要大胆创新及小心谨慎。2018 年 5 月开始进入协议的拟写阶段，设定好框架协议的构架，开始谈判历时半年时间总共经历了 17 次的来回谈判。笔者代建开发协议制作的核心条款和技术要点予以整理归纳（见表 9-1）。

表 9-1　核心条款技术要点分解

核心条款	法律关注点及办理技术要点
一、法律适用准据	《政府采购法》《政府采购货物和服务招标投标管理办法》《招标投标法》《招标投标法实施条例》《浙江省政府投资项目管理办法》《浙江省政府投资项目实施代建制暂行规定》《杭州市政府投资基本建设项目代建管理费标准》
二、代建管理工作范围和内容	是否有遗漏；与分项合同的衔接问题；如何进行兜底，比如约定本合同隐含的应由代建人负责的其他工作以及经协商一致由建设主体单位临时委托的其他工作
三、建设开发运营主要日期要求	各个重大时间节点的合理设置；相应违约责任的设置；违约责任设置的目的仍然是保证合同履行防止合同解除极端情况的出现
四、代建管理目标及工程质量标准	如何把指挥部征集文件的要求，及应征单位应征文集的承诺全部囊括；在各个施工工序和阶段进行实时的质量把控
五、合同体系组成和法律效力	保证合同体系完整，内在逻辑统一；对合同优先解释顺序进行科学设置
六、合同价格、造价体系及结算体系	是否符合规范性文件要求；价格变动的风险范围；跟踪审计、专项审计及政府审计的接入；价格争议的评定条款
七、赛事运营及移交	亚组委关于运营的要求；要把赛事运营不可预见的情况发生时处理规则做出明确约定

续表

核心条款	法律关注点及办理技术要点
八、法律条款	充分考虑本项目的特殊性，对特殊背景和情况做出提前的约定，满足本项目特定要求；符合浙江省关于代建项目的规定并能与其他专业单位的合同相衔接

雄关漫道真如铁，而今迈步从头越

2023 年 9 月 16 日，杭州亚运村迎来了重要时刻——开村仪式的举行。这座亚运村不仅仅是传统体育场馆的集合，更是一座兼具国际标准和现代化社区需求的综合性建筑群。杭州市司法局和杭州市律师协会领导勉励所有为亚运会服务的律师：要做到“四个要有”，即要有服务大局的政治责任、要有优质高效的专业水准、要有遵规守纪的职业道德、要有高度自觉的保密意识；要运用法律特长，积极参与亚运筹办；要准确把握“中国新时代·杭州新亚运”的定位，共同为举办一场具有“中国风范、浙江特色、杭州韵味、共建共享”的亚运盛会不懈奋斗。我想我们做到了，我想我们一直在路上！

五次深入调研，挑战建设工程领域地方立法

——杭州建设工程质量安全监督管理立法研究纪实

建设工程质量安全不仅关乎人们的生命财产安全，更关系社会的和谐安定。在建设工程质量安全管理中，政府监督是一个重要的环节。杭州市人民政府曾出台《杭州市建设工程质量监督管理办法》，从监督管理部门的角度对监督范围、流程等进行了细化规定。但由于客观条件变化，该规章与上位法冲突且与实践不相适应，从而被废止。因此，在杭州市地方立法层面，缺乏有关建设工程质量监督管理的具体性规定，一线执法存在困难。

在此背景下，笔者带领陈党、廖志松、李阳、马煜琴、冯媛园、王耀军、张亦晨等律师组成法律服务团队，接受杭州市城乡建设委员会的委托，就杭州市建设工程质量安全监督管理立法工作展开了专项课题研究。本次立法研究从接受委托到结题仅历时三月

有余，在跨专业、时间紧迫、调研压力大的情况下，团队成员分工协作、共克难关，最终形成2万余字的立法草案及说明、近7万字的课题研究报告、近700页的立法参考资料汇编以及10万余字的案例汇编，获得了委托方的一致好评。

背景：立法缺位　执法困境

建设工程质量安全问题贯穿整个工程建设的过程，涉及不同的工作环节，牵涉多方利益。我国建设工程质量安全监督管理已从最开始的施工单位自查阶段，转变为现在的质量监督执法阶段。

有关建设工程质量安全监督管理方面的法律规定，上位法层面主要是国务院《建设工程质量管理条例》（2019年修正）、《浙江省建设工程质量管理条例》（2017年修正）、住房和城乡建设部《房屋建筑和市政基础设施工程质量监督管理规定》（2010年制定）、浙江省住房和城乡建设厅《浙江省房屋建筑和市政基础设施工程质量监督管理办法》（2011年制定）等。虽然国家、省级层面已有相关立法，但规定较为笼统、宽泛，无法应对具体实际问题，而在地方立法层面，杭州市人民政府曾出台的《杭州市建设工程质量监督管理办法》也已被废止。因此，在建设工程质量安全监督管理方面，目前仅有宽泛、抽象的上位法，缺乏具体、可操作且与实际相适应的地方立法，尤其是规范监督管理行为的立法。地方立法的缺位，使实践中好的经验和做法无法上升为法律规定，也导致一些疑难问题处理起来没有法律依据。

地方立法的缺位直接导致了一线执法困境，实务中的问题和矛盾也因此而凸显。例如：监督机构的法律地位问题、监督机构的职责权限界定问题、审批流程简化与监管程序冲突的问题、监督管理工作的起止点界定问题、监督档案是否属于政府信息公开范畴的问题、监督人员尽职履责问题等。

如何通过立法手段在解决具体问题的同时平衡好发展与改革的关系、政府与市场的关系、权力与权利的关系、惩罚与引导的关系，促进杭州市建设领域健康有序地发展，具有重要的研究意义。本次立法课题的主要研究目的包括：

（1）解决地方立法缺失问题，弥补立法空白；

（2）解决监督执法实操问题，为执法实践提供规范性指引，从而实现上位法与下位法的衔接；

（3）解决执法实践困境，提出解决方案，尽可能在立法层面予以体现；

（4）避免执法风险，明确执法人员尽职履责的界限。

挑战：跨行业立法　时间紧迫

刚接受委托之时，团队成员对本项目颇有信心。一则笔者作为本团队负责人执业近二十年，在建筑房地产、行政法领域均有丰富的法律实践经验，且本团队核心技术专家陈党律师为研究行政法的教授，能为本项目的顺利进行保驾护航；二则团队成员专业能力强，协同配合度高，具有丰富的办案经验；三则团队成员曾有过类似的项目经验。然而，在本项目实施过程中，团队发现想要完成本项目并非易事，这个项目对所有成员都是一个新挑战。

（一）跨行业立法

跨行业立法是本项目中最大的挑战，本次项目的核心是“建设工程质量安全监督管理立法”，而规范监督行为的前提是对“建设工程质量安全”有充分的了解。团队成员必须了解建设工程领域专业知识，熟知一线执法流程。因此，仅具备专业立法技术是远远不够的，在不熟知专业领域知识的情况下仓促立法，只会适得其反，无法达到此次立法研究的目的。

团队虽在建筑房地产和行政法领域均有较为丰富的办案经验，但对监督流程以及一线执法的实际需求并不了解，故而需要在这方面狠下功夫，做大量的前期准备工作。为此，团队也将本次立法项目的工作重点分为两大块：一是前期研究，补齐知识短板；二是加强实地调研，掌握一线执法难点。

（二）时间紧迫

因跨行业立法，团队需要花大量时间补齐知识短板，做充分的前期研究，同时还要加强实地调研工作。然而，委托方给本项目的研究时间仅有一个月，至多不超过四个月。由于实地调研的不确定性，后期还需根据调研情况不断调整项目计划，所以时间安排上极为紧迫。

为了本项目的顺利进行，团队成员不惜工作投入，保证本项目调研、讨论、成稿的时间。为此，团队成员也更加重视分工协作，注重发挥成员各自的优势，避免重复性工作，以提高效率。

实施：制订计划　分工合作

谋定而后动，由于此次项目实施难度较大，必须要有妥善的计划，确保项目有序进行。团队召开内部会议，制订项目计划和具体实施方案，确定时间节点。本项目研究主要分为六个阶段，分别为准备阶段、前期研究阶段、实地调研阶段、研究讨论阶段、成果撰写阶段、结题验收阶段。

“众人拾柴火焰高”，良好的分工是成功的一半。在团队内部分工上，团队将可分割的工作分为较为独立的区块，各成员分别认领一个区块，实行“一人总负责，多人协助”的分工方法。

对于需要团队集体参与调研、讨论的场合和环节，每个团队成员都尽量协调自己的工作时间以本次工作为重。全员参与的内部集体讨论共四次，其他分工作区块的专题讨论十多次。由于文稿是分区块独立完成的，所以只有充分讨论才能保障工作质量的统一。团队成员不惜时间成本，每个工作区块的研究成果均几易其稿。在完成初稿后再次逐一讨论具体技术细节，反复推敲，日臻完善。

研究：立法现状分析　实务判例评析

就本立法项目而言，除建设工程专业知识的补足之外，研究团队前期的研究工作主要是围绕立法现状分析和实务判例总结展开的。

（一）立法现状分析

研究团队拟定从纵向和横向两条线进行国内建设工程质量安全监督管理立法情况的整体分析和解读。纵向线主要包括对法律、行政法规、部门规章、浙江省地方性法规及浙江省政府规章等进行分析；横向线主要包括对可借鉴的其他地区相关地方立法如地方性法规、地方政府规章以及可参考的规范性文件等进行分析。该部分的研究重点在于提炼和归纳纵向线和横向线立法的内在逻辑，以及其他地方立法对杭州市建设工程质量安全监督管理方面的立法可供参考借鉴的点。

1. 纵向立法分析。

地方立法要注意与上位法的一致性，不得突破上位法，故掌握上位法的规定及其内在逻辑尤为重要。研究团队由浅入深，从以下三个层面对纵向立法进行剖析，并用图示的方式形象地展示相关立法的内容及结构。

（1）质量、安全及文明施工监督立法现状分析。建设工程质量安全监督可分为三个维度：质量监督、安全监督及文明施工监督。团队首先围绕这三个维度进行了立法现状分析。经分析得出，在国家和浙江省层面，“质量监督”和“安全监督”两个方面的立法均齐备，但却没有针对“文明施工监督的”单独立法。在“质量安全监督”方面，住房和城乡建设部的部门规章和浙江省政府规章均作出了规定。在杭州市立法层面，只有关于“安全监督”的地方立法，没有关于“质量监督”的地方立法，“文明施工监督”属于政府规章的规制范畴，正在实施中。被废止的《杭州市建设工程质量监督管理办法》系政府规章，目前尚无单独的建设工程质量安全监督管理办法。

（2）质量、安全监督的管理规定。鉴于本项目的研究重点是“如何进行监督管理工作”，项目组又针对质量、安全监督管理方面的规定进行了深入分析。经分析得出，住房和城乡建设部分别从质量和安全两个维度入手，制定了不同的部门规章，浙江省住房和城乡建设厅也沿袭这样的逻辑，分别从质量和安全两个维度进行了规制。但我们注意到，在设区的市级层面，质量和安全则大多放在同一文件中进行规定。

至此，团队需解决两个问题：第一，立法的层级问题，即制定地方性法规还是政府规章，抑或是规范性文件；第二，内容的内在逻辑问题，即“质量”和“安全”两块内容是独立规定还是合并规定，在实操层面哪种规定方式更具有可操作性，更能提高行政管理效率。因此，还有必要将“监督”体系的相关法律进行单独提炼分析。

（3）以监督为核心的立法结构分析。对比分析系实证研究中最为直观的研究方式，项目组以“质量监督管理”为维度，对比国家、省级、本市三个层级的立法，用图示的方式展示其立法内容及结构。此种研究方法，可较为直观地反映出下位法与上位法之间的呼应关系。

【技术要点】

这三个层次实际上是贯穿于中国建筑业行政管理的主线，是纵向立法的特点。尤其是立法层级较高的法律法规，通常会以某个关键问题作为核心，比如建筑质量的问题归建筑质量立法，建筑安全的问题归建筑安全立法，而在自上而下的过程中，地方立法又以解决实际执法管理问题为立法宗旨，所以越是下位阶的法律法规越是将各类关键问题合并立法。因此，在做立法研究时，必须沿着主要问题跟踪研究，查看该类问题在不同层级立法中的表现，并进行归纳总结。

2．横向立法分析。

横向立法分析主要在于学习和借鉴，团队收集了二十几部各省市地方类似法律法规（含规范性文件），并重点对北京、上海、广州三个经济发达地区的相关立法进行了研究，梳理条文框架、主要内容，并总结借鉴经验。

以《北京市房屋建筑和市政基础设施工程质量监督工作规定》[1]（京建法〔2018〕2号）为例，该文件由北京市住房和城乡建设委员会于2018年2月1日印发，不分章节，规定了质量监督工作的内容、程序、整改、复查等。文件有九个附件，包括北京市建设工程质量监督注册登记表、北京市建设工程质量监督告知书、监督工作计划、首次监督工作会议记录等。该规范性文件对实践中好的各项原则和制度加以总结提炼，对监督起止点和免责情形作出了大胆、创设性的规定，与杭州质量监督立法亟须解决的问题有相通之处。如第9条提出的“首次监督工作会”制度、第10条提出的“差别化监督原则”、第16条至第17条对中止监督和恢复监督的规定等，对杭州均有较大的借鉴意义。

【技术要点】

横向对比研究在立法研究中极具价值。地方立法侧重的是实务问题的解决，所反映的是实践中的难点和热点，所以实务问题的解决是本次工作着重关切之处。我们将该部分内容分为三大块，第一块是“条文主要内容”，第二

〔1〕 现已失效，本案分析时，适用当时的规定。

块是“研究评析意见”，第三块是“对杭州的借鉴意义”，这在构思上也是一种层层递进的思维逻辑。对条文内容读懂读透并不难，但对其进行评析则需要一定的功力，尤其是在此基础上提出对杭州地方立法的建议更是对实践和理论结合的一大考验。

（二）实务判例总结

在一个小组收集立法参考资料进行立法现状分析的同时，另一小组也在同步进行实务案例的收集工作。团队成员通过中国裁判文书网、无讼案例网、Alpha 法律智能操作系统库等进行案例检索，整理各级人民法院建设工程执法典型判例，分析并总结建设工程行政执法风险点，吸取判例教训，总结经验。

研究团队在上百件相关案例中选取了 37 例典型案例，其中杭州市范围内的有 13 例。就选取的 37 例案例，团队进行了分类归纳，并在剖析人民法院观点的基础上进行风险点提示，最终汇编成册。经过个案分析，涉案的执法风险主要体现在四个方面：（1）质量安全监督行政主体风险；（2）履行质量安全监督职责的风险；（3）履职过程中的程序风险；（4）政府信息公开风险。案例对比归类和案例评析是该区块工作的要点和难点。

【技术要点】

本次项目组一直立足于实践，这是一个关键要旨。脱离实践的研究总归是纸上谈兵。对于一线执法人员强烈反馈的执法尺度、执法风险以及职责界限等困惑，项目组认为“以史鉴今”“以案说法”是最为妥帖和直观的方式。当这部分内容完成后执法一线工作人员的反响很好，因为研究团队全面归纳解读了司法审判中揭示的执法风险，这也证明团队在研究思路上方向正确。

调研：五次一线调研　总结立法重点

作为极具实操性的立法项目，实地调研的重要性不言而喻。研究团队广泛听取主管部门、执法一线人员意见和建议，深入了解建设工程质量安全监督执法现状、执法流程、执法疑难问题；通过实地调研，了解当前立法亟须解决的问题，以使后续立法建议更能实现地方立法目标，提高建议对策的针对性和实用性。

（一）五次深入一线调研，掌握第一手资料

本项目调研的主要对象为建设工程质量安全监督总站（以下简称质监总站）一线执法人员、各区分站一线执法人员，同时穿

插对建筑施工单位等被执法人员的调研。在调研方式上主要采用访谈、座谈会、实地走访等方式，与调研对象面对面沟通，实地了解现状。

调研流程大致如下：（1）确认具体调研对象，联系对接人员；（2）拟定调研提纲，提前发给调研对象；（3）实地调研、访谈；（4）记录整理调研要点；（5）提炼问题点；（6）根据调研结果调整课题研究重点。

研究团队共进行了五次深入调研，为保证团队各成员及时跟进项目进度，原则上要求全体成员出席每次调研。每次实地调研少则半天，多则一天，加上前期联系对接以及后期整理讨论的时间，每次调研至少花费一周。然而，因调研对象和团队成员工作时间上的冲突，调研初期进度并不如计划中那么理想。得益于团队成员的坚持以及委托方的配合，团队最终顺利完成调研。

（二）关注调研成效，深入分析总结

1. 细梳杭州质监总站内部制度。

得益于质监总站及各分站的大力支持，研究团队获取并了解了质监站现有的内部制度，共计 25 个。团队了解到，因立法层面不可能有太多细节性规定，目前质监站的执法流程有相当一部分是依靠内部制度。但内部制度的效力有限，且可能存在不足，故对于内部制度及其具体实施方面的了解是调研的重点

之一。

研究团队通过分析图方式，对收集到的25个内部制度进行了分类总结，使监管制度系统化，并对立法的章节设置提供内在逻辑性参考。质监站内部制度可分为六大类，分别为一般流程、监督方法类、专项监督类、工作程序类、查处方法类、内部行政管理类。在分类总结的基础上，团队提出制度上的先进及不足之处，以使立法避免现有制度中的风险，同时将好的规定吸收到立法层面。

2. 执法难点总结。

了解当前的执法困境是本次调研的重点，也是本次调研的主要目的。经实地调研，团队发现，立法缺位导致的监督执法困境主要为两大方面：一是上位法的规定与现有政策的冲突问题；二是具体监督工作中的细节问题。

（1）现有政策背景下凸显的问题，包括：①监督机构法律地位的界定问题；②监督机构的职责权限界定问题；③审批流程简化与监管程序的冲突问题；等等。

（2）具体监督管理工作中的难题，包括：①监督管理的范围界定问题；②监督管理工作的起止点界定问题；③不同类型的建设工程监管标准问题；④特殊的工程项目是否属于监督范围问题；⑤竣工验收中的监管问题；⑥监管部门如何采取具体有效措施问题；⑦监督档案的政府信息公开问题；⑧如何界定监督人员法律责任问题；等等。

结论：提出立法建议　拟定立法草案

经过多轮调研及内部讨论，团队在明确此次立法研究重点的基础上，就调研中呈现的执法困境提出立法建议，同时就其中涉及的理论问题提供专业解答。最后，团队在明确立法方向、框架以及大致内容的基础上，拟定立法草案。

（一）立法建议

团队提出的立法建议主要分为两大块：一为有关立法思路的建议；二为立法结构安排上的建议，包括立法结构及法律位阶。

1．立法思路建议。

（1）应遵循立法体例上的统一。纵观国内涉及质量管理和安全管理的法律、行政法规及地方性法规，均系分而治之，并未将两者合一。涉及质量的监督管理规定和涉及安全的监督管理规定，在国家层面的部门规章、各省住房和城乡建设厅出台的规范性文件以及设区的市级政府规章，亦系分而治之。杭州市地方性法规可以参照上位法的布局，以保持立法体例上的统一性，而在规范性文件的制定上则可以进行创设性的大胆尝试。

（2）应在难点问题的解决上着力。本次杭州市地方立法的重点和着力点应当在于对现有上位法中过于原则化、缺乏实际操作指引的地方进一步具体化、规范化，把妥善解决本次立法研究中归纳总结出的重点难点问题作为立法的目标和重心，力求在具体的条文中逐一进行回应和规定，关注实操性问题，以期起到定分止争的作用。

（3）应提炼吸纳实务中成熟的经验。在地方立法中突出地方特色，是地方立法实务界的共识。通过团队的调研得知，杭州市在质量和安全监督管理方面已经积累了一整套系统的规范，对实践具有很强的指导意义。因此，可以对这些在实际操作层面已经通行并被实践证明的成熟经验进行提炼，并将之融入相应的立法条文中，提高其效力级别。

2. 立法技术层面建议。

（1）立法结构上建议将“质量监督管理”和“安全监督管理”两者合并。本立法课题系“质量安全监督管理”，而“质量监督管理”和“安全监督管理”是既有联系又有区别的两个单元领域，故而如何安排立法结构是本次立法研究首先遇到的一个技术难点。从纵向立法来看，除了《建筑法》系两者合并，其后各位阶法律均是将二者分而治之。从横向立法来看，国内各个地区的立法情况各有不同。在“质量监督管理”和“安全监督管理”方面，国内其他地区均在规范性文件的层次进行规定，北京和广州系将两者分而治之，而上海则将两者进行合并规制。

结合杭州市的实际情况，首先，杭州市在地方立法层面，已有单独的《杭州市建设工程施工安全管理条例》，因而如在这个层面制定两者合一的法律，则会出现立法冲突。其次，在实际操作执行层面，2002 年 11 月，经杭州市机构编制委员会批准，成立杭州市质监总站。根据监管工程类型分布和各自特点，结合《房屋建筑和市政基础设施工程质量监督管理规定》《房屋建筑和市政基础设施工程施工安全监督工作规程》的工作程序，杭州市质监总站采纳了“三位一体”和“科室交叉互检”等工作模式。因而，团队建议，将“质量监督管理”和“安全监督管理”两者合并立法，以符合实际立法需求。

（2）法律位阶的选择上，建议采用制定地方政府规章加规范性文件的组合模式。对于本次立法项目来说，有三种模式可供选择：以杭州市人民政府的名义制定地方政府规章；通过杭州市人民代表大会及其常委会制定地方性法规；制定规范性文件。目前，亟须解决的是杭州市建设工程质量安全监督管理领域无法可依的问题，团队建议杭州市人民政府制定地方政府规章加规范性文件的组合模式。

组合模式的优势在于：首先，规范性文件的制定相较于政府规章更为灵活，可以极大地提高立法效率；其次，从两个层次叠加立法的“组合拳”，可以较为全面地解决实践中的痛点难点问题；最后，借鉴北京市政府规章的做法，授权住房和城乡建设委员会以制定规范性文件的形式来补足实际操作中的短板。通过规范性文件的先行实践，再行上升到政府规章乃至地方性法规，可以很好地解决立法稳定性的问题。

（二）立法草案

基于以上立法思路，研究团队分别拟定了政府规章草案和规范性文件草案。

1. 市政府规章草案：《杭州市建设工程质量安全监督管理办法》（草案）。

本草案共7章56条，包括：总则、建设工程质量责任、建设工程质量监督管理、建设工程施工安全责任、建设工程施工安全监督管理、法律责任和附则。该草案的亮点在于以下几个方面。

（1）在监督管理主体方面，草案第3条明确规定，“市、区、县（市）建设行政主管部门可以委托所属的建设工程质量监督机构具体负责建设工程质量和安全的监督管理工作”。

（2）在监督管理的内容方面，草案主要从建设工程质量和施工安全两个方面规定了监督管理的内容，章节清晰，内容翔实。

（3）在监督程序方面，草案第37条规定，对建设工程质量安全的监督程序进行周详的步骤规定。这些具体的步骤均来源于实践中的经验，把实践中的好的管理经验提炼为法律规定。

（4）在法律责任方面，草案第45条作了衔接性规定，违反本办法规定，法律、法规已有处罚规定的，从其规定。同时，对上位法没有设定罚则的行为，补充设定了一些相应的法律责任。草案第40条规定了监督管理机构及其工作人员免予承担责任的情形。政府规章草案结构图如表10-1所示。

表 10-1 《杭州市建设工程质量安全监督管理办法》（草案）（杭州市政府规章）

立法要求	具体内容
立法宗旨	加强对本市建设工程质量和安全的监督管理，规范建设工程质量安全监督管理行为，保证建设工程质量，保障人民生命和财产安全
立法依据	主要是两部法律：《建筑法》《安全生产法》。三部法规：《建设工程质量管理条例》《建设工程安全生产管理条例》《浙江省建设工程质量管理条例》
主要内容和结构	制定一部与上位法相一致、体系比较完整的监督管理办法，既规范行政主体的监督管理行为，又规定行政相对人的责任。按照这一思路，规章在结构上分为 7 章，分别是： • 第一章　总则，包括立法目的和依据、适用范围、部门职责、建设工程质量安全的基本要求以及质量安全监督管理制度等； • 第二章　建设工程质量责任，包括建设工程质量的基本要求、建设单位、勘察单位、设计单位、施工单位、监理单位、工程质量检测机构、施工图审查机构的质量责任； • 第三章　建设工程质量监督管理，主要包括建设工程质量监督的内容、建设工程质量监督的申报、建设工程开工前、建设工程施工中、中间验收、竣工验收、验收备案； • 第四章　建设工程施工安全责任，包括建设单位、施工单位、勘察单位、设计单位、监理单位的安全责任、事故救援处理； • 第五章　建设工程施工安全监督管理，包括施工安全监督职责、监督程序、监督措施，安全监督的中止、终止情形，免予承担安全监督责任情形，安全监督检查档案，检举和投诉； • 第六章　法律责任，包括法律责任衔接，对建设单位、施工单位、监理单位、勘察单位、设计单位、质量检测单位的信用管理，赔偿责任，国家机关工作人员的法律责任； • 第七章　附则，由相关定义、应用解释部门和施行日期等内容构成

2．规范性文件草案：《杭州市建设工程质量安全监督管理规定》（草案）。

本草案共 7 章 38 条，包括：总则、监督准备工作、施工阶段监督、竣工阶段监督、监督处理及其他、法律责任、附则。该草案的亮点在于以下几个方面。

（1）总则部分。

草案第 7 条【监督管理的起止时间】规定：“建设工程质量监督工作从监督注册登记开始，至监督机构出具工程质量监督报告结束。建设工程安全监督工作从监督注册登记开始，至监督机构出具终止施工安全监督告知书结束。”这一规定较为清晰地界定了职责的时间边界问题，回应了课题组在实务调研过程中反馈的边界不清晰的难点问题。

草案第 8 条【监督管理职责】规定了“监督机构应当履行的建设工程质量和安全监督管理职责”范围，对实务中反馈的职责范围确定的标准不明，尤其是在具体实际操作中以何谓宗旨进行监管的问题作出了回应，并适应不断变化发展的建设工程质量安全问题。

草案第 9 条【总站指导】规定：“杭州市建设工程质量安全监督总站依照市建设行政主管部门委托，制定具体的各项各类监督管理制度，并对各区、县（市）监督机构的监督工作开展业务指导和培训，提升我市建设工程质量安全管理水平。”这一规定主要源于课题组在调研过程中进行的对比和实勘，基于实务中杭州市质监总站的工作经验已经比较成熟，且贴合实际；同时，为了保证整个杭州市行政区域统一执法，也非常有必要将杭州市质监总站的管理制度进行推广。这项授权性规定有较好的贯通灵活性。

（2）监督准备工作章节。

草案第 13 条【差别化监督原则】条款系沿承《浙江省房屋建筑和市政基础设施工程质量监督管理办法》第 7 条的思路，并且在这个基础上进一步细化规定。这一内容使得差别化监督有了具体的标准，有利于实际监督管理工作的开展。

（3）施工阶段监督章节。

草案第 16 条【抽（巡）查制度】对监督机构每个项目的质量安全监督抽（巡）查次数作出了具体的要求，且对应当增加巡查次数的情形进行了具体的规定，这就使具体监管人员执法有法可依，解决了规定和要求不明确导致的监管人员履职风险问题。

草案第 18 条【抽（巡）查工作要求】较为细致全面地规定了监督人员抽查的具体要求，使抽查工作的内容、步骤和要求清晰明确，解决了实务操作中的疑问。

草案第 19 条【监督工作中止和恢复】之规定系针对实务中较为频繁出现的工程建设因各种原因而中止，以及经过长时间中止又申请复工的情况，针对监督机构应如何应对这些情况的困惑。

（4）竣工阶段监督章节。

草案第 24 条【轨道交通工程验收要求】的规定，回应和解决了在调研过程中反馈的对该类新出现的建设工程项目如何进行监督管理的问题，对实际操作具有较好的指引作用。

草案第 26 条【监督档案管理】规定监督机构在完成监督工作后，应及时、完整地收集整理监督资料，形成监督档案，自归档之日起档案保管期限统一为 15 年。该规定系对调研过程中反馈的监督档案保管期限作出的回应。

（5）监督处理和其他章节。

草案第 28 条【行政措施】规定了监督机构对监督过程中发现的问题应当如何进行处置的规则，尤其是责令整改通知书、责令暂时停工通知书的适用情形以及具体的下发要求。有关受委托的监督机构是否有权作出上述两项行政措施，系实务中被司法判决明确作出认定的问题，因此有必要在规范性文件中进行明确规定。

（6）法律责任章节。

草案第 36 条【免责情形】规定了质量监督机构和监督人员已依法履行工程质量监督职责，不承担法律责任的情形。这是实务第一线监督工作人员反映的执法风险问题。法律既要有罚有制约，也应当有维权和保障。对监督管理工作的规制也应遵循同样的理念，对监管人员的合法保障是监管工作顺利开展的动力。

规范性文件草案结构如表 10-2 所示。

表 10-2 《杭州市建设工程质量安全监督管理规定》（草案）
（杭州市建委规范性文件）

立法要求	具体内容
立法目的	规范本市建设工程质量安全监督管理行为
立法依据	根据《建筑法》《安全生产法》《建设工程质量管理条例》《建设工程安全生产管理条例》《浙江省建设工程质量管理条例》《杭州市建设工程施工安全管理条例》《房屋建筑和市政基础设施工程质量监督管理规定》《房屋建筑和市政基础设施工程施工安全监督规定》《浙江省房屋建筑和市政基础设施工程质量监督管理办法》等法律法规制定
主要内容和结构	制定一部具有杭州特色更具有针对性的建设工程质量安全监督管理规定，仅规范行政主体及受委托组织的监督管理行为，不规定建设单位、施工单位、监理单位、勘察设计单位等行政相对人的责任。按照这一思路，该规范性文件在结构上分为 7 章，分别是： ● 第一章　总则，包括立法目的和依据、适用范围、管理部门、委托管理、工程质量监督管理的定义、工程施工安全监督管理的定义、监督管理的起止时间、监督管理职责、总站指导； ● 第二章　监督准备工作，包括监督注册、成立监督组、编制监督计划、差别化监督原则、首次监督工作会； ● 第三章　施工阶段监督，包括现场监督检查制度、抽（巡）查制度、抽（巡）查工作计划、抽（巡）查工作要求、监督工作中止和恢复、险情及事故处理； ● 第四章　竣工阶段监督，包括施工安全监督终止、竣工验收监督、竣工验收要求、轨道交通工程验收要求、质量监督报告、监督档案管理； ● 第五章　监督处理及其他，包括有权措施、行政措施、复工申请、信用管理、行政处罚、监督信息公示、信息化管理、专业辅助； ● 第六章　法律责任，包括监督人员的法律责任、免责情形； ● 第七章　附则，由应用解释部门和施行日期等内容构成

成果：四大成果　终获好评

本次立法研究从接受委托到结题仅历时三月余，在跨专业、时间紧迫、调研压力大的情况下，团队成员分工协作、共克难关，最终形成四大研究成果，通过专家评审组的考核，获得委托方的一致好评。

1. 两万余字的立法草案及说明。包括：市政府规章草案《杭州市建设工程质量安全监督管理办法》（草案）、《关于〈杭州市建设工程质量安全监督管理办法〉（草案）说明》、规范性文件草案《杭州市建设工程质量安全监督管理规定》、《关于〈杭州市建设工程质量安全监督管理规定〉（草案）说明》。

2. 近7万字的课题研究报告。课题研究报告共分为7大章节：第1章“研究背景及思路”阐述了本项目的研究背景、研究目的及意义、研究步骤；第2章“国内立法现状分析”阐述了现有立法体系总结、相关法律细化解读、与建设工程质量安全监督管理相关的法律规定等；第3章“其他地方立法经验借鉴”重点阐述了北京、上海、广州三地相关类似立法及可借鉴的先进经验；第4章“实务判例风险分析”对案例中的执法风险点进行了归纳和解读；第5章“杭州市监督执法现状分析”在总结杭州市建设工程质量安全监督管理基本经验的基础上，对杭州市质监总站的具体制度进行了深度剖析；第 6 章“杭州质量安全监督管理难点”阐述了地方立法缺位问题、现有政策背景下的矛盾以及一线监督管理工作中的细节问题；第 7 章“立法建议”在概括本次立法研究背景的基础上提出了立法思路以及立法结构安排上的建议，同时简要阐述了立法程序与工作步骤。

3. 近 700 页的立法参考资料汇编。该立法参考资料汇编按照法律位阶由高到低的原则排序，分为五大部分：法律、行政法规、部门规章 / 文件、浙江省地方立法 / 文件、省外地方立法 / 文件，各部分再按相关性程度由高到低排序，逻辑清楚，便于查找。全文共 674 页，涉及法律法规共 97 部。

4. 十万余字的案例汇编。该案例汇编按照不同案例类型分为四大部分，分别为行政主体资格篇、具体行政行为篇、行政程序篇及其他篇。各案例以法律要点为标题，清晰明了。各案例在剖析人民法院观点的基础上提炼执法风险点，同时在每个案例的最后以鲜艳的文字给出执法风险提示，具有实操意义。

5. 形象生动的课题实施报告幻灯片版本，研究成果内容较多，虽然在项目评审会前已经发给专家评审员审阅，但是评审会当天需要做一个简要的报告使专家们可以最快速地了解研究成果。团队对此做了精心准备，将研究成果可视化，通过图表的形式生动地展示工作步骤和研究思路。

结语：钝学累功，不妨精熟

立法研究此前往往是大学或者研究院的学者在做，律师介入该领域的非常少。学者的优势是理论性研究功底深，但短板是缺乏实践，尤其是案例实践经验；而律师的长处则是曾在大量的诉讼案件中接触过实务，接触过矛盾争议焦点，对实践性问题有很强的直观理解和认知，具有解决问题的能力。虽然此前笔者已经有过两次立法后评估的经验，但是立法研究项目无论是在研究对象、研究目的还是研究手段上都与立法后评估有很大区别，所以这对于我们研究团队而言是一次全新的挑战。

笔者尝试把这类项目工作中走过的弯路和汲取的经验总结下来，这对于项目律师而言，才是最具有含金量的部分。

（1）锁定目标。首要的第一步是充分准确地掌握委托方需求，了解项目的目的和目标。在这一点上我们走过弯路，即在与委托方沟通的过程中发生了理解上的偏差，结果工作和目的背道而驰。事后复盘反思，我们发现原因在于双方的知识结构不同，进而导致看问题的角度不同，理解问题的能力也不一样。同时，在沟通的过程中，我们虽然听得一知半解，但碍于情面却没有追问。所以，我们汲取的教训是，在今后的工作中，宁愿在开头环节多花时间，也不可为赶时间匆忙动笔。

（2）分工明确。关键的第二步是搭建好项目团队以及做好分工。团队成员知识和能力各有所长，所以匹配与之相适应的工作内容非常重要。分工确定后在研究的过程中切忌闭门造车，每个成员都要和其他团队成员保持认知和理解上的沟通，以确保研究方向无误，如此一来能事半功倍。

（3）钻研有道。分析研究这个环节是最难的，总结技术层面有三个关键点：首先，分析的手法要比物连类。同一个问题会散见在不同层级不同地方的法律法规中，若要对这一个问题进行深入研究就必须将该问题从所有的法律法规中抽取出来进行分析。其次，研究的逻辑要清晰。为什么要研究这些问题以及每个问题之间的内在关系都必须交代清楚，言之有物，方能使整个研究成果蕴含理性之美。最后，加工的手法要细腻。研读的资料非常多，需要能够快速地理出内在线索，且一目了然、牢记于心。对此，笔者推荐使用图示法，即将每一部法律的所有条款用图示的方法表达，并在图示中记录关键字即可。通过关键词可以联想到该条款全文的内容，而通过审阅图示表达的法律法规，可以直观地看到其内在脉络，犹如剔肤见骨。

立法研究若能方法得当，犹如庖丁解牛，愿与同道人分享之。

政府立法事务的办理之道

笔者从 2014 年开始接手第一个政府立法事务开始到 2020 年办理立法课题，6 年时间接受政府方委托共有 5 个立法评估及立法研究课题，深感不易。

这类非诉服务项目并不像是传统律师诉讼业务那般体现的是个案效果，而是最终会以地方立法形式体现出社会效果，涉及某一行业或领域的方方面面，所以笔者深感责任重大。从技术层面而言，由于研究对象的不同，很难有章可循，这对律师的独立研究能力、实务调查能力以及问题分析能力的要求非常之高。该类课题技术难度大、服务周期长，因而课题组必须进行深入、扎实的研究工作，只有如此，方得始终。

生成一张“导航图”

立法研究课题工作的内容广、经度深，且服务周期较长，单兵作战显然力不能支，必须组建团队开展合作，进行模块分工，合力而为。各个工作模块环环相扣，课题组成员的工作必须相互配合支撑，保持工作进度的一致性。所以，根据业务的特点和特性，第一步需要着手做的工作便是确定工作计划。形象地说，是确定立法研究课题的“导航图”。

根据我们的实践经验，立法课题研究主要可分为六个阶段：课题准备阶段、前期研究阶段、实地调研阶段、疑难问题研究阶段、成果撰写阶段、结题验收阶段。课题组需在各阶段确定任务要求、时间节点及人员分工等，确保课题按计划有序进行。研究步骤（见图 11-1）。

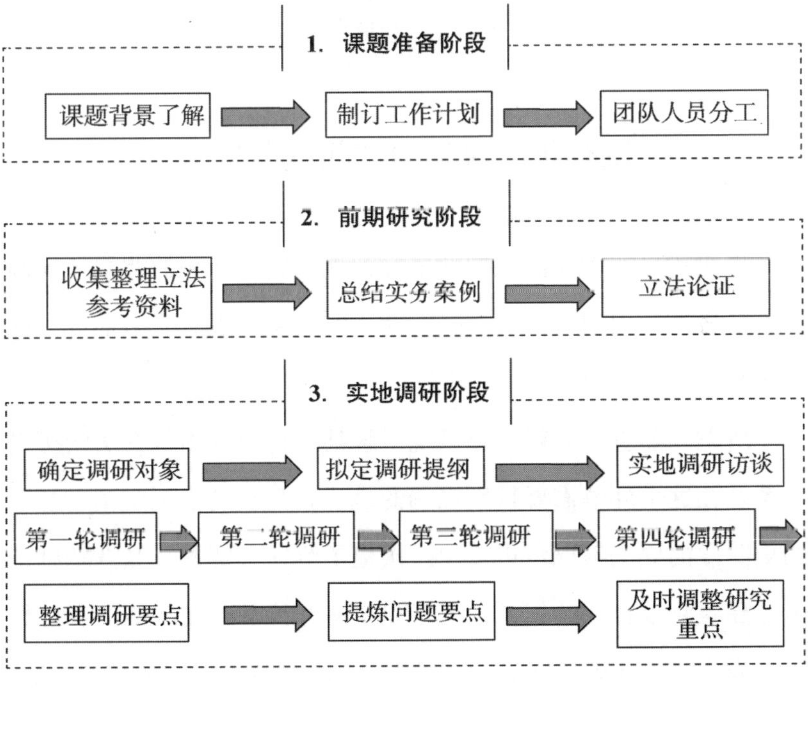

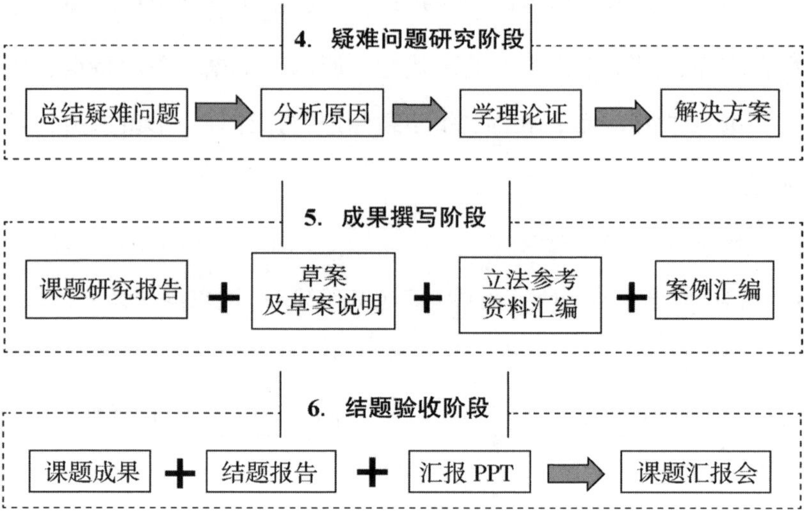

图 11-1 研究步骤

调查研究对象的“前世今生”

毋庸置疑，做立法课题的研究首先要着眼立法的背景情况调查。从方法论而言，以“古今”两条线铺展开来。通俗地说，就是了解研究对象的“前世今生”。

所谓“前世”，就是要系统了解某一行业或领域立法的历史沿革。在这个环节需要特别强调的是，研究人员不仅要调查各个历史阶段的立法情况，更要深层次地了解社会背景。经济基础是上层建筑赖以存在的根源；上层建筑是经济基础在政治上和思想上的表现。经济基础决定上层建筑，上层建筑反作用于经济基础。

在研究过程中遵循两者之间相互作用的原理，会使研究者对立法沿革的理解更为清晰、透彻。这一点非常重要。

所谓“今生”，就是要分析归纳社会发展导致的客观条件变化，以及从而出现的与上位法冲突、与实践不相适应等现象和问题的原因，以及实务中凸显出的一些具体问题和亟待解决的矛盾。以“杭州建设工程质量安全监督管理立法课题”为例，在“还政予政”的行政机构改革大背景下，原行使监督职责的监督单位职责权限丧失问题的来由；在“最多跑一次”的审批流程简化改革背景下，与现有质量监管程序产生的冲突和矛盾的来由等问题。

在具体实施方法上，课题组通过大量研读背景资料，专项分解每个不同的时期，分别阐述当时的社会背景和法律政策背景，以联系的、全面的、发展的观点看待立法演变。研究目的在于如何通过对立法“前世今生”的分析，在利用立法的手段解决具体问题的同时，平衡好发展和改革、政府和市场、权力和权利、惩罚与引导的关系。围绕这一立法课题研究的指导思想，开展具体的实施工作。

构建“立体”的立法现状模型

所谓“立体”的立法现状模型，即既要有立法高低位阶的纵向线，也要有借鉴分析先进地区立法的横向线，更要有各类行政判例凸显出的各类矛盾和问题所编织而成的“红线”。

（一）纵向立法体系研究方法

沿着纵向线，课题组应依次从法律、行政法规、部门规章、地方性法规、地方政府规章、各类行政规范性文件等，根据位阶的高低，全面收集研究对象的所有立法。这不是简单地制作一本立法汇编，而是对既有立法整理和分析的加工过程。

1．以立法位阶为线索进行对比分析

之所以首先采用以立法位阶为线索的方式进行分类分析，是因为通常而言，立法是从高位阶到低位阶延展渗透的过程，对某个领域立法的研究首先需要的是“寻宗问祖”，寻找立法之起点，方可顺藤摸瓜，了解立法之脉络。做这步工作的时候，要注意不可求全，勾勒出主体轮廓即可。由于行政主管部门的规范性文件偏重于具体操作层面的内容，故暂不纳入其中。

以“杭州建设工程质量安全监督管理立法课题”为例（见表11-1），建设工程质量安全监督管理中的两大监督职能“质量监管”、“安全监管”首先系以《建筑法》和《安全生产法》开始的，到了行政法规的位阶，便呈现出专门条例的形式，再往下的位阶，立法在内容上不断细化。

表 11-1 以法律位阶为划分标准的对比

法律位阶	质量监管	安全监管	文明施工
全国人大及其常委会立法(法律)	《建筑法》第六章 建筑工程质量管理	《建筑法》第五章 建筑安全生产管理; 《安全生产法》; 《消防法》	无
国务院立法(行政法规)	《建设工程质量管理条例》第七章 监督管理	《建设工程安全生产管理条例》第五章 监督管理; 《安全生产许可证条例》; 《生产安全事故报告和调查处理条例》	无
浙江省人大及其常委会立法(省级地方性法规)	《浙江省建设工程质量管理条例》	《浙江省安全生产条例》	无
杭州市人大及其常委会(设区的市地方性法规)	无	《杭州市建设工程施工安全管理条例》	无
杭州市政府(地方政府规章)	杭州市建设工程质量监督管理办法已被废止	无	《杭州市建设工程文明施工管理规定》

2. 以立法“主要内容”为线索进行对比分析

根据我们的经验，虽然某一行业或者领域的立法会涉及方方面面，但归纳而言，其有重点要解决的问题，所以沿着立法“主要内容”的线索进行对比分析是快速掌握立法核心轮廓的捷径。

以“杭州建设工程质量安全监督管理立法课题”为例，课题组有针对性地从行业管理的口子切入，对“质量监管”与“安全监管”进行分类对比。在住房和城乡建设层面，其分别从质量和安全两个维度的监督管理入手，制定了不同的部门规章；在浙江省住房和城乡建设厅层面，其沿袭了住建部的逻辑，也从质量和安全两个维度进行规制；而在设区的市级层面，则大多将“质量”和“安全”放在同一文件中予以规定（见表 11-2）。

表 11-2　以管理内容为划分标准的对比

颁发部门	名　称	实施时间
住房和城乡建设部	《房屋建筑和市政基础设施工程质量监督管理规定》	2010
	《房屋建筑和市政基础设施工程施工安全监督规定》	2014
	《房屋建筑和市政基础设施工程施工安全监督工作规程》	2014
浙江省住房和城乡建设厅	《浙江省建设工程质量监督机构和监督人员考核管理实施细则》	2008
	《浙江省房屋建筑和市政基础设施工程质量监督管理办法》	2011
	《关于进一步加强建筑施工领域企业安全生产工作的实施意见》	2011
杭州市建委	《杭州市人民政府办公厅关于进一步规范杭州市建筑市场秩序强化建设工程质量安全管理的实施意见》	2011
	《杭州市建设工程质量安全管理工作意见》	2012

（二）横向立法体系研究方法

“他山之石，可以攻玉。”总结其他地方的先进立法经验，可以提炼出可供杭州市地方立法参考的先进制度和方法。在具体实施方法上，可采取“总括”和“细研”两条路径。

第一步总括，课题组选取了经济相对发达且立法先进的北京、上海、广州三个地区的立法进行横向研究，以总体概括的方式呈现其整体概貌（见表 11-3）。

表 11-3　以行政区域为划分标准的对比

地区	地方性法规	地方政府规章	地方规范性文件
北京市	《北京市建设工程质量条例》（2015 年）	被废止，暂无	《北京市房屋建筑和市政基础设施工程质量监督工作规定》 《北京市房屋建筑和市政基础设施工程施工安全监督实施办法》
上海市	《上海市建设工程质量和安全管理条例》（2011 年）	《上海市建设工程质量监督管理办法》	《上海市建设工程质量安全监督工作规定》（2012 年） 《上海市建设工程质量安全巡查管理办法》（2015 年）
广东省	《广东省建设工程质量管理条例》	无	《广东省住房和城乡建设厅关于房屋建筑和市政基础设施工程质量监督工作指引（暂行）》（2018 年） 《广东省住房和城乡建设厅关于房屋建筑和市政基础设施工程施工质量安全动态管理办法》（2017 年）

第二步细研，针对某个其他地区的法律进行细致深研。以《北京市建设工程质量条例》的研究为例：首先，简要归纳条文主要内容。该条例共 7 章，分别为第一章总则、第二章建设工程有关单位的质量责任、第三章建设工程有关人员的质量责任、第四章

工程建设各阶段的质量责任、第五章建设工程质量保障、第六章法律责任、第七章附则，共计 106 个条文。其次，给出研究评析意见，例如“条文分两条线，既按照各方主体的脉络对建设工程有关单位及单位人员进行原则性规定，又按照建设工程‘建设前期、勘察设计、工程施工、竣工验收、保修使用’等阶段详细阐述各方责任等”。最后，提出对杭州的借鉴意义，例如“《条例》第 69 条中规定，逐步建立监督执法过程追溯机制，定期对本地区工程质量动态状况进行分析、评估，对杭州质量监督工作的细化完善有一定的借鉴作用等”。

（三）行政执法案例研究方法

之所以将行政判例中各类矛盾和问题编织成的线称为“红线”，是因为被研究对象在行政执行过程中遭遇到的现实冲击非常具有研究意义。行政相对人对执法权限、执法程序、执法处罚等提出的合法性及合理性的行政复议及行政诉讼挑战。对这些判例的研究，可以帮助课题组研究人员脱离单向思维之囿，全面地从行政相对人的角度以及司法审查的角度重新审视立法的内容。

在具体实施方法上，可参照如下事例的步骤操作。首先，课题组通过中国裁判文书网、Alpha 法律智能操作系统，收集了杭州市范围内与建设工程质量安全监督相关案件。其次，课题组通过与各个行政执法一线的工作人员座谈交流收集执法案例。最后，课题组将所有案例汇总分类，归纳出主要的执法风险点。课题组选取了 1 ～ 2 个典型案例，逐一分析案件中的执法风险点，对实践中的疑问进行了回应。在成果展示方面，可以单独制作案例汇编作为研究报告之附件。

可视化在立法课题中的运用

很多初次接触立法研究课题的人，都需要在短时间内消化某一行业或领域中数量庞大的各类法律法规，工程之浩大，容易另人产生畏难而却步的情绪，更别说还要在这个基础上得出研究结论。

第一个难点是，目前国内各个不同位阶的立法就某一行业或领域并没有完全条理化，如对某个具体问题的规定，会散见在不同的法律法规之中，且规制的侧重点也不同。第二个难点是，相较于法律、行政法规、地方性法规及政府规章，具体承担行政管理职能的各类行政规范性文件在内容上极为分散，相互之间大多没有内在逻辑联系，尤其是非常具有实操性的规定甚为具体，这对于没有具体实际行政管理工作经验的研究人员而言，从认知理解到消化吸收，都存在较大困难，而且非常耗时。

怎么破解这些研究方法上的难题？实践表明，对法律条文进行可视化的对比分析，可帮助研究者快速掌握各个法律规范的主干和核心内容。因此，课题组逐一对主要法律法规进行可视化工作，即先将重要的法律规定细读一遍，然后以关键词归纳每个条文，进行可视化的制作。如此一来，后期工作时，一拾起可视化图例，便可联想起条文的内容，起到事半功倍之效（见图11-2）。

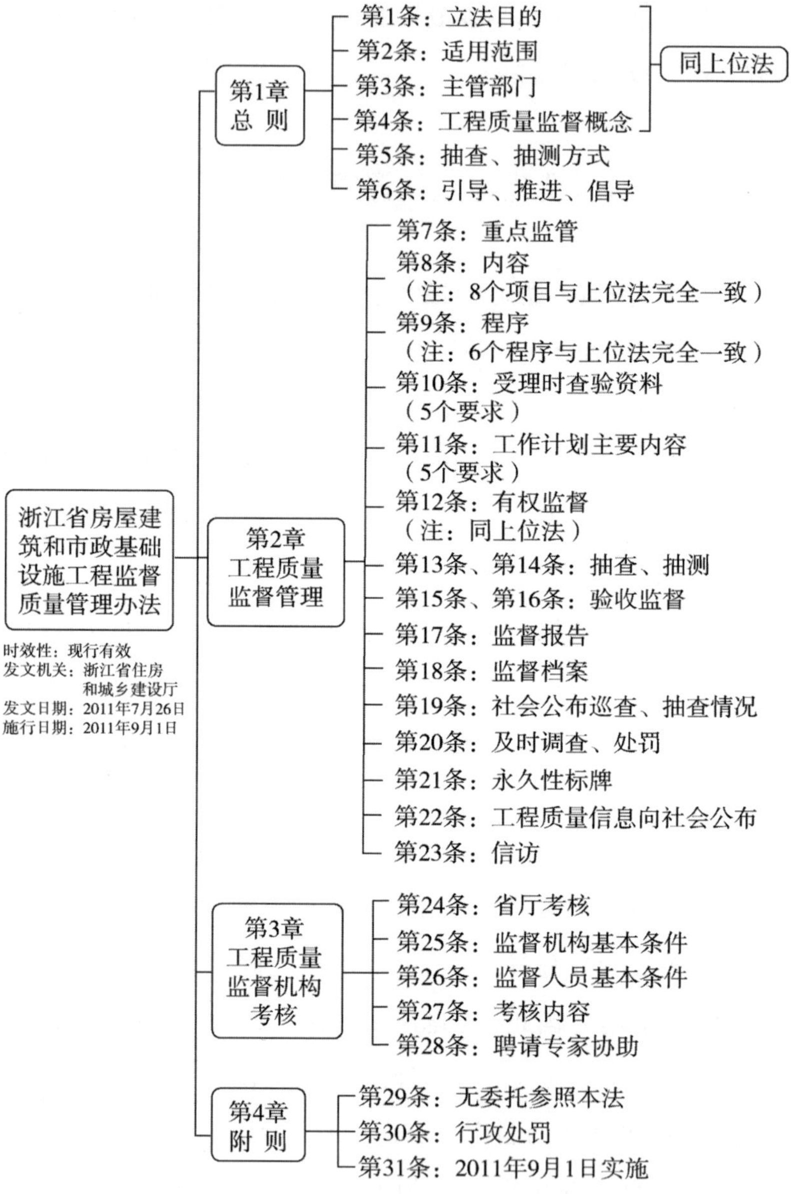

图 11-2 法律构解和对照

又如，在实务调研中，对承担具体监督管理职能的杭州市建设工程质量安全监督总站制定的24份管理制度进行归类总结，分别为一般流程、监督方法类、专项监督类、工作程序类、查处方法类、内部行政管理类。课题组之所以做这样的归类，其目的在于使监管制度系统化，并对立法的章节设置提供内在逻辑性参考（见图11-3）。

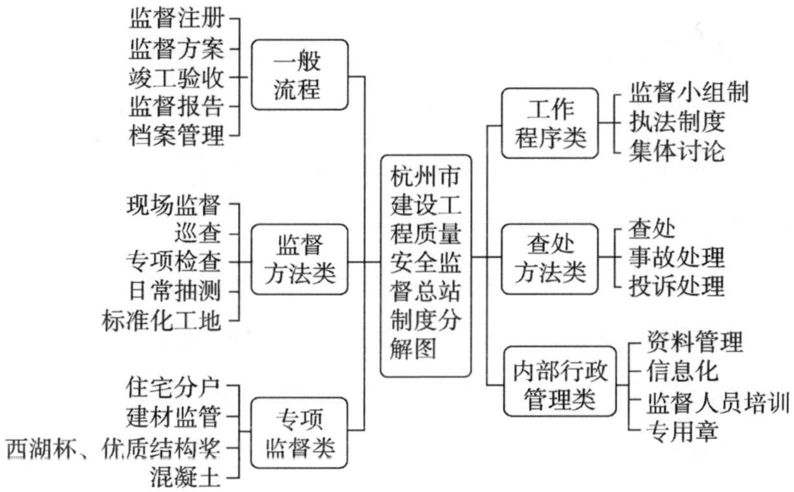

图11-3　系统化梳理示例

如何“熬制”研究成果

用“熬制”这个词语形容研究成果的萃取和撰写，再恰当不过了。前期对立法现状的研究和对实务现状的调查是一个“输入”

的过程，虽然内容庞大，但只要肯花时间下足功夫，多半能够消化吸收完成。真正高难度或者体现核心技术的阶段，在于后期研究成果的“输出”，这是一个复杂的脑力劳动过程，取决于研究者对课题的理解深度、法律技能的运用及经验等的综合实力。在此，本书提供以下几种成果转化方法供读者借鉴参考。

（一）设计立法评估参考指标

设立立法评估参考指标是非常行之有效的“熬制”方法之一，通过这种方法，前期调研的内容将被分类纳入各个指标体系中，使后期研究工作系统化、体系化。这也是完成前期立法调研工作后转而进行成果撰写阶段的第一步。

通过对法律法规实施的基本情况、社会效益或经济效益、执法体制或者机制等的调查，从立法质量、实施过程以及实施绩效三个方面设计指标，并通过定量分析和定性分析，量化评估结论。具体评估指标体系（见表 11-4）。

表 11-4　立法后评估指标体系

立法后评估	评估标准	评估指标	
立法质量评估	合法性标准	形式合法性	立法主体
			立法内容
			立法权限
			立法程序
		实质合法性	受众内心服从度
	合目的性标准	目标内容	
		目标可行性	

续表

立法后评估	评估标准	评估指标
	技术性标准	法律法规的协调性
		法律法规的完备性
		法律法规的可操作性
实施过程评估	执行力标准	法律法规实施主体的能力
		公众守法状况
		法律实施的监督机制
实施绩效评估	效率标准	技术效率
		经济效率
	效能标准	法律法规执行的实际效果
		法律法规执行效果的充分性
	公平标准	是否平衡各方利益
	适当性标准	比例原则的适用

（二）运用对比分析法

对比分析法是立法课题研究中运用最多的一种方法。通过对比，可以纵向和横向地对上下位立法及平行立法的内容进行查漏补缺。这种方法的功效是参照借鉴其他立法，取长补短、披沙拣金。

在具体方式上，可以大量使用图示方式，使效果更为直观。以对《杭州市机动车停车场（库）建设和管理办法》的立法评估为例，通过文件检索，课题组共收集了23个国内其他城市与停车场建设和管理有关的立法。课题组一方面将宁波与厦门两个城市与停车场建设和管理有关的条例与《杭州市机动车停车场（库）建设和管理办法》进行条文对比分析，取其精华，另一方面对5个典型城市的可借鉴经验进行汇总（见表11-5）。

表 11-5　立法后评估指标体系

杭州市机动车停车场（库）建设和管理办法		宁波市停车场规划建设和管理条例		厦门经济特区机动车停车场管理条例	
条款	内容	条款	内容	条款	内容
1	为促进本市机动车停车场（库）规划、建设，规范停车场（库）管理，满足停车需求改善交通状况，保障城市交通协调发展，根据《中华人民共和国道路交通安全》《中华人民共和国城乡规划法》《浙江省实施〈中华人民共和国道路交通安全法〉办法》等法律法规的规定，结合本市实际，制定本办法。	1	为了加强停车场的规划、建设和管理，改善停车状况，保障交通有序、安全和畅通，根据有关法律、法规的规定，结合本市实际，制定本条例。	1	为了规范机动车停车场的规划、建设和使用，改善停车状况，提升城市交通管理水平，遵循有关法律、行政法规的基本原则，结合本经济特区实际，制定本条例。
2	杭州市市区范围内机动车停车场（库）的规划、建设、使用及其相关管理活动，适用本办法。	2.1	本条例适用于本市行政区域内城市和镇规划区停车场的规划、建设和管理。	/	/
3	本办法所称机动车停车场（库）（以下简称停车场），是指供机动车停放的各种露天或室内场所。	2.2	本条例所称停车场，是指供各类机动车和非机动车停放的露天或者室内场所。	2.1	本条例所称机动车停车场（以下简称停车场），是指供机动车停放的露天或者室内场所。

续表

杭州市机动车停车场（库）建设和管理办法		宁波市停车场规划建设和管理条例		厦门经济特区机动车停车场管理条例	
条款	内容	条款	内容	条款	内容
4.1	本办法所称停车场包括公共停车场、专用停车场和道路停车泊位。	2.3	停车场分为公共停车场和专用停车场。	2.2	停车场分为公共停车场和专用停车场。
4.2	本办法所称公共停车场，是指向社会开放，为不特定对象提供停车服务的停车场，包括单独建设的公共停车场和建筑工程超配套标准建设的公共停车场。		公共停车场，是指为社会车辆提供停车服务的场所，包括独立建设的公共停车场、建设工程配建公共停车场和道路停车泊位等；		公共停车场，是指为社会车辆提供停车服务的场所，包括单独建设的公共停车场、建设项目配建的公共停车场和依法在城市道路范围内统一施划的临时停车泊位。
4.3	本办法所称专用停车场，是指为特定对象或特定范围的对象提供停车服务的停车场，包括公共建筑和居住建筑配建的专用停车场，以及建筑区划内利用业主共有的道路或其他场地设置的停车泊位。		专用停车场，是指为本单位、本居住区车辆提供停车服务的场所，包括建设工程配建专用停车场、建筑区划内共有部位施划的停车位等。		专用停车场，是指为特定对象或者特定范围的对象提供停车服务的场所，包括建设项目配建的专用停车场、建筑区划内共有部位施划的停车位等。
4.4	本办法所称道路停车泊位，是指在城市道路上依法设置的机动车停放场所，包括免费停车泊位和收费停车泊位。		无		无

续表

杭州市机动车停车场(库)建设和管理办法		宁波市停车场规划建设和管理条例		厦门经济特区机动车停车场管理条例	
条款	内容	条款	内容	条款	内容
5.1	市人民政府应当加强对市区范围内停车场建设和管理工作的统一领导，建立停车场建设和管理综合协调机构。	4	市和县（市）区人民政府应当建立停车场规划、建设和管理的协调机制，决定工作中的重大问题，督促有关部门做好相关工作。	4	市、区人民政府应当建立停车场规划、建设和使用的协调机制，研究、解决停车场管理工作中的重大问题。
5.2	市建设行政主管部门是停车场建设的行政主管部门，负责停车场建设和管理综合协调机构的日常工作，并承担停车场建设活动的组织、协调、考核及有关监督管理工作。	5.2	建设主管部门负责停车场的建设管理工作。	5.1	市建设主管部门负责停车场的综合协调和监督管理工作。

（三）归纳重点难点问题

立法研究成果的重头戏是重点难点问题的分析解决。那么哪些才是重点难点问题呢？闭门造车显然是行不通的，必须要结合实践，以事实为基础，切实反映行政职能部门和行政相对人的诉求和呼声。因此，定性调查和定量调查相结合是比较科学的调查方式。

以对《杭州市机动车停车场（库）建设和管理办法》的立法评估为例，定性问卷调查系课题组在访谈的同时向每个被访人员分发职能部门座谈问卷，就该办法的合理性、可操作性、落实情况等进行问卷评分调查，由各被访谈人员对该办法每个条款的实施情况打分（见表 11-6），并提出意见和建议。定量问卷调查方法，是指通过对驾驶员、市民等不特定的目标群体设计不同的问卷，并在公共场所进行问卷调查，听取目标群体的意见和建议。最后，根据定量问卷调查材料及分析结果，形成单项评估报告。

表 11-6 《杭州市机动车停车场（库）建设和管理办法》条款调查评分

条　款	合理性	可操作性	落实情况	条　款	合理性	操作性	落实情况
1	4.83	4.61	4.35	20	4.83	4.48	4.28
2	4.83	4.65	4.32	21	4.78	4.41	4.26
3	4.83	4.57	4.30	22	4.78	4.63	4.52
4	4.70	4.30	4.22	23	4.83	4.54	4.50
5	4.83	4.52	4.14	24	4.83	4.61	4.72
6	4.83	4.61	4.26	25	4.91	4.78	4.46
7	4.96	4.83	4.61	26	5.00	4.83	4.72
8	4.83	4.65	4.52	27	4.87	4.65	4.49
9	4.74	4.13	4.04	28	4.83	4.74	4.48
10	4.83	4.83	4.78	29	4.83	4.57	4.41
11	4.91	4.67	4.65	30	4.70	4.57	4.39
12	4.87	4.72	4.61	31	4.65	4.48	4.48

注：评分为 5 分制打分，5 分即为满分。

结　语

立法的重要性正如卢梭在《社会契约论》中所言："立法权是国家的心脏，行政权则是国家的大脑，大脑指使各个部分运动起来。大脑可能陷于麻痹，而人依然活着。一个人可以麻木不仁地活动；但是一旦心脏停止了它的机能，则任何动物马上就会死掉。"立法课题研究这个领域对于律师来说，大有可为，故撰文以示读者。

制定政府信息公开标准
全力打造诚信法治政府

——政府信息主动公开标准化法律服务纪实

政府信息公开是满足公众知情权、参与权、监督权的前提，亦是提高政府公信力的重要手段。2019 年修订的《政府信息公开条例》首次确立了政府信息“以公开为常态，不公开为例外”的原则，对政府信息主动公开提出了新要求。然而实践中，政府信息虽“上墙进栏”，却存在内容不翔实、更新滞后、缺乏实操性等问题。随着该条例的修订，政府信息主动公开更是成为各级政府工作的重心，对行政机关尤其是基层政府提出了更高的要求。

在此背景下，笔者所在律师事务所接受杭州市上城区人民政府的委托，就杭州市上城区人民政府信息主动公开的规范化、标准化提供专项法律服务。团队律师埋头苦干、专心致志，保质保量完成工作任务，专业性和敬业心获得委托方一致的高度评价。

团队研制完成的政府信息主动公开标准化服务手册在2019年杭州市律师协会主办的杭州市第二届“法律服务产品”大赛中获得一等奖的好成绩。

背景：修订法令，深化政府信息主动公开

政府信息公开是建设法治政府的基本要求，对促进政务公开、满足公众知情权和监督权有积极作用，是政府工作的重点内容。2019年5月15日，《政府信息公开条例》自实施11年后首次修订施行。修订后的条例强调了“以公开为常态，不公开为例外”的政府信息公开原则，扩大了政府信息主动公开的范围和深度，明确了政府信息公开与否的界限，完善了依申请公开的程序规定。此次修订涉及条文共56条，实现了政府信息公开进程的重大进步。2019年7月，浙江省人民政府办公厅组织第三方力量制定政务公开指数指标体系，对2019年二季度省级各有关单位和各设区的市、县（市、区）政府政务公开工作情况进行评估，形成了浙江省政务公开指数报告（第1期）。此次评估中，杭州市在11个设区的市政府中以88.83分排名第一，但杭州市上城区政府在89个县（市、区）中仅以68.5分排名57，成绩尚不理想。

信息公开作为政府工作的重点内容，其如何落地实施的问题一直困扰着一线工作人员。行政机关工作人员对政府信息如何公开、哪些信息应当公开、哪些信息可以不公开、公开的程序等问

题缺乏全面的掌握。在此背景下，本团队接受杭州市上城区人民政府的委托，协助制作政府信息主动公开标准化目录，明确各部门应主动公开的内容，并指导修改政府信息主动公开平台，实现政府信息主动公开的标准化、规范化。本次专项法律服务着力实现以下目标。

1．短期目标：在政务公开第三方评估中取得突破性成绩。

杭州市人民政府每季度会开展政府信息公开交叉检查工作，对未按照相关规定和要求履行公开职责、信息加载不规范准确及时、工作落实不到位的部门，予以通报批评，并在年度考核中予以体现。考核结果不仅影响政府的对外形象，也与各部门包括相关负责人的各项评比挂钩。上城区人民政府在前季度考核中排名靠后，自行整改效果不佳，区政府内部压力较大。

因此，本次专项法律服务的首要目标是使区政府信息主动公开工作规范化，帮助区政府在下季度政务公开考核中取得突破性成绩。这也是区政府开展此次专项法律服务最为直接、主要的目的。

2．长远目标：打造透明、服务型政府。

透明是法治的前提，打造透明、服务型政府是政治文明的重要体现，而完善政府信息公开体系是这一过程的重要环节。政府信息主动公开可以提高行政效率，有效减少争议，还有助于政府机关树立透明、开放、清廉的良好形象。此次法律服务项目，规范了区政府信息公开工作，是打造透明、服务型政府中的关键一步。

难点：工作量大　细节决定成败

本次法律服务项目需根据法律法规及上级文件梳理、总结各部门政府信息主动公开清单。检索、梳理、归纳本身就是律师的专长，再加上团队律师在行政法方面的基础扎实，完成此次项目并非难事。但团队在开展服务过程中，仍旧遇到了不小的挑战，需要团队各成员沉心静气，攻克难关。

1．涉及 32 个部门，工作量大。

本项目的工作重点是提炼当前政府信息主动公开要点，有针对性地梳理区政府各部门信息主动公开清单。区政府下设部门（包括街道）共 32 个，每个部门分管不同的领域，信息公开的具体要求、项目各有不同。这就意味着团队成员要分别对这 32 个部门进行逐个梳理，做大量的收集整理工作。此外，仅案头上的梳理是远远不够的，团队需对各部门进行逐个座谈、调研，深入了解各部门信息公开的现状及问题，以便提出切实有效的建议。如此，团队将面临庞大的工作量，想要短期内完成并非易事。

2．上级整改要求，时间紧迫。

由于区政府信息主动公开工作相对滞后，内部交叉检查及第三方评估成绩不理想，上级部门下发自查整改通知，要求各级部门尽快完成整改。因此，团队须在短时间内尽快完成本项目，提交研究成果，指导各部门进行整改。本项目涉及32个部门，信息收集及调研工作量大，时间节点的限制进一步加大了本项目的完成难度。

3．受托于政府，细节决定成败。

本项目系受托于政府，而政府对项目成果质量有着天然的高要求。同时，政府信息公开作为当前政府的工作重点，直接关系到政府机关的考评，团队的服务成效将直接以考评结果直观体现；而政府信息公开平台也随时对外公开，接受社会公众的监督。

以上因素均给团队工作施加了隐形压力，团队工作必须细致入微，不容出错，否则任何环节出现差错，都将影响政府的对外形象，也将直接影响区政府对律师团队的信任度。

实施：确定工作方法　制订计划

掌握工作方法，提高工作效率，是在短时间内制胜的关键。面对此次工作量大、细节要求高的服务项目，团队召开了内部会议，确定了此次项目的工作方法及思路，并就团队分工进行了落实。

（一）工作方法及思路

1．确定首批试点部门，确定调研方案。

此次涉及部门较多，如果同时大范围开展工作，不仅协调压力大，且一旦出现调研方法上的错误，就会浪费大量时间。因此，团队决定先选取几个典型部门作为前期试点单位，先进行摸底调研，制定调研表格及方案，再确定后期调研思路。经筛选，团队选取了卫生健康局、发展改革和经济信息化局、住房和城市建设局作为首批试点部门。

2．各部门提交自查清单，由团队律师审核修订。

经前期三个典型部门试点后，团队发现，先由各部门自查反馈再由团队律师审核修订的方式更能提高工作效率。故团队制作了自查清单并向各部门分发。各部门在自查清单中反馈目前的信息公开情况，包括已公开及根据法律文件需要公开的。团队律师收到各部门反馈后，再根据各部门自查清单的内容进行审核修订。如此，可避免团队律师大海捞针般地从大量文件中进行搜集，也降低了出错率。

3．吸收借鉴其他市、县先进经验。

在前一季度第三方评比中，不少其他市、县级政府都取得了较好的成绩，故学习其他市、县的先进经验及做法能对本项目提供很大的助力。如宁波市鄞州区在县级政府中排名第一，丽水市缙云县、湖州市吴兴区分列第二、第三。在杭州市范围内，杭州市余杭区排名最高，杭州市萧山区分数也不错。因此，团队可学习借鉴上述先进地区人民政府门户网站经验，取长补短。

（二）推进计划及分工

确定工作思路后，团队制订了工作计划，主要包括准备阶段、前期梳理阶段、调研座谈阶段、核对指导阶段、成果撰写阶段。

（1）准备阶段（3 日）主要为了解委托方要求，为团队内部制订服务计划和流程。

（2）前期梳理阶段（5 日）主要根据《政府信息公开条例》、《2019 年浙江省政务公开工作要点》、各部门“三定”规定〔1〕等从法律层面确认各部门应当主动公开的依据及公开要点，形成书面材料。

（3）调研座谈阶段（20 日）分两轮，第一轮为对 3 个试点部门调研，第二轮为对其余 29 个部门调研。调研过程中，团队律师总结当前主动公开存在的问题，并形成典型部门政府信息主动公开标准清单、其他部门政府信息主动公开标准清单。

（4）核对指导阶段（7 日）主要由各部门核对标准清单初稿并修改定稿，而后由团队律师指导修改政府门户网站。

（5）成果撰写阶段（7 日）则由团队律师根据各自负责的内容分工完成，形成政府信息主动公开标准目录（通用版）、政府信息主动公开标准目录（各部门特色版）、政府信息主动公开

---

〔1〕《“三定”规定制度和实施办法》第1条：“为了规范部门（单位）职能配置、内设机构和人员编制规定（以下简称‘三定’规定）的制定和实施，提高科学性、规范性和实效性，根据《中国共产党机构编制工作条例》，制定本办法。”

工作项目律师意见书、政府信息主动公开工作项目工作汇报幻灯片、政府信息主动公开标准化服务手册，此外团队律师还对委托单位进行专项政府信息公开法律培训。

在人员分工上，团队将可分割的工作分为较为独立的区块，各成员分别认领一个区块，实行“一人总负责，多人协助”的分工方法。

梳理：参考文件解读　总结公开要点

本项目中，前期的梳理总结非常重要，也是整个项目的基础。团队依据《政府信息公开条例》、《2019 年浙江省政务公开工作要点》、浙江省政务公开指数报告、各部门“三定”规定等，从法律层面确认各部门应当主动公开的依据及公开要点，形成书面材料。

（一）《政府信息公开条例》

2019 年《政府信息公开条例》在实施 11 年后首次修订完成。“以主动公开为常态，不公开为例外”是修订后条例的最大亮点，本次修订的特点主要体现在以下两个方面。

第一，扩大了主动公开的范围和深度。一方面，修订后条例第 20 条明确了主动公开的 15 项内容，同时又进一步在第 21 条中明确了设区的市级、县级人民政府及其部门还应当公开的涉及市政建设、公共服务、土地征收等方面的政府信息。另一方面，充分考虑立法的延续性和现实情况，修订前条例列举的其他各项主动公开信息继续保留。

第二，确立了若干豁免公开的情形。修订后的条例通过豁免条款，明确何种情形下可拒绝申请人的要求，在保障公众知情权与维护社会公共利益之间取得恰当的平衡。豁免条款的明确，看似是对行政机关的“保护”，实质却加大了对行政机关的监督约束力度。

该条例的修订对推进我国政务公开、提高政府工作的透明度发挥了积极作用，也对行政机关主动公开政府信息提出了更高的要求，故对修订后条例的消化、理解是本项目前期研究的重点工作之一。本团队对修订后条例有关“主动公开”之内容简要梳理如下。

1．公开内容。

根据 2019 年修订的《政府信息公开条例》第 19 条、第 20 条及第 21 条之规定，区政府应当主动公开信息范围变得更加清晰和明确，详见表 12-1。

表 12-1　必须主动公开的政府信息分解

分类	主要内容	《政府信息公开条例》
概括规定	对涉及公众利益调整、需要公众广泛知晓或者需要公众参与决策的政府信息	第 19 条

续表

分类	主要内容	《政府信息公开条例》
具体列举	1. 行政法规、规章和规范性文件 2. 机关职能、机构设置、办公地址、办公时间、联系方式、负责人姓名 3. 国民经济和社会发展规划、专项规划、区域规划及相关政策 4. 国民经济和社会发展统计信息 5. 办理行政许可和其他对外管理服务事项的依据、条件、程序以及办理结果 6. 实施行政处罚、行政强制的依据、条件、程序以及本行政机关认为具有一定社会影响的行政处罚决定 7. 财政预算、决算信息 8. 行政事业性收费项目及其依据、标准 9. 政府集中采购项目的目录、标准及实施情况 10. 重大建设项目的批准和实施情况 11. 扶贫、教育、医疗、社会保障、促进就业等方面的政策、措施及其实施情况 12. 突发公共事件的应急预案、预警信息及应对情况 13. 环境保护、公共卫生、安全生产、食品药品、产品质量的监督检查情况 14. 公务员招考的职位、名额、报考条件等事项以及录用结果 15. 法律、法规、规章和国家有关规定规定应当主动公开的其他政府信息	第20条
特别规定	1. 设区的市级、县级人民政府及其部门还应当根据本地方的具体情况，主动公开涉及市政建设、公共服务、公益事业、土地征收、房屋征收、治安管理、社会救助等方面的政府信息 2. 乡（镇）人民政府还应当根据本地方的具体情况，主动公开贯彻落实农业农村政策、农田水利工程建设运营、农村土地承包经营权流转、宅基地使用情况审核、土地征收、房屋征收、筹资筹劳、社会救助等方面的政府信息	第21条

2．形式要求。

（1）确定信息具体内容，按照上级行政机关部署，不断增加主动公开的内容。（2）建立健全政府信息发布机制，将信息通过政府公报、政府网站或者其他互联网政务媒体、新闻发布会以及报刊、广播、电视等途径予以公开。（3）加强依托政府门户网站，集中发布主动公开的政府信息，平台应当具备信息检索、查阅、下载等功能。（4）在国家档案馆、公共图书馆、政务服务场所设置查阅场所，并配备设施设备；按需设立公共查阅室、资料索取点、信息公告栏、电子信息屏等场所、设施；及时向国家档案馆、公共图书馆提供主动公开的政府信息。

3．时间要求。

除法律、法规另有规定，应当自该政府信息形成或者变更之日起 20 个工作日内及时公开。

（二）《2019 年浙江省政务公开工作要点》

《2019 年浙江省政务公开工作要点》是上级部门的考评依据，也是团队的主要参考文件。该要点以提升政务公开工作质量为主线，着力加强政策解读和回应群众关切，深入推进决策和执行公开，深化重点领域信息公开，强化政务公开体制机制保障。该要点要求各地、各单位将年度政务公开工作要点完成情况纳入政府信息公开工作年度报告，并向社会公布。《2019 年浙江省政务公开工作要点》内容简要梳理（见表 12–2）。

表 12-2　要点分解

工作要点	相关内容
加强政策解读和回应群众关切	重要政策深入解读（立体式、多方位解读，运用图解、数据、视频等方式解读）
	回应社会关切（围绕金融安全、生态环境、脱贫攻坚、减税降费、教育改革、食品药品、市场监管、社会保障等经济社会发展的热点和群众办事服务的难点痛点堵点问题进行回应）
深入推进决策和执行公开	重大决策预公开（通过听证座谈、网络征集、媒体沟通等方式征求公众意见，公开意见征集反馈和采纳情况）
	重大决策部署执行公开
	行政执法信息公开
深化重点领域信息公开	重点领域信息公开（包括三大攻坚战、“最多跑一次”、重点民生领域等）
强化政务公开体制机制保障	进一步完善工作机制，加大主动公开力度，规范依申请公开程序，优化政务公开工作考评体系
	贯彻落实 2019 年修订的《政府信息公开条例》，加强培训，加强《政府信息公开条例》的宣传解读，组织开展形式多样的普法活动
	政府信息公开指南、公开目录发布及更新情况
	各部门“三定”规定或机构设置等信息

（三）各部门“三定”规定及其他文件

“三定”规定是在单位初设或者机构改革过程中有重大变更事项时，各级机构编制部门对所辖范围内所有的党政机关、群团机关、事业单位等体制内机构颁布实施的纲领性文件。所谓“三定”是指定机构、定职能、定编制。定机构，即确定行使职责的部门，包括机构名称、机构性质、经费来源等；定职能，即规定这个单位干什么，有什么具体职能；定编制，即确定单位的编制数以及领导职数。各部门的“三定”方案有助于团队了解各部门工作职责，能提供较大参考。

此外，行政机关的其他文件亦是团队梳理总结的参考。如杭州市人民政府办公厅 2014 年 12 月 3 日下发的《关于做好 2014 年政府信息公开工作要点落实自查的通知》，对各类信息公开的时间要求、发布路径、发布内容等进行了规范要求，也是重要的参考依据。

调研：32 个部门座谈　归纳现有问题

调研座谈是本项目的一个重要环节。一则团队必须要了解各部门的实际情况及实际需求，因为仅做案头上的梳理工作容易纸上谈兵；二则在调研座谈过程中，可以不断获得委托单位的反馈，从而修正标准清单；三则调研座谈是加强与委托方沟通的重要方式，亦能展现团队敬业的态度。

（一）调研方法

由于此次调研涉及 32 个部门，一个个单独座谈费时费力，且容易重复性工作，所以在时间有限的情况下，为提高工作效率，团队采用的基本调研方法是：（1）确定 2 ～ 3 个典型部门进行试点，总结经验，形成调研方法；（2）团队内部分工，试点单位团队一起参与，在确定调研方法后，分为两个小组同时进行；（3）加强与委托单位各部门配合，采用先由各部门自查反馈，再由律师审核修订的方式。

（二）调研过程

在确定调研方法后，团队落实以下调研安排：

（1）选取3个典型部门开展第一轮调研，设计并发放调研表格，确定调研方案；（2）制作第一轮调研情况汇总表及典型部门政府信息主动公开标准清单；（3）与委托单位进行第二轮座谈，汇报调研情况，修改典型部门政府信息主动公开标准清单；（4）分批次对其余29个部门进行第二轮部门调研，掌握一手情况；（5）制作第二轮调研情况汇总表及其他部门政府信息主动公开标准清单；（6）与委托单位进行第三轮座谈，反馈第二轮调研情况。

（三）调研中发现的问题

1．各部门对政府门户网站的重视程度不够。

有些部门在区政府门户网站上的信息公开类型单一，信息更新量少。比如有的部门2005年到2019年十几年间仅更新18条信息。

2．部门之间政府信息公开把握的尺度不一致。

部门之间信息公开工作存在差距，参差不齐。信息公开种类大多是人事信息、财政预决算、政策解读等。主要原因是各部门在区政府门户网站主动公开信息的意识不够，对政府信息的公开内容和要求大多也不掌握。

3. 区政府门户网站上对部门授权公开信息的权限模块偏少。

区政府门户网站中各部门可自主决定主动公开内容部分的权限模块偏少，导致公开的信息量受到很大影响。以城站广场管委会为例，至调研期间公开的信息只有十条，主要就是预决算、公开指南和人事信息，其他模块甚至都没有开放。

4. 区政府门户网站首页上“通知公告”栏信息未分类。

从公开情况来看，很多部门可以把信息公开在“通知公告”栏，包括招标信息、街道办编外合同工招聘公告、规范性文件征求意见公告等信息。从 2018 年 1 月至调研期间有 1005 条信息，内容量非常大，但没有一定的分类标准，无法厘清里面到底公开了多少类信息。

5. 区政府门户网站上重点公开的信息领域相对较少，难以满足相应的评估要求。

从浙江省发布首期政务公开指数报告来看，其评估二级指标有十项，其中重点领域信息公开分值占比达到 30%。但区政府门户网站现有重点领域为 13 个，参考其他地区政府网站则发现，杭州市人民政府网站的重点领域为 29 个，杭州市区里排名第一的余杭区有 25 个重点领域。结合对比 2019 年浙江省政务公开要点，还缺少减税降费、重大决策预公开、回应关切、就业创业、社会保障、“最多跑一次”等一些重点领域。

6. 其他问题。

此外，团队律师在调研中还发现政府门户网站存在以下问题：（1）“搜索”功能需优化；（2）政府网站应与微信、微博等新媒体互联；（3）信息公开指南待更新；（4）要素的修正完善，如缺少信息“生成日期”“内容概述”等；（5）规范性文件解读不到位；（6）区政府的行政复议决定书应公开等。

成稿：形成标准目录　指导修改政府门户网站

经过前期梳理及中期调研，团队不断修改完善并形成了政府信息主动公开标准目录（通用版）、政府信息主动公开标准目录（各部门特色版）。两个目录版本从两个维度，框定了各部门的法定公开范围、内容等各项要求。各部门拿到目录通用版和重点领域目录，可以知道哪些信息应当公开、公开的途径有哪些（强调区政府门户网站优先）、公开期限的要求、应由哪些责任科室落实以及这一年本部门应当公开的重中之重的内容是哪些等。目录对信息公开要求有较为详细的说明，以帮助指导各个部门掌握信息公开的尺度。

同时，团队律师还起草了一份政府门户网站重点领域信息公开建议版目录。建议版目录中有 21 个重点领域专栏，还有 4 个重点参考领域（暂时不属于2019年浙江省政务公开要点范围）。该建议版目录一方面更加贴合2019年的公开要点（比如律师建议进行增加重大决策预公开和政策解读，也可以将政府文件和政策解读放在政府信息公开首页专栏中），另一方面将对应的认领部门也予以明确，如此可将信息公开的重点领域落实到相关部门，保证信息公开的规范化和更新量。

在形成标准目录及网站调整建议后，团队律师指导各部门以政府信息主动公开标准目录（通用版）及政府信息主动公开标准目录（多部门特色版）为依据，结合律师提供的建议，进行政府门户网站的完善调整。

（一）政府信息公开项目标准目录（通用版）

经过座谈和表格反馈，以《政府信息公开条例》第20条为主干线，结合《2019年浙江省政务公开工作要点》中共性的工作要点，借鉴其他评分排名靠前的县区网站的经验，起草政府信息公开标准目录通用版，框定每年各部门法定公开的通用范围、内容等各项要求。

拟解决的问题：（1）各部门对政府门户网站的重视程度不够，较多信息公开在微信公众号、微博等渠道，政府门户网站公开信息量过少；（2）各部门对公开事项、内容等的把握尺度不统一，比如对哪些属于公开事项不清楚、政策解读方式缺少多样化、对行政规范性文件的概念不了解等。

作用：提高各部门主动公开意识，帮助每个部门掌握政府信息公开的统一尺度。各部门可按照表格中的内容、要求和详细的说明等，知道哪些信息应当公开、公开的途径有哪些（强调区政府门户网站优先）、公开期限的要求、应由哪些责任科室落实等（见表12-3）。在落实通用版目录、增多网站授权模块的同时，公开信息量会得到提升。

表12-3　各部门通用目录

序号	公开事项	公开内容（要素）	具体公开要求或文件名	公开平台	公开时限	对应目录
1	机构信息	机关职能、机构设置、办公地址、办公时间、联系方式、负责人姓名、分管领域	（1）依据“三定”规定及职责调整情况确定的本部门最新法定职能；（2）机构设置包括内设机构、直属单位和派出机构等	上城区人民政府门户网站	形成或变更之日起20个工作日内	1
2	公开指南	政府信息的分类、编排体系、获取方式，公开工作机构的名称、办公地址、办公时间、联系电话、传真号码、电子邮箱等	按2019年修订的《政府信息公开条例》进行相应调整	上城区人民政府门户网站	即时	13

续表

序号	公开事项	公开内容（要素）	具体公开要求或文件名	公开平台	公开时限	对应目录
3	政府文件	本部门制定的行政规范性文件	（1）行政规范性文件的定义参见《浙江省行政规范性文件管理办法》第3条的规定；（2）法律、法规、上级机关制定的规范性文件不作公开要求；（3）征求公众意见阶段，应当公布行政规范性文件草案；（4）行政规范性文件的清理结果应当及时公布；（5）涉及居民利益的信息，还应在社区的公告栏上张贴	上城区人民政府门户网站	形成或变更之日起20个工作日内	2-1
4	政策解读	对规范性文件的相关解读	（1）对规范性文件同步公开解读，同步组织、同步审签、同步发布制度。以区政府办公室名义发文、草拟规范性文件的部门单位同步提供解读；（2）解读形式要求图文并茂，需要采用图文、视频、幻灯片等多种形式	上城区人民政府门户网站	与文件同步公开	2-2

续表

序号	公开事项	公开内容（要素）	具体公开要求或文件名	公开平台	公开时限	对应目录
5	工作动态	部门工作信息	工作要点、专项规划，年度工作计划总结、重大活动安排，通知公告文件等。对于无法归类到其他事项的信息，可以放在本事项内	上城区人民政府门户网站（优先）、微博、微信公众号	形成之日起20个工作日内	11-2
6	重大决策	重大决策事项公布，决策草案、依据等，听证会、新闻发布会、规范性文件的意见征求及结果等	各部门均需要公开重大决策或规范性文件的草案和依据，并在决策前广泛征集意见，采取听证座谈、论证会、列席会议等形式扩大公众参与，及时公开意见采纳情况及未采纳的原因等	上城区人民政府门户网站	形成或变更之日起20个工作日内	3
7	依法行政	各类行政许可，行政处罚，行政强制措施，便民服务的依据、条件、程序、结果等信息	参照浙江政务服务网的要求	浙江政务服务网（各部门目录有专门要求的，同时按专门要求执行）	参照浙江政务服务网的要求	4
8	人事信息	人事任免文件	例如：关于某某同志职务任免的通知	上城区人民政府门户网站	即时公开	7

续表

序号	公开事项	公开内容（要素）	具体公开要求或文件名	公开平台	公开时限	对应目录
9	建议提案	人大、政协意见、建议的答复	例如：关于区政协（人大）某某会议第某某号提案的回复	上城区人民政府门户网站	即时或20个工作日内	11-1
10	应急处置	应急预案、预警信息及应对情况	例如：杭州市上城区地震应急预案	上城区人民政府门户网站	即时或20个工作日内	10
11	财政信息	专项资金、财政预决算、收支情况及“三公”经费信息	例如：上城区某某部门某某年度预算（决算）表、上城区某某部门三公经费表等	上城区人民政府门户网站	即时或20个工作日内	8
12	公共资源配置	国有土地使用权出让、政府采购、国有产权交易、工程建设项目招标投标等	公共资源交易项目的交易流程、受理备案和公告等	杭州市公共资源交易网；浙江政府采购网；上城区人民政府门户网站（其余归入公示公告）	参照相关网站要求	5
13	信息公开年报	政府信息公开工作年度报告	可提供推荐模版，各部门需进行图文解读	上城区人民政府门户网站	每年1月31日前	15

（二）政府信息公开项目标准目录（各部门特色版）

经过座谈和表格反馈，团队律师从各部门“三定”规定、主要职责入手，对《2019年浙江省政务公开工作要点》中的部门工作要点进行分解，综合其他评分排名靠前的县区网站经验，起草政府信息公开标准目录各部门重点领域版。该目录对各部门政府信息公开中的重点领域从具体公开内容、要素、公开途径、期限等进行指导。

拟解决问题：（1）各部门对自己个性化、重点公开的事项、内容等不太掌握问题；（2）部分 2019 年政务公开要点尚未分解落实到各部门的问题。

作用：各部门手中有通用版和重点领域版两张表格，基本可以做好各自部门的政府信息主动公开工作。同时，表格可起到起承转合的作用，既能补充通用版目录的内容，突出各部门重点公开内容，又能帮助区政府指导调整各部门的重点公开领域，为打造好区政府门户网站政务公开中的“重点公开领域”做好铺垫。

以区发展改革和经济信息化局为例，相应表格见表 12–4。

表 12–4　各部门特色目录

<table>
<tr><th>序号</th><th>公开事项</th><th>一级事项</th><th>二级事项</th><th>具体公开内容（要素）</th><th>公开平台</th><th>公开时限</th><th>对应目录</th></tr>
<tr><td rowspan="2">1</td><td rowspan="2">重大建设项目（2019年公开重点）</td><td rowspan="2">批准结果信息</td><td>政府投资项目可行性研究报告审批</td><td>审批结果、批复时间、批复文号、批复单位、项目名称、项目统一代码等</td><td rowspan="2">浙江政务服务网投资项目在线审批监管平台</td><td rowspan="2">参照该网站要求</td><td rowspan="2">重大建设项目</td></tr>
<tr><td>企业投资项目核准</td><td>审批结果、批复时间、批复文号、批复单位、项目名称、项目统一代码等</td></tr>
</table>

续表

序号	公开事项	一级事项	二级事项	具体公开内容（要素）	公开平台	公开时限	对应目录
			企业投资项目备案	备案号、备案时间、备案单位、项目名称、项目统一代码等	浙江政务服务网投资项目在线审批监管平台	参照该网站要求	重大建设项目
			节能审查	审查结果、批复时间、批复文号、批复单位、项目名称、项目统一代码等			
2	规划计划	分析报告信息		例：关于某某区2018年国民经济和社会发展计划执行情况及2019年国民经济和社会发展计划草案的报告	上城区人民政府门户网站	信息形成之日起20个工作日	国民经济和社会事业发展
3	行政事业性收费	收费情况		收费项目及其依据、标准；年度收费情况报告。清理规范涉企乱收费（2019年公开要点）	上城区人民政府门户网站	信息形成之日起20个工作日	其他财政信息

注：1. 表格中标波浪线部分为2019年浙江省政务公开工作重点，需要予以重点落实。

2. 公开平台优先在区政府门户网站公开，并参照对应目录进行公开。

（三）重点公开领域的调整建议

根据调研发现的问题，急迫需要在重点公开领域范围和内容上欠缺这个缺板上补齐。因此，团队律师对网站信息公开重点领域起草了一份建议版目录，建议版目录中有21个重点领域专栏，另外还有4个重点参考领域（暂时不属于2019年浙江省政务公开要点范围）。该建议版目录一方面更贴合2019年的信息公开要点，另一方面将对应的认领部门也予以明确（见表12-5）。如此，不仅更贴合政务公开要点，便于各部门抓住评估权重占比高的指标，也调动了部门主动公开重点领域信息的积极性。

表12-5　各部门重点公开领域目录

原有栏目	2019年建议调整后栏目	认领单位（具体公开要求详见各部门重点领域目录）或提供链接	备注
公共服务项目	政务服务事项	浙江政务服务网链接	2019年政务公开要点强调
无	行政权力清单	浙江政务服务网链接	2019年政务公开要点强调
无	部门责任清单	浙江政务服务网链接	借鉴余杭区等地
无	“放管服”改革	发展改革和经济信息化局牵头，行政审批服务管理办公室、市场监督管理局配合，重点含“市场准入负面清单”“清理规范涉企乱收费项目”内容	2019年政务公开要点强调，且借鉴余杭区等地
重点建设项目和公共资源配置	重点建设项目	发展改革和经济信息化局牵头（重大建设项目按照流程梳理公开批准服务、批准结果、招标投标等有关信息）	2019年政务公开要点强调
社会救助	脱贫救助	民政局牵头	2019年政务公开要点强调

续表

原有栏目	2019年建议调整后栏目	认领单位（具体公开要求详见各部门重点领域目录）或提供链接	备注
征地拆迁和保障性住房	征地拆迁和保障性住房	住房和城市建设局牵头	2019年政务公开要点强调
金融领域	金融安全	金融工作办公室、公安分局	2019年政务公开要点强调
环境保护	生态环境	杭州市生态环境局上城分局（重点发布污染防治、生态保护、环境执法和环境影响评价项目审批情况）	2019年政务公开要点强调
教育领域	教育改革	教育局	2019年政务公开要点强调
卫生领域	医疗卫生	卫生健康局	2019年政务公开要点强调
食品药品安全领域	食品药品安全监管	市场监督管理局	2019年政务公开要点强调
发展新产业、培育新动能、化解过剩产能	减税降费	财政局	2019年政务公开要点强调
无	重大决策预公开	政府办公室牵头、各部门配合	2019年政务公开要点强调
安全生产监管	回应关切	各部门负责	2019年政务公开要点强调

续表

原有栏目	2019年建议调整后栏目	认领单位（具体公开要求详见各部门重点领域目录）或提供链接	备注
无	政府文件、政策解读	司法局牵头、各部门配合	政府文件和政策解读两块参照宁波市鄞州区等县区，建议放在区政府门户网站政府信息公开首页突出栏目中
无	公共资源配置	提供浙江省或杭州市公共资源交易网的链接	2019 年政务公开要点强调
无	“最多跑一次”	行政审批服务管理办公室牵头、各部门配合	2019 年政务公开要点强调
无	就业社保	人力资源和社会保障局、民政局、街道办事处	2019 年政务公开要点强调
无	双随机、一公开	各部门（浙江政务服务网公开率达 100%，亦可提供链接）	2019 年政务公开要点强调
无	双公示	行政处罚已经在浙江政务服务网公示，但行政许可没有	2019 年政务公开要点强调
无	灾害应急	应急管理局、民政局	
无	公共文化体育	文化和广电旅游体育局	
无	价格收费	发展改革和经济信息化局	
消费升级和产品质量升级	消费升级和产品质量提升	市场监督管理局	

结项：六大成果　提交完美答卷

本项目从接受委托到最终完成历时两月余，在团队成员分工协作下，团队最终形成六大项目成果，提交了一份完美的答卷。

（1）政府信息主动公开标准目录（通用版）。公开事项包括机构信息、公开指南、政府文件、政策解读、工作动态、重大决策、依法行政、人事信息、建议提案、应急处置、财政信息、公共资源配置、信息公开年报共13类。每个事项对应总结了公开内容、具体公开要求、公开平台、公开时限及对应目录。

（2）政府信息主动公开标准目录（各部门特色版）。该部分对32个部门政府信息公开中的重点领域进行指导。公开事项分为一级公开事项和二级公开事项，再根据一、二级公开事项总结具体公开内容、公开平台、公开时限及对应目录。

（3）政府信息主动公开工作项目律师意见书。此为律师团队就本次服务项目提供的法律意见，共分三篇。第一篇为工作路径，第二篇为发现的问题，第三篇为解决途径。另附四个附件，包括各版本标准目录的解读、法律服务工作记录表、政府信息公开标准目录（通用版）、政府信息公开重点领域栏目的调整建议。

（4）政府信息主动公开标准化服务手册。包括产品名称、服务对象、服务团队、产品内容、服务流程、服务成效、成果展示七大块内容，是团队律师对本次项目全过程总结的服务手册。

（5）政府信息主动公开工作项目工作汇报幻灯片。工作汇报包括专项工作思路、工作回顾、工作成果解读、意见及建议四部分，有助于委托方了解本次服务的全过程，理解项目成果。

（6）政府信息公开条例解读法律培训讲座。团队律师为委托单位进行了一场政府信息公开条例法律讲座，讲述了 2019 年修订的《政府信息公开条例》的立法宗旨和意义、主要内容、基本要求以及政府信息公开方面的行政争议，以便委托单位深入理解此次法律修订的主要变化，并将其运用到工作实践中。

当“天使”变成“魔鬼”
——创始股东离职股权纠纷案纪实

近年来，电子商务交易 B2B（也称 BTB，Business-to-Business 的缩写）模式因为可以切实有效提高行业运行效率，成为新的投资热点，其商业模式迭代升级，行业规模不断扩张。许多行业 B2B 平台通过借力资本市场，并利用互联网、物联网、大数据分析等技术乘势而起，成为业内风口浪尖的弄潮儿。

商业大潮席卷而来，具有近十年化纤贸易经验的方某，敏锐地察觉到化纤行业 B2B 具有广阔的发展前景。2015 年 6 月，方某联合具有深厚 IT 技术背景的朱某成立杭州 JF 公司（以下简称 JF 公司）。公司的愿景是成为国内领先的化纤行业一站式服务平台。公司主营业务有化纤头条、撮合交易、企业交易定制、供应链金融、企业云端等。

JF 公司成立后，方某担任公司首席执行官，朱某担任首席运营官。因两人经营有方、合作默契，公司发展迅速，备受投资人青睐。公司运营才一年便完成A轮融资1500万元。2016年12月公司累计交易额突破200亿元。

创始股东突变

方某虽然在化纤行业从事贸易多年，但对电子商务却是一窍不通。经过朋友引荐，方某结识了计算机领域行家里手的朱某。朱某不仅熟悉电子商务模式，而且还表示愿意一起创业。这对于白手起家的方某来说犹如天使投资人。为感谢朱某的加入和付出，方某在公司成立之初将12%的公司股权以激励方式赠与朱某。于是，朱某正式成为JF公司创始股东。

然而，2017年4月，正当JF公司业绩蒸蒸日上、前途一片大好之际，朱某突然提出辞呈。朱某表示离职的理由是发现公司存在巨额坏账而自己毫不知情，因此股东彼此之间已失去信任，并指责方某经营行为失当、损害股东利益、损害公司利益。朱某表示其所拥有的公司12%股权，方某应依据A轮融资1.2亿元估值标准计算股权回购价，再加上其他离职赔偿款，合计应支付500万元。

对于突如其来的离职要求，方某措手不及。为了挽留朱某，方某多次和朱某交心长谈，解释朱某的误会和疑问。多方努力后，朱某同意继续留职3-6个月处理其离职后的善后事宜。然而，就在朱某承诺后半个月不到，其就不作任何解释地消失了。JF公司因为首席运营官的突然离职陷入了泥潭。

经历了这次突变后，方某开始多方面了解朱某的背景和个人情况，试图能够找到解决问题的方案，并挽回朱某。经过多方面了解，方某发现朱某在前面几家公司的任职时间都比较短，基本上都是在其任职公司获得投资人A轮投资后，用直接套股变现或保留部分股权升值的方式离职。

萧墙之祸

朱某是公司创始股东，也是曾经的重量级“天使”员工。他在准备离开公司时，要求公司允许其离职，并以500万元支付其股权回购价和离职赔偿款。JF公司多次挽留朱某无果后，按照正常的离职程序并且计算股权回购价后，认为朱某提出的要求明显不合理而拒绝。

在被公司拒绝后，朱某便企图通过向公司A轮投资人举报公司存在经营、财务风险，向方某施加压力。举报的主要内容包括：（1）经营存在关联交易等重大违规风险；（2）财务管理不善，出现巨额坏账；（3）公司发展前景无望无法在资本市场立足。而在未经JF公司股东会召集程序批准，朱某便将财务工作人员梳理的现金情况说明通过电子邮件方式发给各投资人。

作为一个正处在成长阶段的企业，作为一个需要企业家无间合作才能吸引投资的公司，朱某的离职和私下举报行为，立即在公司内外引发了轩然大波。该举可能产生的负面后果主要有：（1）引发投资人对公司经营、财务状况以及首席执行官方某的个人能力的诸多猜测；（2）一旦投资人对公司和首席执行官方某失去信任，将触发投资人撤资、起诉公司坏账等情况；（3）极有可能导致公司后续融资停滞不前；（4）500万元对处在创业阶段的方某和公司是不可承受之重；（5）容易导致公司核心团队人心不稳。

公司腹背受敌

几个投资人在接到朱某举报之后高度重视，立即派人到公司了解情况。一时间，作为公司首席执行官的方某陷入腹背受敌的巨大信任危机之中。方某也因未及时察觉朱某的真实意图，处境变得极为被动。而公司经营停摆，前途岌岌可危，生死存亡，悬于一线。

所幸的是，投资人经过调查，了解到JF公司经营中遇到的真实情况，选择继续信任和支持方某。经过JF公司其他几位股东集体商议后，大家一致同意通过下一轮融资方式补足公司亏损。对于朱某提出的回购条件，股东们也一致希望朱某能够在帮助公司平稳过渡的前提下，计算出公平合理的股权回购价后满足其退股要求。

然而，朱某见通过股东施压的方案无果后，又不断地在同行业市场发表对公司不利的言论。JF 公司不得不一方面高价聘请公关团队消除不利言论，频繁地劳苦奔波于向投资人作出合理解释的路上；另一方面仍然抱着息事宁人的想法，多次与朱某协商股权回购和离职事宜。因股权回购价双方心理预期相差悬殊，始终未能达成一致。

律师来支招

正当股权回购事宜一筹莫展之际，JF 公司想到了无论是股权回购还是高管离职都不仅仅是经营管理的问题，也同时是一项专业的法律问题，应当寻找专业律师帮助解决困局。

在接到 JF 公司的求助之后，笔者与团队律师一起详细地了解相关情况。律师团队明确当务之急是重建投资人信心和行业口碑，向投资人说明公司现有财务状况并作出合理解释，说明现有公司业务模式、发展方向、业务风控模型及措施，并正确处理朱某离职问题。

为此，要做的准备工作主要有：（1）摸底。摸清公司业务情况和朱某个人情况。业务情况包括业务模式、盈利模式、资金流向及相关法律文件等；朱某个人情况包括朱某签署过、参与过的所有文件、协议、资料说明及工作业绩、考评等。（2）排雷。根据摸底情况，逐项排查公司的业务经营、资金处置、财务运作等是否存在违规和不可挽回的情形。（3）对朱某进行直接对话和安抚。

在律师团队的建议下，方某向朱某发送了一封邮件，向其示好，以减少其进一步伤害公司的动作。然后，一边做准备工作，一边安排团队律师与朱某进行面对面沟通，了解其最新想法，并指出其要求的不合理之处。

曙光乍现

经过缜密认真的前期准备工作，受托律师团队在厚厚的公司文件中发现了两份重要文件，《股权激励协议》与《增资协议书》。根据这两份协议，朱某单方离职，方某、公司、诸投资人均有权无偿回收朱某股权。

（1）2015 年 12 月，朱某与方某签订了《股权激励协议》，其中第 1 条约定："乙方（朱某）在本协议签署后并完成股权工商登记后持有的 12% 公司股权及其对应的注册资本 24 万元为限制性股权，受限于为期四年的兑现期……"第 2 条约定："乙方在此同意，如果其在兑现期内的任何时间因任何原因与公司终止了雇佣关系，甲方（方某）有权以书面通知乙方的方式，以人民币 1 元或法律允许的最低价格收购乙方届时未兑现的限制性股权。但对于单方终止劳动合同，由于乙方任何有损公司利益的行为而离开公司或从事公司竞争业务、参与或加入公司竞争对手，则无论限制性股权是否已兑现，均将被甲方予以无偿或法律允许的最低对价受让。”

（2）2016年6月，方某、朱某及诸投资人签订了《增资协议书》，其中第8.12条中的“（1）”约定：“创始股东在本协议签署之日持有的公司股权及其对应的注册资本为限制性股权（以下简称限制性股权），受限于为期四年的兑现期……”第8.12条中的“（3）”约定：“创始股东同意，如某一创始股东在兑现期内的任何时间因任何原因与公司终止了雇佣关系，则公司或其他股东或投资方【按照第8.12条中的‘（2）’约定的顺序行权】有权以书面通知离职股东的方式，以人民币1元或法律允许的最低价格收购离职股东届时未兑现的限制性股权，并要求离职股东就其离职后有权继续持有的已兑现的限制性股权的表决权签署形式和内容均令公司、其他股东及投资方满意的股权表决权委托书。但对于单方终止劳动合同，由于离职股东任何有损公司利益的行为而离开公司或从事公司竞争业务、参与或加入公司竞争对手的离职股东，则无论限制性股权是否已兑现，均将被公司或其他股东或投资方【按照第8.12条中的‘（2）’约定的顺序行权】予以无偿或法律允许的最低对价受让。”

根据以上约定，朱某的股权为分期兑现的限制性股权，其对方某、公司和其他投资人均负有限制性义务。若朱某单方终止劳动合同、因任何有损公司利益的行为而离开公司或从事公司竞争业务、参与或加入公司竞争对手，无论限制性股权是否已兑现，方某、公司和其他投资人均有权无偿或以法律允许的最低对价回收朱某股权。因此，能否无偿回收朱某股权，关键在于朱某是否单方终止了劳动合同。

（一）朱某是否符合双方协议解除劳动合同

朱某提出解除劳动合同的理由是，方某经营行为失当，损害股东利益和公司利益等，认为公司已默认其离职。但根据《劳动法》第24条："经劳动合同当事人协商一致，劳动合同可以解除。"《劳动合同法》第36条："用人单位与劳动者协商一致，可以解除劳动合同。"双方协议解除劳动合同须满足两个条件：（1）自愿。（2）对劳动合同解除具体事项已经达成一致。显然，朱某不符合双方协议解除劳动合同的法律要件。

值得一提的是，2017年5月28日，方某在给朱某发送的一封邮件中曾写道："为稳定团队，减少非议，平稳过渡，5月我会以你请假方式处理，6月会尽可能小动作地处理。"这封十分被动的邮件，是否可以看作公司默认与朱某协议解除劳动合同?

首先，方某和朱某从未就劳动合同达成解除协议。其次，之所以发这封邮件：一方面是因为劳动者享有劳动合同法定解除权；另一方面是因为方某在与朱某多次面谈、电话协商后都无果，发邮件是为了最大程度降低朱某离职对公司的负面影响而做出的被动安排。因此，该邮件不能说明公司与朱某达成了协议解除劳动合同的合意。

（二）朱某符合单方解除劳动合同的法律分析

根据相关法律规定，劳动者拥有劳动合同法定解除权和任意解除权。《劳动法》第31条规定：“劳动者解除劳动合同，应当提前三十日以书面形式通知用人单位。”第32条规定：“有下列情形之一的，劳动者可以随时通知用人单位解除劳动合同：（一）在试用期内的；（二）用人单位以暴力、威胁或者非法限制人身自由的手段强迫劳动的；（三）用人单位未按照劳动合同约定支付劳动报酬或者提供劳动条件的。”《劳动合同法》第38条规定：“用人单位有下列情形之一的，劳动者可以解除劳动合同：（一）未按照劳动合同约定提供劳动保护或者劳动条件的；（二）未及时足额支付劳动报酬的；（三）未依法为劳动者缴纳社会保险费的；（四）用人单位的规章制度违反法律、法规的规定，损害劳动者权益的；（五）因本法第二十六条第一款规定的情形致使劳动合同无效的；（六）法律、行政法规规定劳动者可以解除劳动合同的其他情形。用人单位以暴力、威胁或者非法限制人身自由的手段强迫劳动者劳动的，或者用人单位违章指挥、强令冒险作业危及劳动者人身安全的，劳动者可以立即解除劳动合同，不需事先告知用人单位。”

JF公司的《公司员工手册》规定：“员工一个月内连续旷工三个工作日或一年内累计旷工五个工作日及以上的，视为自动离职并解除劳动合同。”2017年4月28日，朱某表示要在5月底离开公司，经挽留，朱某同意继续留职3-6个月。但2017年5月16日，朱某私自离开公司后再未回来上班。8月2日，公司向朱某发送劳动人事通知书，要求其在收到函件后3个工作日内回公司上班，逾期未到岗的，将视为单方离职。朱某对此未予理会。

《浙江省劳动争议仲裁委员会关于劳动争议案件处理若干问题的指导意见（试行）》第46条第1款规定：“对劳动者无正当理由未办理请假手续，擅自离岗连续超过十五日，用人单位规章制度已有规定的，按相关规定执行；用人单位规章制度无规定的，用人单位可以劳动者严重违反劳动纪律为由，解除劳动合同。”

综上，根据相关法律规定，再结合朱某离职的事实、证据，可以认定朱某是自动离职，已单方解除劳动合同，其股权可以被无偿回收。

（三）朱某离职应对思路

在初步掌握朱某单方离职的事实和证据后，为更好地知己知彼，团队律师特意与朱某进行了几次面对面沟通，了解到其离职后因身份限制无所事事，现在急于从公司脱身。

对此，团队律师专门制作了“朱某事件应对思路”，提示方某注意以下几点：（1）朱某要求谈离职时，向其表示自己很忙，他的事已交公司人事和律师处理；（2）股权回购牵涉其他投资人利益，需开股东会决定；（3）对朱某明确其离开公司，性质上属于单方离职，将“单方离职”法律后果清晰地解读给朱某；（4）不避讳公司经营过程中确实存在的一些问题，但明确告知朱某如果夸大或者编造事实，则将侵害公司名誉权，法律后果自负。

重建投资人信心

律师经过摸底和法律风险排查后发现，公司没有明显的违规情形，财务状况亦有合理解释、弥补办法。为打消投资人顾虑，方某专门召开了投资人会议。

在律师的指导下，方某主要就以下几点进行了阐述：

（1）行业发展现状、愿景良好，资本市场看好，公司近期将完成1500万元的融资。

（2）第三方财务咨询公司进驻，公司财务规范化和系统化稳步推进。

（3）有技巧地重申合法合理地处理朱某离职及回收其股权的重要意义：

第一，创始股东朱某对公司缺少必要的忠诚度。作为公司创始人之一，朱某没有承担起应有的责任，不但一走了之，更四处投诉举报，还提出明显不合理的股权回购价格，让其继续持有股权具有很大风险。

第二，朱某继续持有公司股权，对其他股东、员工不公平。

公司未来的升值应与风雨同舟的伙伴分享。朱某的股权被回收后，将用于进一步执行股权激励制度，为未来引进优秀员工留下空间。

第三，恪守契约精神。对朱某的提前离职行为，应根据《增资协议书》处理。

（4）重述首席执行官的创业愿景，凝心聚力。首席执行官将带领团队实现一个“大宗商品零售化”可能，建造一个一流的化纤行业内的电子商务平台。

诸多投资人在得知朱某离职问题能得到妥善解决，其股权可以被无偿回收，公司财务也已转向正轨之后，对公司和方某重拾信心，不再理会朱某的悠悠之论。团队律师再次与朱某沟通时，已明显感觉到其态度发生了巨大转变，反而一再强调希望保留部分股权。

软硬兼施圆满收官

至此，在律师团队和方某的共同努力下，整个事件朝着预期的方向发展，信任危机渐渐缓和，转危为安，我方由被动转为主动。在此基础上，律师趁热打铁，积极与朱某进行沟通、谈判，并制作股权谈判方案及注意要点。

谈判基调：（1）朱某已单方与公司解除劳动关系，洽谈是为解决朱某持有公司股权的处置问题；（2）根据《股权激励协议》《增资协议书》，方某、公司和诸投资人有权无偿回收朱某股权；

（3）基于人道主义，公司愿意给予朱某几十万元的象征性补偿，但补偿款不是股权回购款；（4）打包处理双方所有纠纷，彼此案结事了再无纠纷；（5）要求朱某配合公司及关联公司办理相关工商变更登记；（6）明确告知朱某各种损害公司合法利益的行为可能导致的各种法律后果和责任。

具体方案：（1）由我方先发制人，第一轮报价补偿价格为40万元，上下浮动10万元；（2）明确拒绝朱某提出的任何保留股权方案；（3）补偿价格确定之后，朱某应当协助进行公司及关联公司相关工商变更登记。

注意要点：（1）主谈判人为团队律师，方某只负责从旁协助；（2）对补偿价格态度要坚定，明确没有协商的余地；（3）向对方传递“我方并不着急”的信息，展开心理攻势。

由于失去投资人支持，单方离职的行为也被坐实，朱某已无谈判筹码，整个谈判进程由我方掌控。谈判结果：（1）公司以1元对价回收朱某所有股权；（2）朱某不再担任公司及关联公司的法定代表人、董事、高管等职务，并协助办理相关工商变更登记；（3）公司分期补偿朱某50万元。

谈判结果与预期基本相符。

结　语

浙商是中国经济发展的重要推动力量，浙江不断涌现出一大批卓有成就的企业家，他们凭借“历经千辛万苦、说尽千言万语、走遍千山万水、想尽千方百计”的“四千精神”克服种种困难艰苦创业。

但瞩目成绩的背后，是艰辛的付出和面对和解决许多突如其来的挑战和困难。如前文中的方某及其公司，因亲密战友执意离职倒戈相向，一朝祸起萧墙，便随即陷入巨大的信任危机之中，稍有不慎，满盘皆输。虽然在律师团队的帮助下，方某及其公司最终化险为夷、转危为安，但处理过程却也使当事人惊出一身冷汗。

创业之路无坦途，往往天寒地冻、路远马亡，也往往穷山距海、荆棘满途。这些困难对企业来说，既是考验，又是警示。企业在追求卓越的奋斗过程中，要时刻谨记诚信守法的法律底线，加强法律风险管理，尤其是在引进人才的时候，既要综合考评其能力，又要充分预估道德风险，提前做好法律风险防范。

律师如何参与重大突发事件处置
——“蓝色钱江保姆纵火案”纪实

2017年6月22日5时许，素有“人间天堂”美誉的杭州的一处高档住宅小区突发熊熊大火，打破了清晨的宁静，也揭开了一桩惨案。蓝色钱江小区一女业主于5时4分35秒向杭州“119”指挥中心首报火警，6时48分大火被扑灭，但抢救出来的女主人和她的三个孩子被夺走了宝贵的生命。不到两个小时的时间，一个原本幸福的家庭分崩离析，“人间天堂”核心区域的一隅成为了无情炼狱。

经查，这是一起人为纵火案件，住家保姆莫某某被列为重大嫌疑人。当时，此案瞬间占据了各网络媒体头条，成为吸引社会公众关注的重大焦点。各种报道鱼目混珠，更不乏有借机炒作，制造舆论，唯恐天下不乱之人。诸如“消防迟延救援，政府坐视不管”“保姆与男主人有私情”等毫无依据的谣言甚嚣尘上。案件审判纵火者莫某某的罪责已毋庸置疑，但随之而来的是对消防、物业甚至是政府的追问。人们不禁发问：案发现场地处市中心为何救援不力？是否存在其他原因导致了这一悲剧？还有谁应该为这一事件负责？类似的惨剧是否仍会上演？

案件的恶性程度不断催发公众质疑，不少微博大 V、明星名人加入评论，受害人家属情绪激动，社会民心不稳，若该事件处理不善，极易产生不良的社会影响。因此，政府应对突发公共事件和应急管理工作迫在眉睫。

（一）突发公共事件及应急管理的概念和要求

所谓突发公共事件，根据《突发事件应对法》的定义，是指突然发生，造成或者可能造成严重社会危害，需要采取应急处置措施予以应对的自然灾害、事故灾难、公共卫生事件和社会安全事件。应急管理，则是政府及其他公共机构为避免、减少突发公共事件所造成的损害而采取的预测预防、事件识别、紧急反应、应急决策和处置以及应对评估等管理行为，以此来防范、化解危机，恢复社会秩序，保障公民正常生产生活，维护社会稳定。对照之下，“蓝色钱江保姆纵火案”因其本身的性质、恶劣的社会影响以及案发后民众的高关注度，毫无疑问是从属于这一范围的一起突发社会安全事件，需要政府进行应急管理，谨慎地予以处理。

根据国务院及地方各级政府对政府处理突发公共事件的要求，结合“蓝色钱江保姆纵火案”的实际处理过程，政府在突发公共事件发生后的应对流程主要分为以下几个方面：紧急控制事态、找到事件症结、及时通报进展、迅速解决问题、总结经验教训。这些应对要求意味着大量的工作必须及时、全面地开展，除了政府部门本身的工作外，其在一定程度上必须借助外界力量。事实上，基于专业性的自身优势，律师在突发公共事件的处置和应急管理方面能发挥重要的作用。

笔者及团队律师接受本事件所在区政府的委托，全程参与了区政府针对“蓝色钱江保姆纵火案”突发公共事件的处置，运用专业法律知识，结合实操经验，积极协助政府各项应急管理措施，引导司法途径的介入，化解公众舆论压力，最终历时近一年的时间还死者以尊严，还死者家属以真相，还社会以安宁。那么，律师团队在这一过程中具体做了些什么？让我们回到事件的起点，跟随工作记录一探究竟。

（二）律师参与突发公共事件处理的工作项目和步骤

1．快速调查和掌握第一手案件事实。

事件爆发后，一时间出现了各种声音，当中还夹杂着许多不实并具有煽动性的言论。例如，2017 年 6 月 23 日一名微博认证网友“婚恋情感专家凌子”编造发布“6.22 放火案女保姆与男主人有不正当关系”的不实信息，该信息发布者之后被拱墅警方处以行政拘留及罚款。可见，尽早厘清事件真相和背后的法律关系并发布，还舆论以真实，是应急处理的重中之重。

作为律师，处理突发公共事件的第一要务就是立足案件基本事实。所以，在案发第二天笔者和团队律师即快速反应，赶赴火灾现场——蓝色钱江小区进行实地调查和走访。首先，律师团队对火灾现场的基本情况进行了实地走访，对火灾现场情况、小区的周边环境、消防设施的状态、物业管理的情况均一一进行了查看和摸底。其次，律师团队开始接触和走访政府相关工作人员，调查了解目前已经开展的各项处置措施。最后，律师团队初步接触了受害人家属，了解其困难和诉求。这一步工作非常关键，因为律师的工作不能仅仅停留在案头上的分析和判断，直观地了解和感知现场以及和当事人直接沟通等工作都是必要的前提工作，这也能对之后律师发表关于责任认定和后续处置方案的分析意见起到重要作用。

被大火肆虐后支离破碎而乌黑的楼面触目惊心，与小区内灵堂上年轻的女主人还有三个可爱孩子的照片形成了鲜明的对比，一股浓重的悲伤情绪弥漫在周遭，还有全国各地自发前来悼念的人们络绎不绝。所有这些都触动着作为普通人的团队律师，也强烈地激发了团队律师的工作干劲，令团队律师感到有责任尽快化解危机，恢复社会秩序。

2．整理相关法律法规。

从现场返回律所后，根据接受委托时和调查中了解到的基本案情，我们开始检索相关的法律法规，以形成法律依据上的参考。“蓝色钱江保姆纵火案”案情看似简单，却涉及刑事、民事、行政三大方面的法律关系。根据政府部门发出的委托内容，对民事赔偿责任的承担和政府部门行政责任的分析是本次法律服务的重点。因此，依照既全面收集又有所侧重的方针，律师团队对《侵权责任法》〔1〕《物业管理条例》《消防法》《国务院关于进一步加强消防工作的意见》〔2〕《火灾事故调查规定》《浙江省消防条例》等各层级的法律法规都进行了仔细研读，并归纳和此次工作关系密切的责任认定和政府职能规则。与此同时，对后续处置中可能涉及的《殡葬管理条例》《继承法》〔3〕《保险法》在本案中的适用进行了预案。

3．收集近似案件资料。

收集近似案件资料的工作同法律法规的收集工作密不可分，也同样是以“蓝色钱江保姆纵火案”的基本案情为基础展开的。我们通过对近似的火灾事故、放火案件的判决书进行收集，以及对这些判决中关于责任主体、责任比例的认定进行归纳，结合相关部门案情调查结果和法律规定检索，得出了初步结论：在民事责任方面，此类案件应当依照民法的过错原则归责，根据涉事各方在案件中是否存在主动侵权行为或未尽义务的过错以及过错比例进行责任认定和追究。例如，针对当时被广泛关注的物业责任，

---

〔1〕《侵权责任法》2010年7月1日施行，2021年1月1日被废止。

〔2〕《关于进一步加强消防工作的意见》2006年5月10日施行，2015年11月27日被废止。

〔3〕《继承法》1985年10月1日施行，2021年1月1日被废止。

实质上需要明确物业在这样一起案件中是否尽到了法定及物业合同约定的安全管理义务，从而解决物业是否承担责任以及承担多少责任的问题。并且，通过对类似情况中有关消防部门的裁定和报道，结合法律规定分析，可以得出消防救助行为不应被认为具有可诉性的结论。这一结论，与杭州市中级人民法院在之后的民事诉讼中的裁判观点一致。

4. 形成民事责任法律分析意见。

律师团队向政府提供的民事责任法律分析意见，系之前实地调查工作和案头分析工作的重要成果，也是受委托的重点内容。关于民事赔偿的责任主体问题，法律分析意见明确须以过错责任原则为法律分析的基础。第一，根据《侵权责任法》的相关规定，涉案保姆作为始作俑者毫无疑问应当对自己行为所造成的损害承担侵权责任，其所承担的刑事责任并不影响这一结论。第二，对争议颇大的物业责任，我们在初步结论的基础上明确了如果物业公司对消防设施没有尽到维护管理的责任以及相应的救助责任，客观上导致被侵权人的损失进一步扩大，物业应当承担相应的责任。但是，具体到物业公司应该承担多少责任，则应结合本次火灾发生的原因、事故的具体情形及各方的过错程度予以最终确认。

5. 计算民事赔偿数额。

诚然，生命是无价的，但作为侵权赔偿案件，依据现行法律规定，列出清单，给出正确的赔偿项目和金额，对纷争的化解和对受害人家属的安抚而言是极为重要和迫切的。律师团队根据本案的具体情况，快速作出了民事赔偿科目说明，对具体赔偿项目进行了量化说明，列出了包括丧葬费、死亡补偿费在内的主要赔偿科目，并根据当年浙江省人身损害赔偿标准和人均可支配收入等数据将赔偿数额具体化。赔偿的范围包括人身损害赔偿和财产损害赔偿，而赔偿的标准又以本案受害人不同的国籍情况进行区分。所有内容均以表格的形式呈现，因为对于一项法律服务来说，需要的不仅仅是简单的计算结果，更需要使抽象的意见可视化，并清楚明晰地将其展现在委托人面前。

6．整理行政责任清单。

基于委托人即政府在突发公共事件中的角色和其委托要求，我们又根据《消防法》《火灾事故调查规定》《物业管理条例》等文件，向政府提交了行政责任清单。这份清单明确了人民政府、消防机构、侦查机关以及房地产行政主管部门在这样一起纵火案中根据需要各自或协同负责的应急救援、调查检查、侦查以及管理等各环节中的具体工作责任和法律依据，并以可视化的形式展现，以便政府部门对应自查。

7．协助调解纠纷。

至此，“蓝色钱江保姆纵火案”委托中有关责任认定的部分基本成形。然而，对“蓝色钱江保姆纵火案”社会影响持续扩大的后续处理，则更为复杂。此类事件的处理没有具体的法条指引或者案例可供借鉴，需要律师具有在长期的法律实践中积攒的丰富办案经验和应对能力。由于事件当时尚处于进一步的调查之中，所以最初政府居中组织物业和受害人家属进行的多轮协商最终都陷入了僵局。面对这一困境，结合过往处理谈判事务的经验，律师团队向双方建议以“背靠背调解”的方式进行调解，即由政府和律师团队分别听取物业和受害人家属的诉求，而后再行调解。虽然过程依旧艰难，但凭借“背靠背调解”的调解方式，我们的谈判能力有了发挥的空间，效率也有了极大的提升，从而及时顺利地获取了双方诉求的关键信息，为之后的调解打下了坚实的基础。

8．回应网络不当言论。

尽量降低“蓝色钱江保姆纵火案”在社会上造成的不良影响，控制和引导舆情，缓和事件各方乃至社会矛盾，也是我们的一项重要工作，而这项工作着重表现在我们对舆论的持续关注上。对于政府而言，民众对政府公信力的认可程度至关重要；而对公信力的保护，一是要通过政府信息披露增强公信力，二是要通过对不当言论的管理维护政府公信力。因此，在政府陆续公布各类信息的过程中，我们协助政府发布责任认定等内容，为减少公众无端质疑提供了帮助。更重要的是，针对自媒体等载体上部分在不断演变后成为激化社会矛盾而非关注案情本身的不当言论，我们及时协助政府在法律层面上给予回应。律师团队建议政府以独立第三方法学专家的视角向社会发声，通过向公众普及侵权责任法等与民事责任认定有关的法律规定，并提示不当言论在刑法、侵权责任法方面可能引发的法律风险，引导舆论尊重法律，依法而行。事后证实，用独立第三方专业人士发声的方式，能更及时、有效地控制不良和错误舆情的发生发展。

9．提供合法合规意见。

从政府处理突发公共事件的立场而言，对某一件或几件突发事件的处理并不是终点，推动其背后的法律、政策及制度进步，防止悲剧重演，才是最终的追求。因此，这自然也成为我们协助政府工作的目标。在“蓝色钱江保姆纵火案”后，为提升消防安全的社会治理水平，政府部门提出了社会综合治理理念，即依靠包括物业管理者、经营场所管理者等更广泛的社会力量协助治理消防安全的方针，出台了关于加强消防安全社会治理相关的指导意见。律师团队凭借法律专业知识对这一指导意见在合法合规性方面提出了律师审查意见，审查意见涵盖了立法技术、文字表述以及具体内容是否符合《消防法》《浙江省消防条例》等上位法的要求等方面。协助促进该指导意见出台不仅是律师团队对待工作应有的专业态度，更是社会责任心带来的使命感使然。

（三）律师参与突发公共事件处理的思考

1．律师可以也应当在突发公共事件处理中发挥重要作用。

参与处理“蓝色钱江保姆纵火案”这起突发公共事件，是我们律师团队有高完成度和良好收效的一次法律服务经历。这说明律师在突发公共事件的处理中可以发挥重要的作用。以本次经历为例，律师可以协助政府完成整理调查结果、收集理论资料、厘清法律关系和责任、处理谈判问题、回应公众舆论、提供立法意见等许多环节的工作，能够全程提供专业的法律服务，展现分析能力、谈判能力和应急处置能力。

律师的职业优势也决定了律师参与此类事件处理的必然性。其一，律师接受过专业、系统的法学教育，能提供专业的应急管理法律咨询意见，而长期丰富的工作实践经验也使其具备把控全局、灵活应变的能力。其二，律师一贯的法律思维使其能排除感性因素的干扰，律师所固有的服务态度又能赋予其极富同理心的相处模式，使其能以理性但又不失人情味的方式真正解决问题。其三，律师作为相对独立于矛盾各方的中立协调者，在案件事实的基础上服务于法律，在调解中亦具有一定的公信力，可避免矛盾激化。

因此，广大律师在这一领域的法律服务中可以继续在深度和广度上进行挖掘，为这一领域法律产品的优化提供更多宝贵的经验，为政府紧急处理突发事件出谋划策，为法治社会的构建添砖加瓦。

2. 律师在突发公共事件调解中应注意的事项。

在政府应急管理中，律师会经常充当协调者的角色，由于突发公共事件的特殊性，在协调过程中尤其要注意方式方法。

在这次影响极大的“蓝色钱江保姆纵火案”中，如何协调悲痛中的家属和物业公司是一个难题。受害人家属认为发生此次悲剧的原因，除了保姆莫某某是最大元凶之外，还存在其他多个因素的间接影响，如小区消防栓总闸锈蚀、高层水压不足等。对于受害人家属来说，莫某某的罪行已经确证，但物业公司也难逃罪责，他们等待物业公司方面的认错道歉和赔偿。调解曾一度陷入僵局：受害人家属方面，情绪异常激动，坚持不放过任何一个责任人，尤其是物业公司；而物业公司则出于商誉等自身利益的考虑，咬定自己已尽到安全保障义务，无须承担任何责任。死者“头七”已过，但悲痛又愤懑的受害人家属仍将灵堂设置在小区门厅里，再加之民众自发的悼念，媒体对此事件的连续报道，事态有进一步扩大之势。作为一个感性的人，我们非常理解家属的行为；但作为理性的法律人，从社会稳定出发，我们则必须将事态控制住，让这个事件得到妥善解决。

在突发公共事件中，当事人往往情难自控，因此调解的方式方法尤其需要注意，否则稍有不慎，便易使当事人做出过激之举动，导致事态进一步恶化。极强的随机应变能力是律师应具备的，只有处理好依法办事和随机变通的关系，才能取得在法律上和情理上都比较好的结果。对专业律师而言，具备同类案件相关的法律知识自不必言，而如何兼顾情理，由于往往被人忽略，就显得更为重要。在同受害人家属初次接触时，由于家属尚沉浸于失妻丧子的悲痛之中，其又非法律专业人士，所以对其高谈阔论法律规定显然是行不通且不合时宜的。

值得提醒和反思的是，在调解过程中，受害人家属对物业公司律师习以为常的职业笑容表现出了极强的抵触和痛苦反应。因此，情绪的安抚是打开调解之门的钥匙。律师团队的体会是，细致入微的观察和高度的同理心，可以为律师的工作扫去许多非法律层面的障碍。事实上，我们团队也成功地做到了这一点，最终很好地完成了参与调解的各项工作。

3．做一个“冷眼热心”的律师。

作为居中协调者的律师，面对冲突双方须避免不合时宜的谈法论道，宜动之以情，晓之以理，降低当事人的戒备心和抵触感。同时，我们也要抛却自己的私人情感，先做一个不考虑不相干因素的纯粹理性的法律人。唯此，才能找到全面客观的法律真相，也才能真正彰显律师的专业性。我们认为，做律师要“冷眼热心”看世界。“冷眼”是指对待法律要严谨全面，处理法律关系要剔除个人情感，全面而理性。“热心”则是指饱含温情地看待当事人，体谅和理解每个陷入法律困境的当事人，竭尽全力帮助他们解决困难，定分止争。作为政府委托的律师，尤其要注意平衡好这两者的关系，因为从某个层面来说，我们的一言一行代表的都是政府的形象，因而对待此类业务要有更高的自我要求。

4．服从法律，坚守正义。

应对突发公共事件的处置，往往伴随面对受害人家属悲伤激动的情况，也面对舆论媒体的各种质疑声。作为法律人，要坚信法律，相信法律会带来公平与正义。在突发公共事件的处理中，虽然我们团队接受的是政府方的委托，但遵从的依然是法律，这一点至关重要。作为律师，绝不能为平息事态而枉顾事实真相，委屈任何一方当事人，而应在查清事实的基础上，切实为当事人及社会全局考虑，提出符合法律及社会正义的意见，让事件得到公正处理。不管是在什么案件中，律师始终需以事实为依据，以法律为准绳，以法为业，以律为师。律师是法律的践行者，是正义的维护者，我们不仅是委托方的代言人，我们更是法律的代言人。

政府法律顾问常涉法律问题统计及热点分析*

——以区级政府常年法律服务的实证研究为视角

笔者欲通过本文向读者展示本人在担任区政府法律顾问期间所经办的法律实务，为深入研究和探索政府购买法律服务、律师参与法治政府建设等课题提供些许实务资料和粗浅认识，从而抛砖引玉，贡献绵力。

2013 年伊始，浙江省先后出台了两套与律师参与政府法律顾问业务有关的重大公共政策：一为“全面建立政府法律顾问制度”，即由《浙江省司法厅关于在全省司法行政系统全面建立政府法律顾问制度的指导意见》等配套文件组成的系列政府政策；二为全省范围内的“三改一拆”政策，即由浙江省人民政府办公

* 本文获得2015年杭州律师论坛优秀论文一等奖，合作者为王全明律师和王一超律师。

厅关于印发《浙江省“三改一拆”行动违法建筑处理实施意见的通知》（浙政办发〔2013〕69号）等配套文件组成的系列政府政策。这两套公共政策对律师法律业务的拓展，律师积极参与社会工作，推进政府法治化建设，带来了新的契机。

2014年，时逢浙江省司法厅全面建立政府法律顾问制度，笔者所在律所首次接受浙江省辖区内某区级人民政府委托，律所指派笔者提供常年法律服务。

在长达一年的政府法律服务工作中，笔者团队通过政府法律事务的实际处理和与政府法制工作人员的直接对话，积累了不少一手资料，以实证研究的方式论证了省内区级政府的法律需求和行政权力运行时可能出现的法律障碍及解决之道。

（一）数据采集与数据分析

服务年度内（2014年2月至2015年2月），笔者团队接受该政府法制办咨询的法律事务（案件）共计80件，其中较为复杂的法律咨询事务（需要出具法律意见书）25件[1]，合同审核30件，简单法律咨询事务（仅需口头回复或现场讨论）23件。除以上咨询事务以外，团队还接受该政府行政复议、行政诉讼案件各计1件。

该政府2014年上半年法律服务需求递增，后期平稳递减（见

〔1〕 对于较为复杂的法律咨询事务，律师可能因事态进展和客户需求，在不同时间出具多份法律意见。因此，文中所列图表仅反映大概趋势，不能说明统计的完全精确性。

图 15-1）。这从一定程度上反映出，该区政府常年购买法律服务产品后，其产生的法律风险可能在逐渐降低，自行处理和解决类似法律问题的能力逐步提高。

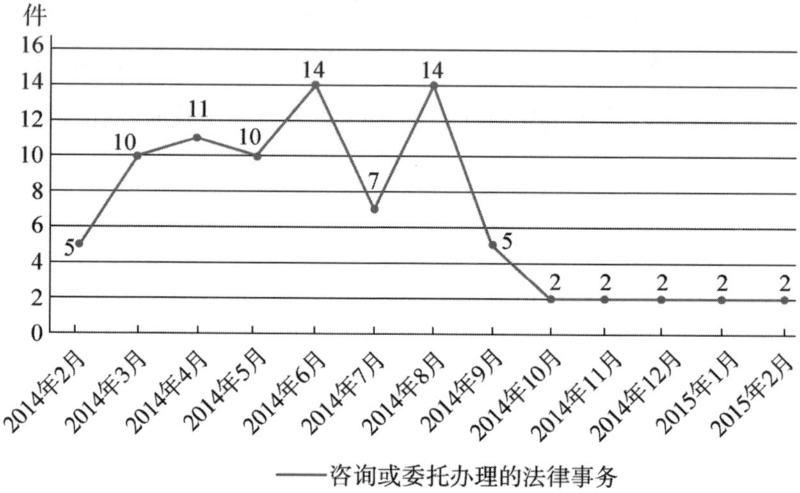

图 15-1　咨询或办理案件、修改合同时间密度分布

由图 15-2、图 15-3 可知，该区政府常年法律服务的主要特点包括：

（1）政府常年法律服务围绕其行政职能展开，工作主题主要是违法建筑处置、征收补偿、国有资产管理、招商引资、政府信息公开及城市管理等法律事务。

（2）政府常年法律服务的时效性强。2013 年浙江省人民政府“三改一拆”违法建筑专项整治行动，随之而来的，是笔者团队受理了大量的与违法建筑处置有关的行政强制措施、行政复议、行政诉讼等方面的法律咨询事务。

（3）政府常年法律服务的工作压力大。作为基层行政区划，该区政府的任一抽象行政行为或具体行政行为都可能涉及民生民权，因此作为政府的法律顾问，笔者团队一方面需要确保出具的法律意见的准确性、时效性和可操作性，另一方面笔者团队作为法律人，更要考虑和保护行政行为的相对人即社会公民和法人的基本行政权利，避免因法律意见引起政府行权时的违法性和不合理性。

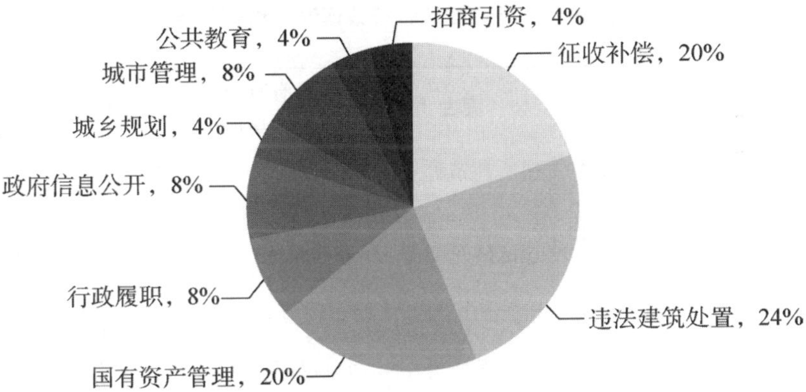

图 15-2 行政案件类型分布

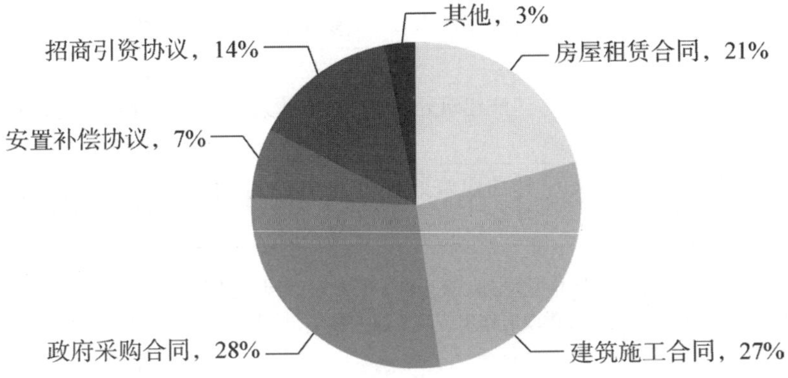

图 15-3 行政合同审核类型分布

由表 15-1 关于行政复议、行政诉讼的结果分析可知：

（1）因“三改一拆”政策，违法建筑处置、征收补偿成为行政复议、行政诉讼的高发地。

（2）区政府及区政府相关部门所作的部分行政行为，特别是在违法建筑处置的问题上，显露出程序瑕疵，成为具体行政行为被撤销的重要原因。

表 15-1　行政复议、行政诉讼的结果分析

序号	案件名称	案由	区政府所处的主体身份	法律意见
1	张某行政复议案	违法建筑处置	复议机关	撤销行政处罚
2	要求拆除违法建筑案	违法建筑处置	被申请人	确认行政不作为违法，责令作出行政行为
3	彭某行政复议案	行政不作为	复议机关	确认行政不作为违法，责令作出行政行为
4	陈某行政复议案	信息公开	复议机关	撤销不公开决定
5	邓某行政复议案	行政不作为	复议机关	维持行政不作为
6	戴某行政复议案	违法建筑处置	被申请人	确认该行为非具体行政行为，不予受理
7	曹某行政复议 / 行政诉讼案	违法建筑处置 / 认定	被申请人 / 被告	维持行政处罚

资料来源：该统计数据为该政府2014年度委托、咨询笔者团队的7个案件，笔者团队出具了相关法律意见，供政府作出行政复议的参考，或提供行政决定的预判供该政府参考。

（二）有关违法建筑处置的常见问题和法律分析

通过对以上数据的比较与分析，笔者团队可以清晰地知晓，2014年，浙江省辖区内区级政府的重点行政工作围绕“三改一拆”政策展开，在违法建筑处置问题上有较为强烈的法律需求，律师团队的工作也从中起到了较为重要的参考作用。

因“三改一拆”政策，区级政府可能面临的常见法律问题（特别是程序合法性问题）及笔者拙见如下。

1. 民事纠纷的处理结果（如合作协议、和解协议），是否可以作为违法建筑拆除的免责事由？

以杭州市为例，违法建筑的处置应严格依据《杭州市市区违法建筑处置办法》的规定执行。依照《城乡规划法》等法律法规的规定，对于违法建筑的认定以及是否可以采取改正措施消除规划实施影响的认定单位为规划部门。和解协议、合作协议等民事纠纷的处理结果，可能涉及公共区域的使用约定，但对于该区域违法建筑物的定性不会产生影响，不能成为该违法建筑合法化或者暂缓拆除的理由。

同时，根据《浙江省违法建筑处置规定》第20条的规定，违法建筑如果不符合暂缓拆除的情形，相关部门不得以此为由不履行强制搬迁的职责。

2. 处置违法建筑时，行政机关可以采取的行政处罚有哪些？

以杭州市为例，对于既有违法建筑的处理，《城乡规划法》

第 64 条，《浙江省城乡规划条例》第 59 条，《浙江省违法建筑处置规定》第 10、11、12 条，以及《浙江省“三改一拆”行动违法建筑处理实施意见》《杭州市市区违法建筑处置办法》等，均明确规定仅有三类处理方式（三类行政处罚）：

（1）尚可采取改正措施消除对规划实施的影响的，限期改正并处罚款；（2）无法采取改正措施消除影响的，限期拆除；（3）不能拆除的，没收实物或违法收入并处罚款。

特别需要指出的是，根据《浙江省违法建筑处置规定》第 20 条的规定可知：（1）城镇违法建筑的“暂缓拆除”情形，仅适用于具有城镇廉租住房、经济适用住房申请资格的违法建筑当事人在未获保障或未落实过渡措施前；（2）该规定未授权设区的市作扩大解释的权利。因此，“暂缓拆除”属于实施强制拆除时的具体处置方式，不得扩大其适用范围。

3. 违法建筑处理的行政程序及相应依据有哪些？

以国有土地地上违法建筑的处理为例，相关行政程序和依据如表 15-2 所示。

表 15-2　违法建筑处理流程

流程	公文名称	发布主体	主要内容	目的	法律依据
第一步	通告	区城市管理行政执法机关	明确违法建筑的界定，劝导当事人自行纠正	对部分当事人起到震慑作用，减少后续工作，加快拆除违法建筑进度	非法定程序

续表

流程	公文名称	发布主体	主要内容	目的	法律依据
第二步	行政处罚事先告知书	区城市管理行政执法机关	告知相对人拟作出行政处罚的事实、理由、依据、处罚的具体内容及其享有的进行陈述、申辩的权利和时限	告知当事人其享有的权利	法定程序《行政处罚法》第44条
第三步	行政处罚决定书	区城市管理行政执法机关（根据市规划和自然资源局对违法建筑的认定出具）	明确违法行为、范围、证据，处罚认定的依据和相应的法律依据等	对违法建设行为予以认定，并责令当事人自行拆除	法定程序《城乡规划法》《浙江省城乡规划条例》《杭州市城乡规划条例》《杭州市城市管理相对集中行政处罚权实施办法》等
第四步	限期自行拆除公告	区城市管理行政执法机关	需要拆除的范围、依据等	责令当事人限期自行拆除	法定程序《行政强制法》第44条
第五步	强制拆除公告	区级人民政府	强制拆除实施时间、相关依据、违法建筑内财物搬离期限等内容	告知相对人政府将进行强制拆除	法定程序《浙江省城乡规划条例》第66条第2款、《杭州市城乡规划条例》第53条第2款、《浙江省违法建筑处置规定》第17、18条

4. 市规划和自然资源局就执法局申请认定的复函是否为内部文件，是否可作为区执行局行使行政处罚权的依据，是否具有可诉性？

最高人民法院指导案例22号“魏永高、陈守志诉来安县人民政府收回土地使用权批复案”的裁判要点指出：“地方人民政府对其所属行政管理部门的请示作出的批复，一般属于内部行政行为，不可对此提起诉讼。但行政管理部门直接将该批复付诸实施并对行政相对人的权利义务产生了实际影响，行政相对人对该批复不服提起诉讼的，人民法院应当依法受理。”

执法局在作出行政处罚决定前，就违法建设行为根据《杭州市城市管理相对集中行政处罚权实施办法》第13、14条和国家、省、市城乡规划法律法规的有关规定，依法征求规划部门的意见。规划部门就执法局的征求事项给予回复，并成为执法局认定相对人建设行为违法的依据，以此作出行政处罚决定。

市规划和自然资源局对该建筑物属违法建筑的认定系其根据法律规定所应当履行的行政职责，其所作认定对相对人产生实际影响，是执法局作出行政处罚的依据。因此，无论区行政机关内部是否自行认为该市规划和自然资源局出具的复函为“内部文件”，对复函的定性仍需根据法律确定，而不因各方认识上的差异而改变其定性。[1] 只要复函内容对违法建设行为进行认定并

〔1〕 参见吴宇龙、蔡维专:《规划部门认定违法建设行为具有独立可诉性》,载《人民司法》2013年第6期。

对相对人的权利义务产生实际影响，该内部文件便已“外部化”，该复函本身即具有可诉性。

5. 市规划和自然资源局所作认定的内容是否需要确实明确“是否可以采取改正措施”？

以杭州市为例，《杭州市城市管理相对集中行政处罚权实施办法》第 14 条规定：“城市管理行政执法机关查处的违法案件，需要责令当事人补办有关手续的，应及时通知有关行政管理部门，由有关行政管理部门提出是否允许当事人补办有关手续的意见后，方能作出行政处罚决定。有关行政管理部门应当在接到城市管理行政执法机关的通知后 5 个工作日内提出意见。逾期未提出意见的，视为同意当事人补办有关手续。”根据该规定，规划部门在作出认定时需要对“是否属于违法建筑”“是否可以采取改正措施”作出明确的意见。如严格按照该规定，则只要市规划和自然资源局未能提出意见，便视同同意补办手续，即同意采取改正措施。

但因各类因素综合，实务中，规划部门一般仅就“是否办理规划审批”进行陈述，对其他内容未作明确意见；而杭州市中级人民法院的部分行政判决也未对“是否属于违法建筑”“是否可以采取改正措施”有过高要求，均认可此类复函可作为对违法建筑的有效认定。由于该认定会对所有“三改一拆”行动的展开产生重大影响，且考虑到后续行政诉讼法的调整可能导致行政可诉范围扩大、立案程序简化，故建议市规划和自然资源局注意调整认定内容，依法行使其行政职责。

（三）律师常年向政府提供法律服务的主要内容与积极作用

区别于企业或个人等其他法律产品服务对象，政府的法律需求具有其特殊性，其主要特点在前文已有部分论及，此处不再赘述。笔者团队为该区政府提供的整套服务方案得到了服务对象的较高认可，从一定程度上也反映了现阶段区级政府机关常年法律服务需求的基本内容，相关内容简要介绍如下。

（1）提供口头咨询。针对区政府各部门所咨询的简单法律事务，提供口头法律咨询。这些简单的法律事务主要有政府文件中法律术语的措辞表达、标的较小程序较为简单的政府采购合同、前期已以法律意见书的方式解答或处理的类似事务的解释等工作。

（2）各类合同的审核。草拟、审查并修改各部门上报审核的与第三方签订的行政合同及政府招商引资、产权管理、政府采购等合同性文书，出具书面合同审核意见书。

（3）规范性法律文件审核。审查并修改各类规范性文件，出具书面规范性文件审核意见书。

（4）重要事项的咨询。针对政府所咨询的法律事务进行现场指导、法律分析和法律调查，出具书面法律咨询意见书。

（5）各类行政、民事案件的处理。代理政府参加民事诉讼、行政复议、行政诉讼案件的处理工作，包括协助政府出具作为行政复议机关对行政复议案件的处理意见书。

（6）重大项目的处理。参与并协助政府及下属各部门上报的重大事项、突发事件、群体性事件、敏感性事件的处理，提供包括文件审核、商谈谈判、法律文件出具等全程法律服务。

（7）法律培训的开展（含行政法律法规的跟踪、整理和解释）。

以上多元化的政府法律服务，为区级政府合规合法运作提供了夯实的专业技术保障，也为顾问律师在深入开展服务的同时积累经验带来了极大的裨益，其积极作用和意义主要体现在以下几个方面：

第一，通过代理各类诉讼、解答咨询的问题、代写文书、起草方案、参与调解谈判，政府法律顾问搭建了律师与政府间的沟通平台和工作载体，加深了双方的联系和协作，有助于维护政府的合法权益。

第二，律师为政府制定经济发展战略、管理规则提供了法律建议。律师通过广泛的社会资源，易于展开调查研究，为政府反映社情民意，能够就针对性的问题快速形成对策方案和书面材料，为政府依法决议提供法律支持，为经济建设创造良好的法治环境、政策环境。

第三，律师团队通过集体研究论证提出法律意见，对重大事项进行综合充分的评估、论证和研究，能够抓取法律关系的关键性问题，有的放矢地为政府在经济谈判、项目融资、合同签署、招投标等方面的工作中发挥作用。

第四，帮助政府维护社会稳定和化解社会矛盾，如面对利益调整引发的一些矛盾和纠纷、征地征收安置补偿纠纷等。律师始终把社会利益放在首位，提供面向政府、面向企事业单位、面向广大群众三位一体的综合协调性法律服务；正确运用法律手段，通过疏导、调解等说服工作，帮助政府把矛盾化解在初始阶段，起到定分止争的作用。如违法建筑处置矛盾纠纷多、范围广、矛盾复杂且易于激化，不利于社会稳定，而律师利用广泛接近群众、了解群众和被群众信任的优势做好深入细致的调解工作，可以较好地解决矛盾和争议，促进社会稳定。

非诉讼项目之道

笔者按

这是一篇笔者在2019年律所年中合伙人会议上所做的演讲稿。但凡重大且有难度的非诉讼项目，所需要做的工作内容都相对复杂，律师通常都难以独立完成，需要律师团队成员的紧密配合。每位律师负责一部分工作内容，才能在规定的时限内达到一定的研究深度。只有不间断地将每位律师的工作成果进行深入的融合，团队成员间相互交流、启发和促进，才能形成最终的成果。这个过程有些像搭积木，如何高效地搭好这个积木，对项目负责人来说，既需要在法律层面进行技术把控，又需要在项目进程管理上下功夫。贯穿始终的，依然是用心。

今天我要从三个方面分享非诉讼技能：第一个是组织者，第二个是参与者，第三个是运作方式。

如何做好组织者

我们先来说如何做好组织者。做一个非诉讼项目，做一个项目的领导者，你要关注哪些事情？我把它总结为要关注四个方面的问题。

首先关注“目标”。目标是什么？非诉讼项目最终的成果应该是什么？项目的领导者必须非常清楚。就像我们做立法课题，有的客户要求我们做一个立法草案，有的客户要求我们做一个立法研究报告，而草案和研究报告是完全不同的方向和内容，所以项目的领导者必须非常清楚。

其次关注“节奏”。作为项目的领导者，你一定要关心团队案件的进展，每个人做事的速度、每个人的能力，某某人是不是做得太快了太粗糙了，某某人是不是做得太慢了太细了？项目进程如果不进行密切关注，是否难以按时完成项目？

再次关注“公正”。大家都知道，非诉讼项目的律师费用，会根据每个人的贡献分配。作为一位项目领导者，一定要公正，因为只有公正才会激发效率。

最后关注“关系”。我理解的关系的最核心的要素就是人。一个非诉讼项目能不能做好，只要去了解一下这个项目是由哪几个律师做的，大致就能判断出做得怎么样，所以说人是最关键的要素。

在选择合作伙伴时，笔者认为有四点需要注意：

第一个是选择合作伙伴。在选择非诉讼项目合作伙伴的时候，你要提前看清楚这个人合不合适，而不是把他选进来之后，再去改变他。对不起，很多情况下你永远改变不了一个人。

第二个是能力的匹配。合作伙伴的知识面、专业能力以及工作能力这三方面是否能够匹配这个项目。像我们做的政府关于建筑工程质量方面立法项目，就会需要懂行政法的人才，但是光懂行政法是不够的，因为我们做的是一个业务类的内容——建筑工程质量的立法，所以必须还要有懂建筑工程方面知识的人。

第三个是合作伙伴的性情。这个我特别关注。我们一个 10 人左右的小团队，工作是需要大家相互协作的，所以合作伙伴之间的性格合不合也非常重要，直接关系到成果和效率。

第四个是要防小人。《论语》里面有一句话：巧言令色，鲜君子也。也就是说，你要关注你身边有没有一个劲地跟你说好话的人，这种人未必是你真正的朋友，你一定要注意。生活中的人情往来是很正常的，但是如果有一个人给你送了很重的礼，超出了你认为的情分，就一定要当心。

如何当好参与者

好，我们再来看第二个方面，参与者。我们律所大多数的小伙伴都是以参与者的身份并非组织者的身份参与进来的。第一，把工作视为机会。非诉讼团队的小伙伴们，你们是怎么看待自己的这份工作的？你认为这只是一个“工作”吗？不，这是一个“机会”。诉讼项目和非诉讼项目不同的地方是什么呢？诉讼项目如果做砸了，可能只有一个客户、一个法官知道你的水平；但是对于非诉讼项目如果做砸了，你周边有很多合作伙伴会了解到。当然如果你表现得好的话，你就会获得更多的案源，团队小伙伴会有很多案源给到你。

第二，取长补短，相互学习。这个世界上有各种各样的人，各种各样的事，有些人太固守自我，总是觉得自己是对的，别人是错的，不能去接受别人的东西。其实如果这个时候你能够更加宽容、包容，你就会对这个世界的丰富性、多样性有更多的理解，你也会拥有更多获得幸福的能力。所以我觉得相互学习非常重要，一定要把自己的心打开。

第三，不设限。举两个例子。有多少人想过要自己写书？写书这个东西它到底是一道选择题，还是一道能力题？如果你把它当作选择题，你选择我不会，你永远就不会。但如果写书它是一道能力题的话，一旦你选择做了，可能刚开始你的能力不匹配，但是慢慢地通过自己的努力，一定能做下去！但是，很多人就被卡在设限上面，觉得自己不行。再如，我工作中接触到的很多小伙伴，年轻的他们会跟我说：“钱律师，我擅长做诉讼，不擅长做非诉讼。”也有小伙伴和我说：“钱律师，我擅长做非诉讼，诉讼案件不行。”每次我都是笑而不答。今天我想说，如果你没有从业7年以上，就不要跟我说你擅长做诉讼或者擅长做非诉讼。我希望大家能够得到更多的锻炼，不要把自己局限起来，不要给自己设限。其实诉讼和非诉讼就像内功和外功一样，当你把它们融会贯通，当你觉得你都可以尝试和努力的时候，总有一天，内功和外功在你身上融会贯通，你会感觉到你自身的力量，而这种力量会双倍地爆发。

第四，要会吃苦和接受吃亏。一定要懂得吃苦，特别是年轻的时候。曾经两次立法课题，因为看了太多的法条我两次眼睛出血。那么，你能不能吃得起苦呢？关于吃亏这个问题，我认为，律师都是很聪明的，都觉得自己看得很清楚，这个事情我不能吃亏，但是大家有没有想过，这个世界不会让你永远吃亏，你如果是一个永远不想吃亏的人，那么你就可能永远得不到别人的帮助。

如何安排运作方式

在这个问题上，我特别倡导扁平化运行，像我们所承接的立法研究非诉讼项目，是不需要做多层级的，扁平化的效率最高。管理的工作全部由我来负责，我负责分给A，分给B，分给C，不需要在A下面叠加B，在B下面叠加C，一定是A、B、C直接向我负责，这样做的效率会更高。其实，明确好了管理者的任务，找对了合适的人做合适的事，再利用合理的运作方式，一个项目的顺利完成是非常自然的。

结 语

我们为什么做律师？我们的人生应该是什么样子的？人生的意义在哪里？我的理解是，有一个健康的身体，有一个丰富而有趣的灵魂。

今天是我们律师事务所的年中大会，大家济济一堂，很多人可能知道我是谁，但我看到很多年轻的面孔，“90后”，我叫不出你们是谁。但是，看到你们年轻的脸，我会想到20年前我刚刚开始执业，那个时候我获得了很多人的帮助：尤其是胡祥甫律师对我的帮助，还有崔律师对我的引领。

第三部分

律师成长之路

笔者以为，如果没有内在的精神力量，那些办案技能和诀窍都犹如空中楼阁，无法使你走得更远，更稳。

从初出茅庐面对纷繁复杂的世界，到发出《冰与火》一文中那样的感叹，再到写出《我为什么做律师》，整整过了四年时间。现实中的律师这个职业并不像当年自己梦想中的那样简单。于是，在彷徨中、迷茫中摸索着，前行着。从破碎到重塑，从挣扎到坚信。

找到前行的力量之后，我遇到了榜样。很幸运，到新的律所后被安排与非常优秀的崔海燕律师[1]在同一个办公室。彼时，她是保送复旦大学的经历，而我是高考复读了一年的经历。刚开始的时候，每到办公室坐下，面对如此优秀的同事，如坐针毡，有种强烈的自卑感。

被这种自卑感折磨了一段时间后，我决定要好好研究一下她为什么这么优秀，不然真的是要被自卑压垮了，于是我写下了

---

〔1〕 崔海燕律师于2019年当选浙江省律师协会副会长。

《你是蝴蝶　我是毛毛虫》这篇感悟。

后来，我又随笔写了《破茧成蝶》，生命之舟一浪又一浪有惊无险地前行着，再后来我开始有了新的角色，在律所被新人尊称为师父，我开始带徒弟了。其实这个带徒弟的过程，也是与之共同成长的过程。《律师之传承》《让自己成为“充电桩”》都是之后的感悟。

我一直很喜欢著名心理学家约翰·贝曼的一句名言：我不关心故事是什么，我关心故事对你的影响是什么。放下恐惧和愤怒，放下悲哀和伤痛，然后你就有力量去呈现自己的生命能量。

冰与火

——与友人戴水君的一封信

笔者按

这封信写于2002年，距离今日已有20余载！

这封信是写给自己的一位好友，倾诉了自己的迷茫。那时是刚刚从事律师执业的第2年，用现在的话来说还是职场中的“小白”。带着满满的抱负从校园初入社会，被打磨后，产生了很多的迷茫。也许这种迷茫，年轻的律师朋友们也正在经历着。所以，我就想把这封现在看起来很青涩的信拿出来分享。也许你会有同感，也许会对自己眼前的困境因此而释然，如果能起到这样的作用，我这献丑之举也值得了。

谁人不迷茫？只要努力，未来可期！

水君：

很晚了，却睡不着。因为今天看单位的财务报表，我们六个合伙人当中我的业务收入是最低的，所以很有压力。

自从独立执业半年来，感觉自己的工作，只有一句话可以形容：“一面是冰，一面是火”！“冰”是因为法律专业知识非大学四年可以完全参透，必须要静下心来不停地学习，尤其是法律的造诣更是需要潜心摸索。但现代人都挺浮躁的，静心绝非易事，要和自己苦苦作战，尤其是还要不停地面对生活的压力。

可是饱学知识若无用武之地也是白搭。因为实践是提高技艺的最有效方式。更何况首先必须填饱肚子。所以律师必须要做一个杰出的社会活动家。所谓“火”是指要不断地应酬。认识更多的人，别人才会知道你是律师，有事才会找你。

水火不相容，而我就在这样的煎熬中求生存。

我的一位同事，特别善于与人交往，他的业绩也在不断攀升。你一定会以为我也是一个很善交际的人，其实并不完全是。我的交往还停留在很“学生味”的层次上。社会中的交往，人与人之间需要相互配合，其中是很有套路的。但我一直难以深谙其道。我的师父很难在这点上指点我，因为他是一位男性。今天，我师父也跟我说到我的学习能力、分析能力和表达能力是比一般人要强的，工作也很认真负责，但是在怎样开拓案源上还是完全没有入门。

我是六个合伙人中唯一一位女性，可能别人会放低对我的期望，但我自己绝对不允许因为性别而落后。我很困惑，但决不放弃！水君，我绝对不是贪财，但钱却成为衡量我工作能力的一个重要指数。努力工作是我的生活方式，不断提升自己是我的生活目标。

与你分享大律师成长之路。

我为什么做律师

笔者按

这是我在2005年杭州市第一届律师演讲大赛中获得第一名的演讲稿。从初期的迷茫开始，到自己的困顿，再到遇到一件感动的事情而有所领悟，最后到坚定自己走下去的信念。我记得当时写作只用了两个小时，一气呵成。拿着稿子去请浙江星韵律师事务所的才子刘竞恺律师润笔。他读完，笑笑说，真情实感，没有要修改的。是啊，确实是涌在心头太久。

为什么做律师？您是否想过这个最简单的问题？有人说为了公平与正义，有人说为了光荣与梦想，还有人说那当然是为了赚钱。我想这个问题也许一百个律师会有一百个不同的答案，那么我呢？我问自己。

迷　茫

说实在的，最初选择律师这个职业并没有太多救国救民的热血澎湃，有的只是一些不切实际的幻想。我和很多年轻人一样，受了影视作品的影响，以为当律师可以在法庭上慷慨激昂，以无比睿智和无所不能的魅力左右陪审团的看法，拥有受人尊敬的社会地位，还可以享受着优裕的物质生活。

为了这些美丽的憧憬，我一头就扎进律师的队伍。而也正是由于这份年少轻狂，使我最初的执业生涯处处碰壁。

困　顿

我清楚地记得做律师第一个月的工资只有 300 元。我不是杭州人，在杭州无依无靠，也根本没有案源。接下来的日子要么就是坐冷板凳，要么就是办一些小得不能再小的案子。怀里揣着这么一点点钱，一下子没有了前途也看不到希望。

此时，我似乎意识到现实与理想之间的差距，在现实中的律师不仅没有电视中香港律师头顶白发帽的高贵，而且似乎还有些贫困交加。

支撑我走下去的动力是生存本能，我必须养活自己，所以我非常努力地工作。

做律师的酸甜苦辣各种滋味，可能只有自己心里最清楚。每迈出一步都是那样的辛苦，当初选择做律师的理由，都已经被现实无情地粉碎，我很迷惘，也有些动摇，我为什么做律师？为什么我还要做律师呢？

领　悟

有位哲人说过：当上帝关闭了你的一扇门，那么他一定会为你打开另一扇窗。

在我最困顿的时候，有一段办案经历给了我很大的触动。这是一个房产确权纠纷。父辈在新中国成立前购置的作为一家住所的房子，产权一直登记在儿子名下。父母过世后，兄长和两个妹妹也一直相敬如宾。可后来，兄长突然将两个妹妹告上法院主张其房屋产权，并要求腾退房屋。

我还清楚地记得当两个妹妹和她们的丈夫第一次出现到我办公室的情形，四位老人都已经是年逾古稀、白发苍苍，走路时还有些颤颤巍巍。当我决定接下这个案子时感觉压力很大，毕竟房产证上六十几年来都是登记着兄长的名字，而我是要帮助两位老人将自己的亲兄长告上法庭，这里面有多少人世沧桑和伦理亲情。

最后，一审、二审我们都胜诉了。在办理结案手续的时候，老人紧紧地拉住我的手，老泪纵横，说我们都是已经快入黄土的人了，能在这个年纪遇到你，并打赢这场恩怨交织的官司是我们的造化，谢谢你啊。她们的感受我最能体会，打官司的一年多来，我们共同度过，知道其中的艰难困苦。我的眼睛也湿润了。我被他们的话深深地感动着、震撼着，我觉得自己像是接受了一场心灵的洗礼。

最让我吃惊的是他们竟然拿来了很厚重的鸭绒被，执意要送给我。我想象不出四位老人是怎样拖着这又大又重的被子，挤着公交车送到律师事务所来的，他们毕竟这么大年纪了！这是怎样一份朴实而诚挚的心意啊，我的心被强烈地震憾着，我被感动了。

我第一次意识到：律师的工作原来可以真正地帮助别人。而获得帮助的人又是如此珍视你对他们的帮助！帮助别人是一件多么令人快乐的事啊，你所得到的回报绝不是用金钱可以衡量的。而她们的感谢和鼓励也使我变得勇敢而坚定。

从那以后，我的心里就多了一份力量，觉得不再孤单，对律师工作中遇到的种种责难也觉得不再害怕。现在最让我开心的事就是，在节日的时候收到当事人发来问候和祝福的短信息。他们把我当作自己的朋友和亲人，向我表达谢意和问候，每当看到这些短信息时，我的内心都会有一种自豪和感动。让我领悟辛苦工作的意义和快乐！

坚　　定

我终于明白为何那么多的律师前辈如此热爱律师事业，并为之孜孜以求、奋斗一生，他们为的或许就是这一份真诚的感动！

这种发自内心的力量，感动了你、感动了我。我虽然只是一个文弱的女子，但我同样有一颗跳动着的不平凡的心，我纵然没有普济众生的能力，却可以尽我所能去帮助我身边每个需要帮助的人。

正是因为这份感动和对这份感动的追求，我才会在今天还以律师的身份和诸位在一起！

最后，我想用我最喜欢的一首歌的歌词与大家共勉！

“把握生命里的每一次感动，全力以赴我们心中的梦，不经历风雨，怎么见彩虹，没有谁能随随便便成功；把握生命里的每一次感动，和真心的朋友热情相拥，让开心的话和真心的泪，在你我心底流动……”

你是蝴蝶　我是毛毛虫

笔者按

这篇随笔写于2008年。经过2002年《冰与火》的挣扎，通过6年的蹒跚学步和跌跌撞撞，我渐渐找到了方向。希望自己变成一只毛毛虫，期待破茧成蝶的一天！

前些天，我收到一位晚辈的邮件，其实她只是比我小八岁，之所以称之为晚辈，是她在大学期间，到律师事务所实习，机缘巧合做了我的实习生。现在她已经大学毕业，马上就要正式进入律师行业，成为一名女律师。在信里，她讲了她的律师梦，她的理想，她的憧憬，虽然梦里有她的困惑和她的担忧，但实习期间的感受和收获，让她找到了学习的榜样，找到了努力的方向，信里充满了一个女孩奋斗的激情和对律师事业的热爱。这封邮件的题目就是“你是蝴蝶　我是毛毛虫”！

“一只毛毛虫要成为美丽的蝴蝶要经过多少次的蜕变啊！现

在的我是一只丑陋的毛毛虫，而我的眼前却有你，你是那只美丽的蝴蝶，崔律师更是那只绚烂多姿的蝴蝶，我是多么的幸运啊！”女孩信中的崔律师，其实是我当年眼中的“蝴蝶”。凝视着“你是蝴蝶，我是毛毛虫”这句话，令我思绪万千，不禁想起我是“毛毛虫”的日子……

一如信中女孩的激情，当年的我除了踌躇满志，更多的是担忧和困惑。律师行业充满激烈的竞争和挑战，很多人都觉得女性在这个行业当中，要想成功非常困难。一位没有任何背景和关系的女性，到底应该如何发展？如何生存？我一直都带着这个问题和压力成长，刚开始的时候成长得很慢也很迷惘。

幸运的是，在我从业律师一行没多久之后就遇见了崔海燕律师。从她身上我学到很多宝贵的东西，也渐渐找到了作为一名女律师如何生存和发展的答案。

崔律师工作非常认真和严谨，诚恳地对待每一位当事人，高标准地要求每一个案件的质量。每一个事实都调查核实到细节；每一个法条都认真核对到标点符号；每一份诉讼文书都反复修改到逐字推敲。印象最深的一件事是我们合办的一个案件，标的额很小，有个环节需要到一家大公司调查取证。刚开始公司董事长并不理会我们，但是我们一次又一次地上门联系，吃闭门羹也不气馁，最后董事长被我们感动了，除了积极配合之外，还邀我们共餐，席间董事长有感而发，坦言我们为了这么小的案件如此认真而执着令他佩服。说实话，调查取证被拒绝了一两次以后，我心里面早已经打退堂鼓了，便提议崔律师我们即使没有这份证据，案件还是有胜算的把握，就放弃算了。但是崔律师的坚持令我明白“世上无难事，只怕有心人”！

工作的同时，在专业知识学习方面，崔律师也非常努力刻苦，不放过每一个学习的机会。崔律师的车子只要一起动就会播放英语学习的磁带。其实，在我看来崔律师的英语水平已经非常高了，但她还是这样把时间当作海绵里的水挤着用。在一次国际研讨会上，我听到国外的律师同行惊讶和夸奖崔律师的英语能力时，才明白这份出色是用非同寻常的辛勤和努力换来的。2002 年，崔律师参加了司法部青年律师培训项目，赴英国学习一年；2006 年，崔律师舍弃正处在事业的黄金期赴美国参加浙江省反倾销的培训项目。一步一步，毫不懈怠地提升其涉外律师业务的专业水准。

其实这样的事情还有很多很多，点点滴滴、潜移默化地影响着我，影响着我做人做事的态度，影响着我作为一名女律师的职业观。我开始找到毛毛虫蜕变的轨迹。

细致、耐心、诚恳，都是女律师特有的品质和优点。在发挥这些优势的基础上，女律师可以走“高、精、专”的律师业务定位。有了崔律师这样的榜样，我渐渐地找到思路，在之后的发展中力求走专业化的线路，把自己的专业做精做细。

下定决心从认真仔细、尽最大的努力做好每一个小案件开始，尝试着在平凡和琐碎的实务工作中开始专业化努力。当时，正好接到一家单位的法律顾问聘约，于是我要求自己不仅要在客户遇到法律问题之后给予满意的法律服务，还要在客户遇到问题之前为客户规避可能的法律风险。要做到这一点，就必须静心研究这方面的法律，做到专业化、精准化。虽然，这是一个非常狭小的业务类型，但是有了要做崔律师那样的律师的理念和精神的支持，我坚持潜心学习和努力工作。精诚所至，金石为开！2005年杭州律师论文研讨比赛中，我的一篇关于饭店法律问题的论文获得一等奖，之后多篇关于饭店法律方面的文章发表并获奖，尤其是在我得到众多饭店行业客户的认可后，我感到无比的快乐和自豪！

女律师的“高、精、专”工作定位，“高”是首位的，正所谓“欲穷千里目，更上一层楼”！人生应是一个不断学习的过程，大学只是一个逗号，不应故步自封。跟随着崔律师的足迹，我把目光锁定在出国学习的方向上。要想达到这个目标，英语是第一个难关。说实在的，那时我的英语能力非常差，现在想起来真有些自不量力，当时就凭着一股勇气，义无反顾地开始新的征程。刚开始，只能和高中生在同一个培训班学习，每天往返于单位和学校之间，风雨无阻，几个月的刻苦并未带来英语水平的突飞猛进，薄弱的英语功底无情地抵销了努力。面对困境，破釜沉舟，毅然做出脱产学习的决定。尽管眼前是无可回避的工作和谋生压力，可我相信舍才能得到。再次努力，不负所望，英语水平大大提高……可令人沮丧的是，考试成绩离出国培训的要求还依然很远。放弃还是坚持？面对屡次考试失败，勇气已然消磨殆尽，但同时渐渐清醒，醒悟到英语学习不能急功近利、一蹴而就，而是一个需要时间、需要持之以恒的过程。之后，我又重新回到工作岗位，工作之余学习像崔律师一样，把时间像海绵里的水一点一滴挤着利用。在操持家务的同时，也不落下英文的学习，于是家里各个角落贴满了各种英语小抄：厨房的壁柜上，炒菜的时候可以边看边炒；卫生间的墙面上，洗衣服的时候可以边看边洗；房间的墙壁上，拖地的时候可以边看边拖……就这样屡败屡战，前后一共用了大约两年的时间。最后一次参加出国选拔英语考试的时候，我已经是一个有着八个月身孕的准妈妈。怀孕的不便和不适，给学习带来一定的困难，但一想到肚子里的小宝宝，我就会斗志满满，心中平添了许多勇气和信心，做母亲是幸福而勇敢的！小生命诞生后，和我一起迎来了全国 BTF 高级英语考试的优异成绩。2007 年，我终于入选浙江省人事厅 WTO 事务高级人才培训项目，赴比利时培训 5 个月，梦想成真！

这次出国培训让我受益匪浅，人生似乎又走到一个新的起点。回望曾经走过的路，几经风雨、几经失落，庆幸始终没有放弃信念，让所有的付出终于得到回报。我这只小毛毛虫，开始有了美丽翅膀，颤颤巍巍地飞了起来！于是，我提笔给晚辈回信，写下我的感悟：

梦想的道路上总是充满了荆棘和坎坷，梦想的翅膀也会经历无数风吹雨打！如果成功的女律师可以称为蝴蝶的话，那么为了那份独特的美丽和绚烂，不知要经历怎样痛苦的蝶变！只有每一只蝴蝶亲历过每一次的蜕变，只有每一只蝴蝶自己清楚如何涅槃而飞，但，不应只是蝴蝶明了，毛毛虫更该悟到丑陋和低微只是必经的过程！对于美丽的梦想，不放弃！不抛弃！所有汗水和泪水终将铸就梦想起飞的一天！

作为女性，作为女律师，靠着自强不息，凭借性别优势，选择合适的定位，定会有自己一番天空。而所有的女律师更要相互扶持，老中青传、帮、带，让毛毛虫看到希望和方向，让更多的毛毛虫化蛹成蝶！破茧而出！

因为这实在是一份美丽的职业，实在是一份值得终身孜孜以求的事业！美丽的律政佳人，美丽的蝴蝶，让我们在法律的金色阳光下，传播正义之花的芬芳，舞出最璀璨的人生！

破茧成蝶

笔者按

继上一篇2008年写的随笔《你是蝴蝶　我是毛毛虫》，这篇《破茧成蝶》写于十年后的2018年，是笔者在浙江省第二届优秀女律师颁奖典礼上的演讲稿。

有个有意思的幕后故事。那天的颁奖主持人是浙江南明律师事务所的主任李晓丽律师，长我几岁，是第一届浙江省优秀女律师。她负责向我约稿及联系安排颁奖事宜。我先写了一稿发给她，她回复说不妥，于是我又认认真真地重新写了一稿给她，她依然说不妥。彼时我正在泰国旅游，无奈之下只得挑灯夜战。当第三稿发给她时，她回复说："小钱，我被文章感动了！"

我非常感激她的高标准和严要求，不依不饶地让我写了三篇完全不一样内容的演讲稿，终成此文。可想而知她平时对律师工作的态度，我非常敬佩！

各位领导，各位同人，非常感谢大家的信任，使我有这样一个机会和大家交流。

刚刚拿到这个“破茧成蝶”的演讲主题时，我翻出了10年前自己曾经写过的一篇感悟，题目是《你是蝴蝶　我是毛毛虫》。

十年前我曾以丑陋的毛毛虫自称，描述过自己的心路历程，文章中的蝴蝶是崔海燕律师，我很幸运，有幸和崔律师在同一个办公室工作过3年。她是保送复旦大学的高材生，而我，自惭形秽。我读过高四，参加过两次高考。所以今天，我想把自己的故事分享给每一个还是毛毛虫的女律师——不要放弃！

我的第一原动力是爱，父母亲的慈爱。

读书的时候，父母亲很爱我，不让我吃苦受累，所以在很长一段时间里我少不更事，活得很肤浅。直到大二那年放暑假回家，我发现父母不在家就去找他们，这是我第一次走到父母亲工作的地方，其实准确地说是谋生的地方。我被眼前的一幕震惊住了，那是一个很大的垃圾场，堆满了高高的一捆捆的废旧报纸和一摞摞的废铜烂铁，爸妈正蹲坐在小板凳上整理这些被别人丢弃的垃圾，手上黑乎乎的。一个废弃的大屋子，很脏，空气中弥漫着浓浓的臭气。其实，我之前隐约知道父母亲是经营废品回收站的，但是我从未目睹过。那一刻，我的心在战栗和颤抖，羞愧难当！

屋漏偏遭连夜雨，大三那年父亲突然得了重病，被送到医院抢救，我赶到了医院，父亲见到了我之后握着我的手，那是我第一次见到父亲落泪，他说如果他走了，唯一放不下的便是我了，因为我还小不懂事。从那时起，我开始和时间赛跑，我一定要让父亲看到我考出好成绩。那年期末成绩出来，我从班上的倒数几名考到了全班的第四名，欣喜地给住院部护士站打电话，母亲接的电话，我刚说了成绩，母亲便说你等一下，我听见了电话搁在桌子上的声音，过了好一会儿听到电话那头母亲拿起的声音，有些气喘，母亲解释说："我刚才跑去告诉你爸爸啦，你知道爸爸怎么说吗？爸爸说，这才是我的女儿！"——听到这句话后，我在电话的另一头哭了。

为人子女，若不孝道，何以为人！知耻后勇吧。

提升自己赶超他人的过程在开始的时候是非常难的，有时甚至充满了沮丧！回想起自己写的第一份起诉状，基本的语句不通，被师父打回多次；第一次独立出庭，紧张地一遍又一遍的准备，最后索性就睡在了办公室，因为我害怕，我知道自己的底子不好，我惶恐。这期间一次一次的挫败，灰心之至，又一次一次地给自己打气。

要改变，只有学习，持续地学习，学习知识，学习技能，学习如何为人。2001 年，我开始从业，从业后每隔 4 年左右，我都会让自己回校园再继续学习充电。2004 年读西南政法大学的研究生，2007 年去比利时哈塞尔特大学学习反倾销法律，2012 年去美国休斯顿大学学习知识产权保护，2015 年又报考北京大学 EMBA。

这个学习的过程其实是非常辛苦的，需要强大的自制力，但这个学习的过程也很神奇，每一次学业上的进步和成绩，一点一点地蜕变，我甚至会思量和怀疑这是不是曾经的自己，那个非常丑陋而笨拙的毛毛虫！

所以毛毛虫们，请不要怀疑自己笨和落后，不断学习去改变，为了爱你的人，和你爱的人，这世界上唯一不变的是：变！

我的第二个原动力是来自客户的信任。

在我执业的第一年，有一段办案经历给了我很大的触动。这是一个房产确权纠纷。父辈在新中国成立前购置的房子，产权一直登记在儿子名下。父母过世后，也是一大家子共同居住，但偏偏到晚年的时候兄长突然将两个妹妹告上法庭主张其房屋产权，并要求腾退房屋。

此时的姐妹和老伴儿四位老人都已经是年逾古稀、白发苍苍，走路时还有些巍巍颤颤。当我决定接下这个案子时感觉压力很大，毕竟房产证上六十几年来都是登记着兄长的名字。

最后，一审、二审我们都胜诉了。在办理结案手续的时候，老人紧紧地拉住我的手说："我们都是已经快入黄土的人了，能在这个年纪遇到你，并打赢这场恩怨交织的官司是我们的造化。"最让我吃惊的是，他们竟然拿来了很厚重的鸭绒被，执意要送给我。我想象不出四位老人是怎样拖着这又大又重的被子，挤着公交车送到律师事务所来的，他们毕竟这么大年纪了！这是怎样一份朴实而诚挚的心意啊！

我深深地感觉到，"受人之托，终人之事"的职业操守，那一份信任，那一份重托，满满的都是源源的动力，从那以后，我的心里就多了一份力量，觉得不再孤单，对工作中遇到的种种困难也不再觉得害怕。我的内心时刻保持着一种自豪和感动，让我领悟辛苦工作的意义和快乐！

我的第三个原动力来自公益活动。

我至今还记得很多年前，杭州市律协的余素珍打电话向我询问是否可以参加杭州市妇联的志愿者队伍，我很感谢她为我打开的这扇门。说实话，我感觉在做公益活动的时候，被救赎的不只是那些需要帮助的人，被救赎的还有我自己。

参加妇教所的公益活动，有个环节是写下自己的心愿，贴在心愿墙上，我看到很多小卡片上写的是满满的悔恨，写的是对父母、对孩子的思念，使我看到了人性善的一面，每每看到这些，我都热泪盈眶，即便她们曾经犯过错，但是谁能无过呢？这在很大程度上，使我对自己曾经犯的错，对别人曾经犯的错，少了一份挣扎，多了一份包容。而在办理案件的时候，这种感觉会迁移过来，每个案件的背后都有很多故事，律师在据理力争的同时，是否可以以更宽广的胸怀来化解矛盾和冲突，以达到多种利益的平衡，同时兼顾公平和效率。

每次和一些需要帮助的人在一起，他们眼中的炽热、困顿、挣扎、痛苦，都让我感受到律师的工作可以帮助别人，而获得帮助的人又是如此珍视你对他们的帮助！这种珍视和感谢，回馈给我的是力量，是职业的认同感，是自我个体的社会价值体现。回忆起参加妇教所的公益活动时的照片，其中一张照片是我和孩子们在一起，那个时候的自己是多么简单而快乐！另一张照片是我和妇教所的学员在一起，那个时候的自己是多么认真而笃定。这些心境和心情不正是自己所追求的活着的样子吗？

十年过去了，再翻看自己曾经的那篇《你是蝴蝶　我是毛毛虫》的文章，初心未变，就用自己十年前写过的文字作为本篇的结尾：

只有每一只蝴蝶亲历过一次又一次的蜕变，才会清楚如何涅槃而飞，但，不应只是蝴蝶明了，毛毛虫更该悟到丑陋和低微只是必经的过程！所有的女律师我们来相互扶持，老中青传、帮、带，让毛毛虫看到希望和方向，让更多的毛毛虫化蛹成蝶！破茧而出！因为这实在是一份美丽的职业，实在是一份值得终身孜孜以求的事业！

律师之传承

笔者按

这篇随笔写于2018年我参加徒弟王冰洁律师晋升合伙人的仪式，我坐在台下目睹这一幕感慨油然而生。时光飞逝，我早已不是当年那个青涩的小律师，从自己做徒弟到自己带徒弟，随着身份的转换，一些新的感悟扑面而来。

写下这个题目的时候，跃入脑海的是师父经常说的一句话："扶上马再送一程"。而触动我写这篇文章的是2018年金道年会上目睹我在金道所带的第一个徒弟王冰洁走上主席台接受合伙人聘书时的那个画面，我在宴会厅最后一排远远地看着，画面定格，自顾自欣喜着。

刻在我脑海中的画面又岂止是小冰（王冰洁律师的昵称）升级为合伙人的一幕，我还清楚地记得小冰刚刚大学毕业，一个稚气的模样，一蹦一跳地来金道所面试，一晃10年了！

律师的职业是一个需要传、帮、带的职业。大学或者研究生院的学习都只是理论知识的储备，而执业方法和能力，都必须在实践中从零开始接触和学习。我很幸运，遇到好的师父，愿意手把手教的师父。

有些有趣的故事和大家分享：

从前冬天我总是用喝完果汁的塑料瓶装热水，这样既可以暖手又可以喝水，我经常带着我的“暖手瓶”和客户见面，被师父提醒，怎么像闲来无事的老年人一样，要注意律师严谨的形象啊。一下子让我明白了律师职业形象的重要性。

还有一幕也是终生难忘的。我脱产了 3 个月备战出国留学考试，结果努力很久而雅思考试并不理想，于是打算放弃。回到单位工作的第一天，师父询问我考试情况，我悻悻地说雅思考了 5.5 分，看来是出国留学无望了。这个时候，师父说了一句话：“人啊，有些时候，要有点咬定青山不放松的精神。”这句话就像是一道光照进我绝望的内心，给了我极大的勇气，于是我重整心情继续上路。

还有很多这样的故事，点点滴滴，打磨着自己的个性和做事方式。

说到师父“扶上马再送一程”这句名言，我的体会最深了。刚刚开始执业时，师父带我做了很多案件，通过案件的办理让我学习技术和方法。可是两年后，我发现师父不再带着我做案件了。我开始有些焦虑，是不是自己技术做得不好，或者为人处世不妥。

我隐忍着，照着以前学习到的方法埋头干自己手中的事。渐渐地我发现自己可以独当一面了，从律师到合伙人，再到自己带徒弟。再看看师父，他正在带着更多的新人。我释然了。师父还是一如既往，每次我们合伙人会议讨论所里某个助理独立时，师父总会对那个助理的师父提醒一句要帮扶，要“扶上马再送一程”。

我觉得一个好的集体，不仅仅是有自上而下的帮扶，也应有前后左右的支撑。我得益于此，也深感于此。

我是一向害怕麻烦的人，喜欢做事情简单干脆，但往往事与愿违，每当内心纠结的时候，看看王全明主任，我佩服极了，律师事务所那么多烦琐的行政事务，他能耐着性子不急躁一桩一桩地去处理。还有崔海燕律师，说实话我与她合作既觉得欣喜也觉得害怕，她对案件、对文书的细致程度令人咋舌，一遍一遍地斟酌和修改，不厌其烦，总是每次我耐过这些“折磨”之后，才发现自己的提升；“80后”的龚家勇律师对诉讼案件文书规范工整的追求已经上升到美学的高度，多次被办案法官高度评价和认可；而“90后”的赵青航律师更是利用业余时间，细心观察用心体会，著作出版了《律师应是怎样的人》一书，令人惊叹！真是长江后浪推前浪！事实上，有很多很多同事，他们在工作中的表现和反应，他们的故事，都让我嚼之有味，受益良多。

说到小冰，她独立之后一直跟着高伙朱宇亮律师合作办案。一段时间后，再和她一起讨论案件，她的表现令我侧目。她也一定是在这个集体中得到了更为广阔的学习和更为丰富的养分，真心为她感到高兴。2018 年年初成为合伙人的小冰，32 岁，也到了当年我带她的年龄。我翻出了 7 年前写给当时还在做助理的小冰的一封信——《兰心蕙质，写给小冰》，发现自己还真是唠叨和稚气。

金道所从当初的十几人发展到今天的二百余人，历经十一年，应该有很多的故事吧，我的故事讲完了，你的故事呢？我觉得在所有的故事中，传承是一根金丝线，连着你、我、他！不是吗？！

附：

兰心蕙质，写给小冰

亲爱的小冰：

有听过那英的一首歌唱的“借我借我一双慧眼吧，把这世界看得清清楚楚、明明白白、真真切切”吗？慧眼，来自慧心，而慧心来自内心的修炼和用心的感悟。

就拿昨天晚上申律师请客人吃饭举例吧。吃饭的时候，对方听说上的菜是木瓜炖血蛤，就甚不开心，直言自己的那一份不要。你有想过这是为什么吗？我想以我了解的小冰，是看到，但却不会去想，或者思考，或者品味。其实，我们吃饭的地方是“至尊鲨鱼”，当然是以鱼肉而闻名的，到这个地方，不吃鱼肉，显然是对宾客的不尊重。再说，他可是老板的朋友，老板今天有事没有来，我们这些晚辈过去更是让他有些架子了。

还有，一开始客人看到你都纷纷说：“哟，年纪还挺小的嘛。”你马上就说：“不小了不小了，我年纪不小了。”客人笑答：“呵呵，那跟我们比比是小多了。”每每遇到这种情况，是赶紧地辩白，还是有更好的回答呢？如果说“嗯，是啊，跟各位前辈比起来，我真的是晚辈了，向大家多学习！”既给足了客人面子，也足够显现自己的心力。

申律师的实习生，工作多年，比你大了10多岁，虽然从事这个职业是刚刚入门，但是因为年龄的关系，她更懂得用心学习和把握机会。申律师感冒的时候，她细心地送上一盒维生素C；多次主动要求和其他老师一起开庭，甚至主动地去写代理词并请老师帮忙修改。虽然，因为专业的原因，申律师已经表示不会录用她，但她却说，工资没有关系，不录用也没有关系，但请延长实习期，以便多学习。正是因为这种用心的准备，原本两个月实习期满就要离开的她，却在延长的实习期中等到机会，被另一位老师相中，得到这个工作机会。对于她，我认为是典型的EQ强过IQ。其实，对于我们这个专业，专业技能有限不是最关键的掣肘，对于用心准备和努力的人，取得成功只是时间问题，因为机会总是青睐有准备的人。

记得我当年大学毕业的时候，一位长者对我说，大学毕业生，头三年的时间要先把头上的角磨磨，我在想，是嘛？我有角吗？！现在十多年过去了，品味这位长者的话，所言极是啊。而你现在经历的，都是我当年曾经走过和经历的路程。简单的生活经历，从大学象牙塔到现实生活，仍需要很长一段时间去适应和学习。我非常认可，西方国家法官都是从执业多年的优秀律师中选拔的制度。若没有一定的生活历练，是很难看清、体会和把握矛盾的本质的。

和你相处、工作的两年里，我认为你是个漂亮、可爱、率真、实在的女孩，甚是开心和你结缘。只是你的世界过于简单和绝对，黑即黑，白即白，有很多事情即便和你说了，想你也难以参透和领悟。当听你说，你非常渴望成功，却近期总是内心焦虑，失眠恍惚，作为老师，最想说的是，不要急躁，成功是一个循序渐进的过程，需要很多历练。在历练的过程中，慧心慧眼，用心去观察和体味生活，打开自己的心胸，海纳百川，厚积薄发。而成功只是一个时间问题，努力去准备等待瓜熟蒂落的那一天！

想自己也是在前行的途中，与你共勉吧！

让自己成为一个“充电桩”

笔者按

这是2015年杭州市律师协会女律师工作委员会举办全市女律师联谊会时，我的一篇演讲稿。比起洋洋洒洒的大道理，我更喜欢和大家分享亲历的小故事。

说起做律师的辛苦，真是谁做谁知道，累！

十年前，有个新闻说某人中了两亿元的体育彩票，于是我就向师父感叹，若是我能中这两个亿元该多好啊！当时，师父开着车，我坐在副驾驶，车子正行经天目山路和万塘路路口，我能清楚地记得当时的情景，是因为师父说了一句振聋发聩的话。于是那个画面便在脑海中定格，师父说的那句话，和我母亲曾经说过的话一模一样。

小学一年级，我被选拔进入县乒乓球队，每天早上5点起床，6点开始集训，8点正常早自习上文化课，下午放学回家吃完饭后，就马上赶回学校再训练2个小时，那时候还没有周末双休制。就这样日复一日，年复一年，必须在小学毕业之前练出成绩，如果能被省队选中，那就是功德圆满了！我最好的成绩是常山县的第一名，衢州市的第三名。但是在我最后一次参加比赛的时候，省队的教练并没有选中我，而是选择了一位第四名的女孩子。记得比赛结束后我一回到家就号啕大哭了一番，抱怨命运的不公！要知道说不定我就是另一个邓亚萍啦！哈哈，爱看乒乓球比赛的朋友可能都能知道，邓亚萍曾经代表着乒乓球的一个时代！

当我把所有的委屈、愤懑告诉母亲之后，她斩钉截铁地说："那可不一定！"

是的！"那可不一定！"这正是师父对我说的那句话。祸兮福所倚，福兮祸所伏。母亲让我重新鼓起了勇气向前，师父让我断了投机取巧的幻念。

被邀请做今天这个8分钟的演讲，我对自己这18年的执业经历做了一个回顾和思索，这一路披荆斩棘，又岂是这短短的8分钟可以囊括的。默默地坐了很久，从心底深处涌上来的，竟是一阵阵感激。其实我经历过很多挫败、打击和伤害，自己也哭过很多次，这一路走来并不容易，可那些伤害并没有让我止步不前，究其根本，是因为自己被充入了新的能量，时刻自我修复。

所以今天我要演讲的题目是"让自己成为一个'充电桩'"。因为在我成长的过程中，获取过很多帮助和点拨，犹如一道道电流充进了自己的体内，丰富了我的思想，给予我力量。

15 年前，我做了 3 年律师后，想出国深造进一步提升。英语是道大大的坎儿。我每天都去培训班和年龄比自己小很多的初中生高中生一起听课，词汇量却远不及他们，我觉得当时我已经非常努力了！可是雅思才考了 5.5 分，灰心至极。回到单位第一天上班，师父询问我成绩如何，我说不考了！不考了！英语基础太差，我已经尽力了。已经彻底放弃并等待师父交代工作的我，没想到师父仍然慢悠悠地整理着他桌上的文件，看似淡淡地说了一句“这人啊，有时候需要有一种咬定青山不放松的精神”！是的，这个画面在我的脑海中再一次定格。就因为这句语重心长的话，我不断努力，并用这句话给自己打气和充电，两年后我被公派去比利时哈塞尔特大学学习，又过了几年，我再次被公派去美国休斯顿大学学习知识产权法。

我还想说说一位老前辈——王秋潮大律师。大家一定奇怪他是天册律师事务所的主任，何以有联系？其实是缘于十多年前的一次律协组织的研讨会，研讨的主题我忘了，但是记得非常清楚的是会议结束后，王秋潮大律师在会议室的门口，同每一个参会的人员握手道别，当然也包括我这个初出茅庐、小小的律师。王秋潮大律师在业界赫赫有名。大律师的谦逊让我记忆深刻。是的，我又被充电了，这一幕让我学习了为人谦逊之谦卑恭敬，在往后的职业生涯中深受启发。

在这里，我要为律协打个广告，这个组织可以让你在很多优秀的同行之中得到最直接的学习和帮助。比如说当我完成律师到合伙人的身份转变之后，又被卡住了，合伙人该怎么做？以往的律师经验完全无用，这是一个新的角色。偶然一次在《浙江律师》杂志上读到章靖忠大律师发表的一篇《论合伙人的修养》，感觉茅塞顿开。

还有如何做好一名女律师，因为女性被赋予的特定社会角色和责任。怎样扮演好为人子女、为人妻、为人母各种角色，又是摆在面前的新问题。在一次律协组织的女律师论坛中，王立新律师讲的关于“平衡”的观点，让我获益良多。因为很多人分享的是术，而他分享的是道。

是的，我在不断地充电，身边的每个人都发着光和热，我在仔细地观察他们，模仿他们，学习他们。

学习，不断地学习，就像充电桩一样不断地被输入“电”，才能在工作的时候，对待案件的时候，对待客户的时候，对待朋友家人的时候，输出更多的“电”，以十足的动力完成任务，以饱满的热情去帮助别人。

瞧，今天，我又来充电了！

第四部分

合伙人之旅

律师之路很长，走啊走，翻过一山又一山，原以为前途会越来越平坦，却发现老的问题解决了，新的问题又来了，真的就像李宗盛《山丘》那首歌的歌词一般：不知疲倦地翻越每一个山丘，越过山丘，虽然已白了头……

从小案子独立办理，到疑难复杂案件团队办理，莽莽撞撞地就进入了管理学领域，这又是一个全新的人生课题。

2015年开始，我下定决心去学习管理学，在北京大学国家发展研究院的EMBA班进行学习，并取得了管理学硕士学位。

这个学习的过程是一个全新认知世界的过程。选取了三篇学习心得，送给正在合伙人旅途的你。

是的，我错了
——读《领导力：如何在组织中成就卓越》有感

笔者按

从初出茅庐到小荷才露尖尖角，也许我获得了所谓的成功。但是，随着律师执业的成长，慢慢地我开始变成合伙人，成为带领一个团队的负责人，新的挑战接踵而至。感谢恩师的指点，也感谢一直愿意学习的自己。这是我在2015年写的一篇反思，从一个侧面可以看到律师在成长中的失败和教训，但愿对正在前行中的同行有所帮助。

如果，不是在北大学习这门关于“自我认知和领导力提升”的《管理学基础》，我不知道自己在错误中会迷失多久……

起初的相见

初次接触这门关于领导力的课，我以为会是那种“雄赳赳气昂昂”的强势格调，不然怎么叫领导呢？！岂知是“随风潜入夜，润物细无声”！

第一次感觉到不同的是，那天晚上正逢北大国家发展研究院的羽毛球比赛，其实这个比赛是非常小规格的内部友谊赛，但那天晚上，教课的杨壮老师来到了球场。原以为，这样的专家，时间应该是非常宝贵的，最多是到场表示一下关心，可是，我没有想到杨老师居然一直在场上，给我们加油喝彩直到比赛结束。

那场比赛，我和队友本是大比分落后，说实话球技上确实略逊一筹。但是，我看着在场边加油的杨老师，心想，不能给杨老师丢脸啊，不能轻易放弃、认输，于是就拼力打！心态一调整，奇迹就发生了，结果逆转！

如果说，这也是领导力的一种实践，那么，我非常幸运，就这么直接地亲身体会了一把，于是，对这门课和杨老师，开始有了不一样的兴趣和感受。

是的，我变得迫切地想知道，这是什么？

我的低谷期

2015 年 6 月，就在我来北大读书之前，我遇到一件事情。我们律师楼大约有 130 名律师，有 13 位合伙人，我们每个合伙人带领 1 个业务团队。我带领的团队有 14 人，其中有一个是我带出来的徒弟，还有一个是我引进来的律师。这个团队我带了有 3 年多的时间了。今年律师楼进行改革，让所有律师可以自由选择自己的团队。结果，我的团队，除了两个我的助理留下，其他的人，包括那个我以前的徒弟和我负责引进来的律师都选择了其他团队。

虽然我一直都不愿意承认这是一种挫折，我甚至告诉自己，无所谓！因为律师的业务模式相对企业有些不同，这个行业特征决定了律师之间相对比较独立。这些人走了，也不会对我的个人业绩有太大影响，所以，我就当这件事情过去了，没有深想。直到学习了领导力的课程，我才发现自己必须要正视这个问题。

复盘反思

一直以来我都是比较抗拒所谓的心灵鸡汤的。但是，《领导力：如何在组织中成就卓越》这本书是越读越觉甘甜有味。

杨老师一直强调人生要复盘，要反思。但复盘反思这件事一开始做起来很难。这也许也是为什么我一直都不愿意去想这件事情的原因，而这门课程和这本书，教会了我这种能力。

一、关于领导者定位的反思

（一）书中的观点

书的第一章“领导者的最佳状态”讲述了一个实例：芝诺集团的首席官芭比·西格尔在一个公司已经走下坡路的情况下，作为领导者如何带领大家走出困境。这个例子生动地揭示了领导者的定位。

首先，树立“我们需要脚踏实地，无所畏惧”的信心，坚定这个信心并让这个信心在公司传播。

其次，芭比直接和下属沟通“我们是谁，我们重点做什么？”

再次，芭比花很多时间和员工一起工作，还给员工买点心。

最后，芭比致力于创建“公司有一种强烈的合作和团队氛围”。

诚如文中新加坡咨讯通信发展管理局发展部主任高荣珍所述：“工作的目的在于建立这样一种组织和文化——让每个人都感觉自己是领导者，不管他们是做什么的，欣赏每个人的工作产生的积极效果。”

（二）我做错的地方

1．不懂得领导的定位。

事实上，我一开始就不太清楚作为一个团队领导的定位。我不知道自己要做的事情是什么。原因有三：一是，这个可能和我的职业有一定的关系，因为律师执业多数的情况下是单打独斗地独自办案，要合作的话也是两个律师的小范围合作，分工一般针对案件工作目标比较明确。二是，在过去的几年里，我可能学会了怎样做一名好律师，但对于如何带领团队，则缺乏经验和知识储备。三是，可能也和我自己的个性相关，一向我行我素，认为做好自己即可。

2．不懂得和成员沟通并了解他们的想法。

说真的，我没有仔细地考虑过团队中每个成员有什么想法，只是很简单地认为我在规章制度允许的范围内满足他们提出的要求就可以了。

3．没有很好地与员工同甘共苦。

通常而言，我要求自己团队的律师对分配的工作必须无条件完成。因为我认为自己在分配工作的时候已经充分考虑了成员工作时间和能力是否能够满足。现在回想起来，当时分配的很多工作，量确实比较大，而且每个人的工作压力也非常大，但是，我强调独立完成，这是他们份内的任务，很多困难必须他们自己去面对和解决。我并没有像芭比一样和成员一起工作和讨论，帮助他们解决困难。虽然有些时候，我也会帮团队成员点外卖，但是，那种心态和芭比的心态截然不同，我甚至会有点担心这样做有失身份。

4．没有营造团队氛围。

在我的概念里：既然我是团队负责人，你们听我的就可以了，我以我的人品保证不会亏待你们。团队活动能省就省，平时工作都太累了，就不要再凑一起吃饭或者搞一些休闲活动，各自玩各自的，这样大家都会轻松。律师楼其他团队都会有一起出去旅游或者吃饭的活动，但是我们团队几乎没有活动，一年就年底的时候吃一顿饭。我当时的观念错了，大错特错！

现在，对比一下芭比和我的做法，就不难知道成员为什么会离开我这个团队了！

二、关于共同愿景和目标的反思

（一）书中的观点

书的第二章“展望未来”中讲到共启愿景是卓越领导者的五种习惯行为中的第二种，愿景不仅仅属于领导者，也属于大家。每个人都有梦想、愿望，都希望明天更美好。当愿景被大家共享，就能够吸引越来越多的人，给予大家更高层次的激励，使大家能够克服更大的困难，领导者必须确保他们看到未来，同时这样的未来也能够被其他人看到。

“我就是组织的未来规划部。”“领导应该花大量的时间来了解、思考和谈论长远的规划，不仅仅为自己的部门，也为自己的组织。”

“领导者必须花大量的时间思考未来，走在时间的前面做规划。看到发展的趋势，与大家讨论未来的发展，倾听各方面的声音，阅读各种材料，让追随者知道将走向哪里是你的重要工作。追随者希望你这样做。如果你想做得更好，就必须花更多的时间思考未来。”

卓越的领导者对于名利和财富之外的东西更加充满激情，他们关注的是成就卓越。

找到你真正信仰的东西，并把它表达出来，是你要做的第一件事情。一旦触及你内心深处的感受，你就可以超越所有视野和思维，看见未来的可能机会。

（二）我做错的地方

1. 没有共启愿景的概念。

真的很惭愧，在带领团队的三年时间里，我几乎没有认真考虑过这个问题。我简单地认为，大家在一个团队里面，共同的愿望就是把各自的业务做大。我考虑的是我，不是我们，共启愿景竟然是可以给予成员更高层次的激励，这是我未曾想到的！

2. 没有规划未来。

平时我们处理案件相对独立，客观上时间非常紧张。造成这种情况，还是因为对这个问题没有引起足够的重视。未来有什么好规划的呀，把自己手头上的案件一个个处理好就可以了。慢慢地，我也发现这样做会出现问题。如果不做一些长远的安排和规划，对业务的方向和类型不做一些调整和升级，我就很有可能会陷入大量的事务性工作中，无法走到竞争的最优区域。不仅仅是我自己迷失方向，我团队的成员更加无法向更好的方向发展。是的，我没有规划未来，导致他们跟着我也很迷茫。

3. 没有找到内心的信仰。

坦率说，这是一个现实的社会，很多时候，金钱成为衡量成功的重要标准。律师楼每年都有排名，客户也会关注你的个人排名。所以，没有选择，埋头苦干吧。

有一次，我突然感觉自己有点开心和轻松，就特意想一下这是为什么，哦，是今天有一笔律师费入账。但随后我又开始感觉到不安，难道我的快乐是被金钱极度控制了吗？律师楼有这样的氛围，我的师父会每个月开一次合伙人会议，拿着业务报表和我们核对业务数量。曾经有一位合伙人因受不了这样的氛围而辞职。

在你不断地以业务量为目标的时候，你开始感觉到不安，物质给你带来满足的同时，又会使你陷入被更多物质欲望追杀的情景。于是，累了。物质似乎不再像以往那样可以激励你，反而会让你有一丝厌倦。

当然，我并不是因为这个课程才去思考这个问题。这个课程让我反思的是这种价值追求在团队、在组织中的反馈。律师楼今年的改革其中一项内容是给部分业务骨干以分红权，显然这应该是很有吸引力的，但我听到业务骨干的反馈是：用这样的小利去吸引他们，其实是把他们看低了，也把领导的格局做低了。他们想看到更多的是律师楼的整体发展规划，非常清晰的规划，能够给他们带来自信的规划！律师们更想知道的是我们要怎么发展，目标在哪里，具体的举措是什么——这种诉求，居然和这本书中所讲的观点完全一致！

在我丢失团队成员的那段日子里，师父找我谈话。我非常尊重我的师父，他历练世事，非常清楚金钱对人的影响，不可否认，某种程度而言，他说的没错。但是，不知道为什么，我的内心没有接受这个观点，而这本书，给出了解答。嗯，要找到自己内心的信仰和真正受之鼓舞的力量。我想，我有点开悟了。

三、关于信任的反思

（一）书本中的观点

书的第八章“促进协助”讲述的是卓越领导者的第四个习惯行为“使众人行”。

没有信任，就没有“我们”。信任是人类关系中的核心。没有信任，你无法引领；没有信任，你无法使人相信你的主张，无法彼此相信；没有信任，你无法成就卓越。

不能信任别人的人不是合格的领导者，因为这些人不相信别人的言辞及工作，他们最终不得不自己做所有的事情，或者严密监督别人以至于过度控制。

与你的追随者分享信息和知识，显示你对他们需求和利益的知晓，接受他们的意见，正确地使用他们的才智和专业技能，最重要的是，在要求他们信任你之前，展示你对他们的信任。

（二）我做错的地方

1. 没有信任先行。

说真的，看到这一章内容的时候，我几乎是心惊胆颤的。书中的“最终不得不自己做所有的事情”，这不正是我曾经面临的困境吗？！

我曾经和助理制订了一套惩罚机制：团队成员如果提交的工作文件中有一个错别字就扣20元，上班迟到扣50元，重大技术观点失误扣100元。我自认为这样是对工作负责，为的是给他们养成一个好习惯。但是，推行下去发现效果并不好，后来就取消了。现在反思起来，这个方法最要命的地方是我没有去信任他们的工作态度，像防贼一样防着他们。这怎么可能激发他们的工作认同感呢？我越是不信任他们，他们越是做得没有信心，越是做得没有动力和激情，结果，工作质量越来越差，最后变成我不得不来做所有的事情。

2. 没有正确地使用他们的才能。

在这个方面我很想向他们忏悔！因为曾经有一段时间，我记得自己用非常恶劣的情绪对待助理工作中的不足。我自认是为了他们好，为了他们能进步，所以对他们工作中出现的一点点问题都非常重视且反复追问，严厉批评。最终导致他们的自信心尽失，他们那样忐忑不安地走到办公室向我提交工作时的表情我还记忆犹新。其实，助理的工作本身就是一个学习的过程，他们若是和你一个水准就不可能做你的助理。是的，我大错特错了。

知错就改

事实上，在上这门课程和在读到这本书之前，我自己也有过反思和摸索，但始终不得要领，进展缓慢。遇见这些，就像在迷雾中行走之时，突然看到点点星光，虽然不敢说前途一片光明，但是你至少不那么迷茫、那么辛苦、那么不知所措了。

于是，我开始做一些努力和改变。

一、开启小小的共同愿景

我开始把团队的微信群名设置为“律政佳人”，还附上可爱的图片。我告诉她们，我们要成为美丽的自己，要在人生的下一站遇见更好的自己！要成为最优秀的律师！要致力于高端的法律服务市场。显然这个比单纯的业务量要有趣多了！

二、关注和参与

以前我在单位的微信群和其他一些业务相关群都不爱发言，一是我觉得和自己没有太多关系，二是觉得这样做会降低我的身份。现在开始慢慢地参与和关注一些事情，对同事做得好的给予点赞，对于一些有助于集体主义的活动积极参与。不时发发红包暖暖群。一下子感觉和大家亲近了很多，自己不再端着架子，这样松弛的感觉，很好！慢慢地，我开始感受到同事们热情的回应。原来问题真的出在我这里。

三、分享信息和知识

我把在北大学习中遇到的有意思的感受和同事、家人进行分享，并聆听他们的想法。我不再故作清高。当我和他们分享的时候，我感受到他们热情的回应，并和我一样的兴致高昂。最有意思的是，课堂上学习了张伯伦将军如何说服逃兵重新加入战斗的事迹，我让家人和同事都模拟了一遍。大家都觉得很有意思，而且很有收获。

四、充分信任

我在北大第一次学习市场营销时，觉得是对自己思维的一次颠覆性革命。于是，我就试着做了一个关于律师楼的市场营销探讨会，取名“在路上”。在全所的业务学习上和大家交流，与以往不同的是，这次并不是我一个人上去讲，我还让两个助理各自准备一个分享的 PPT，让她们试着从自己的角度去谈感受。没有想到，她们表现得非常好！因为你信任她们，她们也才有信心和你一起做好这件事！其实她们完全有这个能力！

五、树立理念

在这个激烈竞争的行业，只有团队才能竞争核心高端业务，否则永远只能是单打独斗地做一些低端业务。不仅仅我明白，我还需要让团队成员明白，只有人人成功，自己才能成功。大家合作，与只考虑自身的短期利益或者抱怨、指责、争抢稀缺资源相比，前者能更快、更好地完成任务。我要慢慢地尝试改变原有的氛围。

一个组织的领导者是一个组织的灵魂，更多的是责任，如果作为一个领导者没有具备好的领导力，组织就失去了凝聚力和发展力。从小处讲，不胜任的领导者往往会给追随者造成很多痛苦，我在写这份读后感的时候，屡屡想起自己曾经犯过的错误，给追随者带去的迷茫和不安，很是心痛。

不是结语的结语

好像一切都是缘分的安排，耳机里正好播放我最喜欢的歌曲《蜗牛》，从上午 10 点到下午 5 点，6 个多小时，静静地去复盘、去反思。遇见这么好的老师，遇见这么好的一门课程，我回报最好的方式，就是不断地践行之……

海纳百川，有容乃大
——传统文化中的领导力有感

笔者按

在学习如何带领团队的这门课程时，我“遇见”了曾国藩。感悟传统中国文化的精髓，也深刻反思了自己曾经走过的误区，这些误区可能会以不同的人和事呈现在前进的道路上，错误本身并不可怕，可怕的是不自知。

又“见”曾国藩

几年前，曾读过几本关于曾国藩的书，然而都没有这次上课时的感受来得那样深切。彼时的阅读，还仅仅局限在曾国藩自我修养的角度，印象最深的是：“不为圣贤，便为禽兽；莫问收获，只问耕耘。”圣贤，我一小女子自然对自我未曾有这样的奢想，所以共鸣最深、践行最多的是“只问耕耘”。

“只问耕耘”在很长一段时间里支撑着我走过前进的道路，而这次的传统文化中的领导力课程带给我一个全新的视角。“聚人，用事，用人，齐家”，正是我完成初步事业积累，迈入提升人生轨道的现阶段面对的问题。而宫老师的课堂语言字字珠玑，深入浅出，借助老师的智慧，使自己的思考有了些许力量和深度。

有趣的是，当课程结束后，找个角落静静地再把课本看一遍的时候，发现在课本上记录的宫老师的解读，竟比曾国藩的语录还来得经典，犹如明珠落盘，遂在本文之后逐一抄录。

所以，又“见”曾国藩，欣然！

土壤的力量

说实话，对我来说，解读和理解传统文化中的领导力是有些困难的。因为在我成长的过程中，几乎没有受到过多少传统文化教育，四大名著只是看过影视，未曾拜读原著，其他的就更可见一斑了。教育背景是一个方面，性格和个性也是一个重要的因素，我是一个简单直接的人，难以体会和品味传统文化的那种含蓄和意味深长。

过去，我一直以为自己是一个思想非常西化的人，对很多国人的思维方式和行为模式都嗤之以鼻，不以为然，一心渴望外面的那个世界。直到后来，我有了两次访问学者的机会，一次去了比利时的哈塞尔特大学，一次是去了美国的休斯顿大学，在当地生活了一段日子，走了不少地方，见了不少人之后，才发现自己其实是非常中国化的一个人。

既然发现自己骨子里并不是完全西化的人，那就重新回来，不再抗拒，好好思考传统文化，思考自己生活的当下土壤。

在本门课之前，我们学习了杨壮老师的领导力课程，两者若作一个比较的话，那种感觉就是一个西方，一个东方，各成体系。边学，边比较，边思考，饶有趣味。一个明快有力，一个浑厚深沉。

苹果公司的乔布斯成长在一个基督教家庭，但其成年后笃信佛教。在其自传中有一句话令人记忆深刻：不同的宗教其实是通往同一座房子的不同通道，但是到的是同一个地方。这句话若是转换成中文表达，最切合的应该是“殊途同归”。

在我凭借天赋的小聪明，无知无畏、莽撞地冲到合伙人的位置的时候，突然发现遇到了更新更大的挑战，这完全是以往的经验所不能驾驭的。比如合伙人会议讨论决议事件的时候，其他人说的话都是中文，每个字每个标点符号，我都能听得清楚，但听不明白。于是，疑惑、彷徨、纠结、痛苦……

后来读了《三国演义》，记得那段时间几乎是抓住时间每分每秒的空隙阅读书籍，“原来如此”，这四个字一直都在脑海中涌现！原来自己这么无知而幼稚，而上天亦是如此眷顾，让我可以如此莽撞，又如此幸运地走到现在。

知耻后勇！传统文化中的领导力，人生中的这门必修课，其实才刚刚开始！

文正指路

以曾国藩为标本的这门传统文化中的领导力课程，范围很广很深，在此仅取其中的第四讲“曾国藩用人方略”结合自己的工作实际小试牛刀分析一二。

一、情感、利益、约束：用人者应该把握好激励手段

“凡是勇于做事的人，都是因为心中有大的欲望。”这句话说得真好！“曾国藩对人性有深刻的把握”，宫老师的解读甚妙。

反思自己带领团队的经历，在这个问题上曾经犯过非常严重的错误。跟着我的徒弟也好，团队成员也好，在情感的联系上都没有任何问题，因为我本身就是一个重感情的人。对待同事就像对待家人一样，觉得是自己人，平时也不太会拘泥一些行政级别上的高低。对他们的工作也是不遗余力地给予提升和帮助。然而，我却忽略了利益的驱动。

这种忽略在某种程度上是一种误解和误读。因为在我自己的成长经历中，曾经经历过非常穷困的时期，而正是这段日子给我的动力和激发是最大的。所以，潜意识里我不太愿意给下属设置高额的工资，因为我也希望他们能够体会那种卧薪尝胆的，或者说艰苦奋斗的激励。然而，“一个好的原则，用到极致也会走

向反面”。这又是宫老师讲课时的一句名言。跟着我的人，看着我与他们的收入相差甚远，必然会有人性本能的反应。记得我曾经带的一个徒弟，她是个很不错也很努力的女孩，大学毕业后，和 5 个女孩子合租在学校闲置的宿舍里，我也特地去看过她的居住情况。但是，我并没有特别重视这个问题。后来，她迫切地要求独立执业，彼时她的能力还没有达到可以独当一面的程度。所以，合伙人独立面试她没有通过。早上面试的，下午她就提出了辞职。

当时我忍住自己的情绪，找了一个安静的茶馆好好地和她聊了一次，现在庆幸当时的做法是勇敢而正确的。了解到她的情况，我劝说她不要冲动，不要因为一时的挫折就全盘放弃，我把她留下来了。当然那次我们没有谈到工资待遇问题。如今反思起来，症结应该在利益引导机制问题上。

其实“利益引导机制问题”，这个命题会一直在工作中存在，我需要不断地去面对和适应新的情况。这次学习，使我再次清晰地意识到这个问题，惊心动魄之余，能安之处之之感油然而生。因为，怕就怕无知！

二、品行、品性、品味：用人者应该把握好选人标准

德才兼备的人才是每个团队求知若渴的，然而现实生活中

很难两全。对于德和才的问题，宫老师给出的操作性极强的方法是“德，60%；才，40%”，我觉得宫老师抓住了矛盾的主要方面。

话是简单，数字 6 ： 4 也直接明了，然而在实践中如何去把握却是一门艺术。我曾经想要重用一个人，和她已经有了 3 年的合作经历，觉得这个人还是很有能力的，对我的工作配合度也很高。当初推荐她来的人是我的同学，得知此事后专门来找我聊这个事情。我同学是她原工作单位的直接领导，和我讲了两件事情，劝说我不宜对她委以重任：一件事情是，她在原单位用一些其他发票向公司报销；另外一件事情是，她曾经在朋友面前非常高调地抬高自己而贬低其他同事。我听了，有些吃惊。毕竟我和她一起工作有 3 年时间了，我居然没有任何察觉。当然，我非常信任我的同学，我也相信她在这种问题上是非常谨慎的，所以她告诉我的情况应该是基本属实的。

但是，问题是，我是什么时候有了要对她委以重任的想法。我开始反思整件事情。可能因为我们工作性质的关系，很少有需要发票报销公款的情况，所以我无从体察。而关于是否高调的问题，也许她在我的面前一般不会这样做的，当面我是看不到这些东西的。曾经有客户向我反映她在工作中直接越级处置的事情，但那时通常我都理解为她只是比较想表现自己的才能。同时，我们在工作中受到一些客户无端的非议也是正常的。所以，我对她的品德问题毫无察觉。因为把客户的事情处理好是我首先要考虑的问题。然而，对人的考量，我更多地停留在才能层面，没有非常深入地去做人品的考察。

我觉得我要检讨自己。我没有重视这个问题，只是停留在认知层面。而人性是最复杂，也是最难琢磨的。这对我来说，是个大挑战。一切还都刚刚开始。

三、集权、授权、让权：用人者应该把握好组织原则

在我们律师楼成立的10周年里，前面5年时间，我们的业务发展呈现极大的增长，也是我们行业里发展最快的；然而，后面5年，我们的发展呈现疲软，内部管理消耗很大。就今年的业绩而言，与同行业增长速度相比已经明显下降。

问题出在哪里？对照曾国藩的理论，我们很好地走过了创业初期权力集中的阶段。这个阶段，律师楼规模小，权力集中，管理效率高。然而，逐步发展到现在，律师楼的人数规模已经从当初的15人发展到143人。面对新的形势，我们的管理没有做好“授权”的模式。当然，从管理结构的形式上看是有，然而实质上却没有。

我看到了问题，但是我不知道该怎样去解决，也许这是远远超出我能力之外的事情。

结 语

人生是一场永不停止的修行，当我们克服一个问题之后，一个新的问题又冒了出来。短短两天的课程，需要很长的时间去消化，去慢慢体会，去践行。这个过程，是痛苦的，只是，无其他路可走，无法逃避。这时，需要勇气，也需要智慧。

我中有你，你中有我
——集体领导力有感

笔者按

这是2017年去英国游学时，学习国外的领导力课程后的一篇反思。“集体领导力”这个词语第一次出现在我的脑海中。通俗一点归纳就是“群策群力”，说起来简单易懂，但是在真正实际管理中经常动作走形。模拟教学的方式很好地呈现了各种走形形态，印象深刻。“集体领导力”意识在此后的工作中给了我很大的启发和指引作用，深受此益。

我们为什么会赢?

特别喜欢国外教授这种“情景”式的学习模式。说真的，虽然老师嘴巴里说出来的，我们能够听懂，但未必能够深入地体会和理解。而这种通过自己动手，学员之间相互碰撞而激发的思考，来得深切!

在搭积木的比赛中，我们这组拿了第一名，赢得偶然，也赢得必然。赢得偶然，是因为促成我们赢的因素非常随机，可遇不可求；赢得必然，是这些随机的要素之中，正是取胜的基石和保障。

一、是失败和落后让我们赢的

当你看到这个原因分析，也许会觉得奇怪，你们是第一名，何来失败和落后?

因为在比赛前1个小时的练习中，我们这组非常慢，看着这一堆长长短短的木板，谁都不知道该如何下手！时间一分一秒地过去了，还是没有什么大的头绪，大家心里都紧张着，我打算去其他组看看，是否也是如此。不曾想，一番侦查下来，发现有些组早已经搭好了模型。消息一传回我们组，大家决定不再犹豫了，不管怎么样先开始吧！没想到只用了15分钟时间，我们就把模型搭好了，再看看时间，还有20分钟左右。

好险！留给我们练习的时间不多了!

也正是因为这种失败和落后，我们特别珍惜后面的阶段，商量着不要着急，要用最有效、最快速的方式完成拼接练习。

所以，有几次我在思考，如果我们一开始就很顺利的话，还会不会有后面的默契配合呢？！

二、是妥协和接受让我们赢的

“1 号冲锋手”刘祥，勇往直前，干劲十足，是他率先在一片荒芜之上构建蓝图，紧随其后的是“2 号冲锋手”袁国术，没有任何人指挥，他就开始默默地配合起刘祥的工作。

按照两个冲锋手的思路，我们搭好了模型。大家有些小兴奋！嚷嚷着马上要开始按照刘祥构建的蓝图开始练习。

就在这个时候，“思考者”出现了，曾文！他站在模型的中间，看着一个小“井”字形，仔细端详起来。

快，曾文，我们要开始拆掉练习了！刘祥喊了曾文一声，但是他冷静地说：“我看这个‘井’字形是关键，只要把这个先搭好，拼接其他的才顺利。”

两个不同的思路出现了！

一个是已经搭好的思路，另一个是未曾考究的思路。也许正是因为之前的落后，我们对是否能够节省时间和提高效率就特别关注！

场面安静了下来！

我也在一旁仔细地看曾文所说的“井”字形，觉得有道理。于是，我大胆地走了上去，对大家说，就按照曾文的意见，先搭这个“井”字形。而且我还提出了两个新的建议，（1）把木板落实到人。由曾文负责关键部位“井”字形的几块板，沿着这个“井”字形散开，分区块分人负责木板。（2）关于卡口标记的方式。建议统一把标签贴在右上方，而且不同的组员贴不同的颜色，容易识别。

我的建议提出来之后，他们并没有在第一时间反应，有的人在思考，当然有的人在犹豫，那时的现场是安静的，也是激烈的，无声的！

最初应和的是“融合剂”王少兴，他绕着模型左看看，右看看，最后说，可以试试。他的声音很轻，但似如破开冰面的那一道裂缝！

然而，最让我印象深刻的是“2号冲锋手”袁国术，他的表情很凝重，显然内心是挣扎的。事后在大家的交谈中才得知，他笑称自己是个妥协者。那个时候，他应该是战胜了以自我为主的意志，选择从善如流，选择妥协和接受。

于是，就按照我们新的思路开始了继续练习，意外地顺利，在练习的过程中又汇集大家的智慧对方案进行了修改和完善。

后面的故事，大家都知道了，我们赢了。

这个过程，真的神奇极了！

所以，在课堂总结之后，我们小组还自发地坐在了一起总结了两次，每个人都表达了自己当时的想法和事后的感受！

是集体领导力！在整个过程之中，并没有形成以某个人的个人领导，每个人都在过程中扮演了自己的角色，发挥了自己的特长，尤其是，接纳和接受了别人的观点！这也许就是赢的关键！

他们为什么会输？

我清楚地记得，在我们庆祝胜利的时候，有个女老师跑了过来说："你们不要太高兴，其实那些输的人，他们的收获比你们大！"这句话，惊醒了我，也促使我在之后去找了一组和六组的人讨论和沟通，他们为什么会输！

一、输在士气

先说一组，这一组是很奇特的。因为在我的侦查之中，发现他们这一组是第一个搭好模型的，但是在比赛中，却没能以最快速度搭好！

为什么？带着这个疑问，我询问了他们这组的一位成员，这位成员正好是位工程师，他说因为专业的原因，他非常迅速地理解了题目，并完成了初步的模型搭建，这个过程他只花了 10 分钟左右！然而，让他沮丧的是，在他一个人搭建的过程中，其他组员似乎都没有怎么参与，其中有一个组员还溜号了！他们都认为这是他一个人应该要完成的份内事！所以在练习拼接的时候，他心里很不痛快！当然也无法投入，而在练习阶段，其他组员也还是漫不经心的样子。

对于没有拧成一股绳的团队，何来力量！

二、输在内耗和自负

六组，不仅没有在练习阶段搭好模型，甚至在比赛的时候还在讨论，还在意见相左！结果两次比赛都没有成功搭好模型，这是唯一一组两次比赛都是失败的。

我依然记得之前在北大学习的领导力课程中，有一次老师说，在意见不同而相互讨论时，不要带入太多的主观色彩，否则原本观点的不同就容易引发成人身攻击，从而导致沟通失败。

我们组认为六组的失败是因为无法调和内部不同意见，各自都太过坚持自己的观点，而没有打开自己的心胸去包容和接受别人的观点！这一点是致命的失败因素！

而回到我开篇所说的，我们这组赢有随机的因素，是因为恰好随机地安排了我们这组的成员。若是这位“科学家”在我们这组，我们是否还会取得一致意见进而取得成功呢？而我是否会变成他口中的独断专权者呢？

未尝可知！

自我反思

“胜不骄，败不馁！”我很感谢我的组员，在后面两次自发组织的反思交流中，他们指出了我的优点，也指出了我的缺点。吐槽我一开始不投入，只是在边上给大家倒倒水，拿拿水果，后来的表现还算可以。

哈哈，我一听，真被说中了。对，他们说得很对，每个人都在这次情景实验中本色出演，都是自己平时的表现。袁国术在谈到他为什么做妥协者的时候，他说其实他在平时管理公司的时候，也是这样能够听下属的意见，会充分听取，再做决策。而我呢，我就是那个平时开合伙人会议的时候，总是一套运动服闲情逸致的模样，会议讨论期间还不时地起来坐下吃着会议茶点的人。

这次同学们提的意见很对，我需要反思的是，即便我内心自问是很在乎集体的，很在乎任务的，但是我的表现是否会给别人带来误解，进而使这种误解影响到团队的斗志和氛围呢？！

结　语

这次游学非常有收获，给我们在今后的管理企业实践过程提供了很好的案例。这更让我认识到“人”的重要性，可以说“人”是最重要的因素，“人”就相当于阿拉伯数字里的1，有了这个1才有后面的0，如没有这个1，后面有再多的0也是白搭。我们的成功在于大家都发挥了作用，真正的是集体领导力，每个人都有动力，就像是动车组的轮子一样，每一个都是发动机。

这次成功的体验是我以前从未有过的感觉，它第一次让我感觉到得第一的幸福感是如此美妙。它不是功利性的第一，而是自己知道这是实实在在的成功，这让我对事情的看法发生了很大的变化，我以前认为啥事情看领导，领导英明了，事情总是能成功。现在切身地体会到，除了要有好的领导，好的集体也是非常关键的。还正应了中国一句老话，三个臭皮匠顶个诸葛亮！